utb 5257

Eine Arbeitsgemeinschaft der Verlage

Brill | Schöningh – Fink · Paderborn
Brill | Vandenhoeck & Ruprecht · Göttingen – Böhlau Verlag · Wien · Köln
Verlag Barbara Budrich · Opladen · Toronto
facultas · Wien
Haupt Verlag · Bern
Verlag Julius Klinkhardt · Bad Heilbrunn
Mohr Siebeck · Tübingen
Narr Francke Attempto Verlag – expert verlag · Tübingen
Psychiatrie Verlag · Köln
Ernst Reinhardt Verlag · München
transcript Verlag · Bielefeld
Verlag Eugen Ulmer · Stuttgart
UVK Verlag · München
Waxmann · Münster · New York
wbv Publikation · Bielefeld
Wochenschau Verlag · Frankfurt am Main

Grundstudium Erziehungswissenschaft

herausgegeben von
Sabine Seichter

Bislang in der Reihe erschienen:

utb 4874	Jörg Zirfas: *Einführung in die Erziehungswissenschaft*
utb 4859	Roland Reichenbach: *Ethik der Bildung und Erziehung*
utb 5243	Winfried Böhm, Ernesto Schiefelbein, Sabine Seichter: *Projekt Erziehung – Eine Einführung in pädagogische Grundprobleme*
utb 5036	Marcelo Caruso: *Geschichte der Bildung und Erziehung*
utb 5568	Jörg Zirfas: *Pädagogische Anthropologie*

Rita Casale

Einführung in die Erziehungs- und Bildungsphilosophie

BRILL | SCHÖNINGH

Der Autorin:
Rita Casale, Dr. phil., Professorin für Allgemeine Erziehungswissenschaft/Theorie der Bildung an der Bergischen Universität Wuppertal. Mitglied in der Kommision Bildungs- und Erziehungsphilosophie (Vorstandsmitglied von 2014 bis 2020) und in der Sektion Historische Bildungsforschung der Deutschen Gesellschaft für Erziehungswissenschaft; Mitherausgeberin des Jahrbuchs für Historische Bildungsforschung und Vorstandsmitglied des „Zentrum für Transformationsforschung und Nachhaltigkeit" (TransZent); Autorin und Herausgeberin von Studien zur Erziehungs- und Bildungsphilosophie in der Europäischen Moderne, zur zeitgenössischen Philosophie, zur pädagogischen Historiographie und zu neuerer Universitätsgeschichte.

Die Herausgeberin:
Sabine Seichter ist Professorin für Allgemeine Erziehungswissenschaft an der Universität Salzburg. Ihre Arbeitsschwerpunkte sind Geschichte und Theorie von Erziehung und Bildung, Anthropologie und Pädagogik der Person.

Umschlagabbildung: 123rf.com #31011285©haywiremedia

Online-Angebote oder elektronische Ausgaben sind erhältlich unter **www.utb.de**

Bibliografische Information der Deutschen Nationalbibliothek

Die Deutsche Nationalbibliothek verzeichnet diese Publikation in der Deutschen Nationalbibliografie; detaillierte bibliografische Daten sind im Internet über http://dnb.d-nb.de abrufbar.

© 2022 Brill Schöningh, Wollmarktstraße 115, D-33098 Paderborn, ein Imprint der Brill-Gruppe (Koninklijke Brill NV, Leiden, Niederlande; Brill USA Inc., Boston MA, USA; Brill Asia Pte Ltd, Singapore; Brill Deutschland GmbH, Paderborn, Deutschland; Brill Österreich GmbH, Wien, Österreich) Koninklijke Brill NV umfasst die Imprints Brill, Brill Nijhoff, Brill Hotei, Brill Schöningh, Brill Fink, Brill mentis, Vandenhoeck & Ruprecht, Böhlau, Verlag Antike und V&R unipress.

Internet: www.schoeningh.de

Das Werk, einschließlich aller seiner Teile, ist urheberrechtlich geschützt. Jede Verwertung außerhalb der engen Grenzen des Urheberrechtsgesetzes ist ohne Zustimmung des Verlages unzulässig und strafbar. Das gilt insbesondere für Vervielfältigungen, Mikroverfilmungen und die Einspeicherung und Verarbeitung in elektronischen Systemen.

Herstellung: Brill Deutschland GmbH, Paderborn
Einbandgestaltung: Atelier Reichert, Stuttgart

UTB-Band-Nr: 5257
ISBN 978-3-8252-5257-1

Vorwort der Herausgeberin

Thematisch und konzeptionell angelehnt an das für das universitäre Studienfach Erziehungswissenschaft definierte Kerncurriculum der Deutschen Gesellschaft für Erziehungswissenschaft wird mit dieser neuen Reihe von Lehr- und Lernbüchern eine umfassende und fundierte Orientierung für das gesamte Bachelor-Studium Erziehungswissenschaft vorgelegt.

Die für das Studium der Erziehungswissenschaft erforderlichen Basisthemen werden in den einzelnen Bänden systematisch und adressatenorientiert aufbereitet und geben jeweils den aktuellen Forschungsstand der Disziplin wieder. Alle Themen werden methodisch aus drei Perspektiven problembezogen aufgearbeitet: *historisch*, *systematisch* und *empirisch*. Jeder Band erhebt den Anspruch, sowohl die Heterogenität und Pluralität der Disziplin Erziehungswissenschaft als auch die sich daraus ergebende Vielfalt pädagogischen Handelns in erkenntnis- und wissenschaftstheoretischer sowie in problem- und professionsorientierter Perspektive anschaulich aufzuzeigen. Alle Bände eint – und das ist eine der Besonderheiten dieser Lehrbuchreihe – ein durchgängig geistes- bzw. kulturwissenschaftlicher Themenzugang.

Die Studienbücher zeichnen sich neben der fachlichen Expertise der AutorInnen vor allem dadurch aus, dass mit den Büchern auch selbstständig gearbeitet und gelernt werden kann. Das garantieren – über die gut verständliche Vermittlung von theoretischen, historischen, systematischen und empirischen Grundlagen hinaus – ein Glossar-Teil, ein Frage-Antwort-Teil und weiterführende Literaturhinweise.

Ziel der gesamten Buchreihe ist es, die Studierenden in die durch das Ineinander von Theorie und Praxis gegenstandsbedingte Komplexität ihrer Disziplin unterstützend einzuführen, sie orientierend zu begleiten sowie für den unabdingbaren Zusammenhang theoretisch-systematischen Denkens und konkret-praktischen Handelns im Kontext einer praxeologischen Wissenschaft zu sensibilisieren.

Sabine Seichter,
Salzburg

Inhalt

Vorwort 9
1. **Was ist Philosophie?** 15
   - 1.1 Zur Bedingung der Philosophie: Die Freundschaft 15
   - 1.2 Zur Tätigkeit der Philosophie: Die Bildung der Begriffe 18
   - **Fragen** 30
   - **Weiterführende Literatur** 30

2. **Erziehung als Grundbegriff** 35
   - 2.1 Historische Konstellation: Aufklärung 35
   - 2.2 Autonomie 40
   - 2.3 Freiheit im Medium des Zwanges 41
   - 2.4 Gattungsdifferenz: Bildsamkeit des Menschen 44
   - 2.5 Die generationale Differenz: Autorität 46
   - 2.6 Die sexuelle Differenz: Hingabe 52
   - 2.7 Trieb und Gesetz 53
   - 2.8 Das doppelte Erbe der Aufklärung 58
   - **Fragen** 60
   - **Weiterführende Literatur** 61

3. **Krise des Erziehungsbegriffs?** 63
   - 3.1 Historische Konstellation: Gesellschaft ohne Erwachsene 63
   - 3.2 Verantwortungsverweigerung 66
   - 3.3 Autoritätsverlust 69
   - 3.4 Das Zuhause 71
   - 3.5 Zeugenschaft 76
   - **Fragen** 82
   - **Weiterführende Literatur** 83

4. **Bildung als Grundbegriff** 85
   - 4.1 Historische Konstellation: Im Schatten der Französischen Revolution 85
   - 4.2 Das Subjekt als Individuum 91
   - 4.3 Der Beamte als Individuum: Der liberale Staat 96
   - 4.4 Die Universität: Freiheit gegenüber dem Staat 102
   - **Fragen** 108
   - **Weiterführende Literatur** 108

5. Krise des Bildungsbegriffs? ... 111
5.1 Historische Konstellation: Informatisierung des Wissens ... 111
5.2 Der Experte ... 115
5.3 Wissenschaft als Technik ... 117
5.4 Universität als Organisation ... 119
Fragen ... 123
Weiterführende Literatur ... 123

6. Schlussbemerkungen: Die gesponnenen Fäden ... 125

Zitierte Literatur ... 135

Antworten zu den Wiederholungsfragen ... 141

Glossar ... 149

Vorwort

Die vorliegende Einführung in die Erziehungs- und Bildungsphilosophie ist aus den Vorlesungen entstanden, die ich im Zeitraum von 2009 bis 2019 für die Studierenden des Bachelorstudiengangs Pädagogik (2009–2014) bzw. Erziehungswissenschaft (2014–2019) an der Bergischen Universität Wuppertal gehalten habe. Die Vorlesungen sind für Studierende des ersten Semesters konzipiert und gehalten worden. Über die Inhalte der Vorlesungen sind mehrere Jahrgänge von Studierenden geprüft worden. Mehrere Tutorinnen und Tutoren haben im Laufe der Jahre die unterschiedlichen Themen der Vorlesungen mit ihren Kommilitoninnen und Kommilitonen weiter besprochen. Für ihre präzisen und weiterführenden Rückmeldungen möchte ich mich bei Nadine Schiel, Pia Rojahn, Elena Tertel, Anna-Sophie Kruscha und Anna Maria Nothelfer bedanken.

Der vorliegende Text ist keine Transkription des Vorgetragenen. Die einführenden Vorlesungen wurden im Laufe der zehn Jahre immer weiterentwickelt. Die Einführung beschränkt sich auf Erziehung und Bildung und ihre philosophische Betrachtung als Grundbegriffe der europäischen Moderne.

Die Fokussierung auf die europäische Moderne schließt den Vergleich mit anderen kulturellen Kontexten aus. Im Bewusstsein der Situiertheit der eigenen Analysen und der Notwendigkeit der Relativierung der Bedeutung eurozentrischer Traditionen wurde dennoch aus sachlichen Gründen an diesem Fokus festgehalten. Wenn Studierende der Erziehungswissenschaft, spätere Pädagogen oder Lehrpersonen von Erziehung und Bildung sprechen, verweisen sie – oft nur implizit oder im Modus der Ablehnung – auf eine spezifische Tradition. Diese philosophische, pädagogische und politische Tradition, die von der Aufklärung am Ende des 18. Jahrhunderts inauguriert worden ist, in ihrer philosophischen Relevanz für die Pädagogik und für die Erziehungswissenschaft erneut und mit anderen als den üblichen Akzenten in ihrer Stärke und ihrer Begrenztheit sichtbar zu machen, ist Aufgabe und Ziel dieses Einführungsbandes.

Die Einführung behandelt Erziehung und Bildung in einer begriffsgeschichtlichen Perspektive. Die philosophische Analyse von Erziehung und Bildung als Grundbegriffe der Erziehungswissenschaft zielt darauf, *erstens* die Bestimmungen hervorzuheben, die den thematischen Gegenständen dieser Disziplin historisch zugrunde liegen; *zweitens* die Begriffe von Erziehung und Bildung mit dem Sachgebiet der Pädagogik in Bezug zu setzen und *drittens* die Erwartungen und Erfahrungen, die mit den Begriffen von Erziehung und Bildung verbunden werden, zu erörtern. Studierende der erziehungswissenschaftlichen Bachelor-Studiengänge sollen befähigt werden, pädagogische Phänomene und Prozesse kategorial zu erschließen und geschichtlich zu verorten. Es handelt sich dabei weniger um eine historische Einführung in die Systematik der Disziplin, sondern vielmehr um eine philosophische Einführung in das Sachgebiet des Pädagogischen in seiner geschichtlichen Bestimmung.

In dieser Einführung werden Begriffe nicht nur disziplinär, d.h. in Bezug auf die Referenzautoren der Disziplin, erläutert, sondern im Zusammenhang mit den Phänomenen der Erziehung und Bildung gedacht. Es werden nicht mehr oder weniger repräsentative Strömungen oder Autoren dargestellt, sondern Erziehung und Bildung in ihrer geschichtlichen Systematik durch den Bezug auf spezifische philosophische Werke analysiert.

Die Einführung ist in drei Teile gegliedert. Im ersten Teil (1. Kapitel) wird erläutert, was philosophisch unter einem Grundbegriff im Sinne von Georg Wilhelm Friedrich Hegel, Reinhart Koselleck und Gilles Deleuze zu verstehen ist.

Im zweiten Teil (2. und 3. Kapitel) folgt eine Analyse des Begriffs der Erziehung in seiner historisch-philosophischen Genese und gegenwärtigen Bedeutung. Der Erziehungsbegriff wird zuerst in den Kontext der aufklärerischen Pädagogik eingebettet. Das aufklärerische Erbe des Erziehungsbegriffs wird danach in seiner Ambivalenz als Sorge und als Disziplinierung in Bezug auf dessen weitere Entwicklung in den pädagogischen Theorien des 19. und 20. Jahrhunderts problematisiert. Abschließend wird ein Begriff der Erziehung formuliert, der den erkenntnistheoretischen und gesellschaftlichen Transformationen des 21. Jahrhunderts gerecht zu werden sucht.

Der dritte Teil (4. und 5. Kapitel) ist der Einführung in die Bildungsphilosophie gewidmet. Bildung wird im Kontext einer spezifischen modernen Konstellation erörtert. Dazu gehört auf einer konzeptionellen Ebene die Klärung des Verhältnisses von öffentlicher und privater Sphäre und dessen Bedeutung für die moderne Erziehungs- bzw. Bildungstheorie im europäischen Kontext. Ausgehend davon wird der spezifisch neuzeitliche bildungsphilosophische Ansatz an Wilhelm Humboldts Bildungsphilosophie illustriert und anhand von Schriften späterer Autoren in seiner Weiterentwicklung erläutert.

Die neuzeitliche Bildungsphilosophie wird als eine komplexe Theorie behandelt, deren Elemente nicht getrennt voneinander betrachtet werden können. Sie umfasst einen spezifischen Begriff des Menschen als Individuum und als Subjekt, die Theorie eines liberalen Staatsverständnisses und das darauf abgestimmte institutionelle Konzept der Universität.

Im letzten Kapitel „Krise des Bildungsbegriffs" werden einige Passagen zur „Informatisierung des Wissens" aus meiner Antrittsvorlesung „Über die Aktualität der Bildungsphilosophie" (Casale 2011) übernommen, die an der Bergischen Universität Wuppertal am 13.01.2011 gehalten worden ist.

Diese Einführung ist aus einer bildungsphilosophischen Perspektive geschrieben. Bildung stellt nicht nur den Gegenstand der philosophischen Analyse dar, d.h. wird nicht nur als Begriff philosophisch bestimmt, sondern sie prägt den spezifischen philosophischen Zugang der Argumentation. Dieser zeichnet sich durch die geschichtliche Erschließung ihrer Gegenstände aus. Das bedeutet nicht, dass der Stoff der Bildungsphilosophie nur die Geschichte oder historische Begebenheiten sind, sondern dass die Analyse von Phänomenen unterschiedlicher Natur darauf zielt, sie in ihrer Geschichtlichkeit zu begreifen. Für Heinz-Joachim Heydorn (1916-1974), einen der zentralen Autoren der deutschsprachigen Bildungsphilosophie der Nachkriegszeit, handelt es sich bei dem Zusammenhang von Bildung und Geschichte um eine untrennbare Beziehung. Geschichte ist der Stoff der Bildung bzw. Bildung ist die Möglichkeit eines bewussten Zugangs zu diesem Stoff (vgl. Heydorn 1970, S. 8). Wilhelm von Humboldt (1767-1835), dessen Schriften die bedeutenden theoretischen Bezugspunkte neuhumanistischer Bildungsphilosophie sind, präzisiert in einer seiner späteren Schriften *Über die Aufgabe des Geschichtsschreibers* (1821/2002g), dass die geschichtliche Erschließung von Phänomenen nicht teleologisch sein darf, d.h. nicht von einem vorgegebenen Sinn (Telos) auszugehen hat. Erstaunlich modern wirkt diese Kritik Humboldts an der idealistischen Philosophie seiner Zeit. Sie strebt nach einem Prozess der Erkenntnis, der Subjekt und Objekt, Begriff und Stoff, das Individuelle und das Allgemeine vermittelt. Die Vermittlung, die der Bildung eigen ist, opfert weder das Individuelle dem Allgemeinen noch das Allgemeine dem Individuellen. Daraus folgt, dass Bildung für

Humboldt – wie später auch für Heydorn – weder ein induktiver noch ein deduktiver Erkenntnisprozess ist. Sie führt weder von den Begebenheiten als empirischen Tatsachen zum Allgemeinen (*induktiver Prozess*) noch leitet sie vom Allgemeinen das Besondere (*deduktiver Prozess*) ab, sondern sie verfährt stets vermittelnd. Die geschichtliche Dimension bildet darin die vermittelnde Instanz zwischen Subjekt und Objekt, zwischen Individuellem und Allgemeinem: „Jedes Begreifen einer Sache setzt, als Bedingung seiner Möglichkeit, in dem Begreifenden schon ein Analogon des nachher wirklich Begriffenen voraus, eine vorhergängige, ursprüngliche Uebereinstimmung zwischen dem Subjekt und Objekt. Das Begreifen ist keineswegs ein blosses Entwickeln aus dem ersteren, aber auch kein blosses Entnehmen vom letzteren, sondern beides zugleich. Denn es besteht allemal in der Anwendung eines früher vorhandenen Allgemeinen auf ein neues Besondres." (Humboldt 1821/2002g, S. 596f.)

Ziel eines so aufgefassten Erkenntnisprozesses ist die Bildung eines Urteils, das sich durch *Freiheit* und *Zartheit* der Ansicht auszeichnet. Freiheit und Zartheit der Ansicht seien für Humboldt eher bei Geschichtsschreibern (oder Dichtern) als bei Philosophen zu finden. Freiheit und Zartheit der Ansicht bezeichnen jede spezifische Form der Erkenntnis, die für ihn zur Bildung der Individualität führt: „Diese Freiheit und Zartheit der Ansicht muss seiner Natur so eigen geworden seyn, dass er sie zur Betrachtung jeder Begebenheit mitbringt; [...] Fehlt dem Geschichteschreiber jene Freiheit der Ansicht, so erkennt er die Begebenheiten nicht in ihrem Umfang, und ihrer Tiefe; mangelt ihm die schonende Zartheit, so verletzt er ihre einfache und lebendige Wahrheit." (Humboldt 1821/2002g, S. 606)

Die vorliegende bildungsphilosophische Einführung setzt den geschilderten Zusammenhang von Geschichte und Bildung voraus und versucht dadurch das in der geisteswissenschaftlichen Tradition postulierte Verhältnis zwischen systematischer und historischer Pädagogik neu zu deklinieren. Im Unterschied zur geisteswissenschaftlichen Tradition wird sowohl Distanz von einem teleologischen Verständnis von Geschichtsphilosophie genommen als auch eine strikte epistemische Trennung von Natur- und Geisteswissenschaften abgelehnt. Der zweite Aspekt wird in dieser Einführung nicht explizit beleuchtet (vgl. dazu Casale 2020).

Aus stilistischen Gründen wird auf den Gebrauch von Zeichen verzichtet, die als Indizien einer geschlechtergerechten Sprache gelten. Aus philosophischen und politischen Gründen wird die maskuline Form nicht als universelles Pronomen benutzt. Zum Ausdruck gebracht werden wird, dass sowohl eine Philosophin als auch ein Philosoph denken kann bzw. ein Erzieher oder eine Erzieherin handeln will.

Für ihr umsichtiges Lektorat möchte ich mich bei Frau Dr. Catrin Dingler (Kapitel 1 und 2) und Herrn Dr. Frank Hermenau (Kapitel 3, 4 und 5) herzlich bedanken. Mein Dank gilt ebenfalls der Herausgeberin der Reihe, Frau Prof. Dr. Sabine Seichter, Herrn Abdyl Veseli, Frau Dr. Nadine Albert und damit dem Verlag Brill | Schöningh, die die Entstehung des Bandes beratend und redaktionell begleitet haben.

1. Was ist Philosophie?

> „Die Philosophie ist die Kunst der Bildung,
> Erfindung, Herstellung von Begriffen."
> Gilles Deleuze, Felix Guattari

1.1 Zur Bedingung der Philosophie: Die Freundschaft

In ihrem gemeinsamen späten Werk mit dem Titel *Was ist Philosophie?* (1991/2000) schreiben die beiden befreundeten Autoren Gilles Deleuze und Felix Guattari der Freundschaft eine zentrale Bedeutung zu. Freundschaft sei die Bedingung der Philosophie: in historischer und in theoretischer Hinsicht. In der Antike ermöglicht die Freundschaft die Entstehung der Philosophie, weil sie die notwendige Geisteshaltung für die Ausübung des Philosophierens darstellt. In diesem Sinn bildet die Freundschaft die seelische Disposition für das Philosophieren.

Die vorliegende Analyse des Verhältnisses von Philosophie und Freundschaft wird hier weder rein begrifflich noch metaphorisch durchgeführt. Sie erinnert einerseits an eines der zentralen Motive der Geschichte der Pädagogik – als Geschichte der europäischen Zivilisation –, die ihre Klassiker in den antiken Schriften zur *paideia* (altgriechisch: παιδεία, dt. Erziehung, Bildung), in der frühneuzeitlichen Moralistik sowie in den *bonae litterae* (dt.: moralische Literatur) hat. Sie versteht andererseits Freundschaft als eine Denkfigur. Aus der Beschreibung einer spezifischen Form menschlicher Beziehungen lässt sich zwar kein Begriff ableiten, wohl aber eine Vorstellung von einem theoretisch sehr komplexen Sachverhalt gewinnen.

Mit der Bezeichnung des Freundes, der Freundschaft als transzendentale Bedingung des Philosophen bzw. der Philosophie möchten Deleuze und Guattari auf die subjektive Bedingung der Philosophie verweisen. Es geht bei der Betonung der transzendentalen Bedingungen zuerst um die Disposition des Subjekts der Philosophie als Freund, die in einem zweiten Moment auf eine kategoriale Ebene, auf die Tätigkeit des Philosophierens übertragen werden kann. Philosophie und Freundschaft bezeichnen beide eine Form der *philia* (altgriechisch: φιλία, dt.: Liebe), der Zuneigung, der Hingabe zum Anderen.

Wenn die Freundschaft die transzendentale Bedingung der Philosophie darstellt, sollte Erstere näher bestimmt werden, um die Besonderheit Letzterer als spezifische Form des Wissens und des Denkens besser zu verstehen.

Die enge Beziehung zwischen Freundschaft und Philosophie ist ein zentraler *topos* der westlichen Zivilisation, die seit der Antike sowohl der Philosophie als auch der Freundschaft eine pädagogische, d.h. eine bildende und erziehende Funktion beimisst. In der Antike formieren sie den Charakter, in der Spätmoderne befähigen sie zur Erfahrung der Alterität, der Differenz, der Nicht-Identität. Trotz der unterschiedlichen Bedeutung, die in der westlichen Kultur Begriffen wie Charakter, Tugend, Alterität zukommt, werden sie verwendet, um die moralische Relevanz sowohl der Freundschaft als auch der Philosophie zu erläutern. Beide stehen in der westlichen Tradition für eine Erfahrung, die auf *Freiheit*, *Gleichheit*, *Wahrhaftigkeit* und *Zuneigung/Hingabe* basiert.

Freiheit — Ausgehend von der Freundschafserfahrung ist *Freiheit* als Unabhängigkeit von jeder Form von Zwang, d.h. als Freiheit von biologischen, materiellen und politischen Zwängen zu verstehen. Im Unterschied zu familiären Bindungen, die aus biologischen Verwandtschaftsverhältnissen entstehen und durch das Eigentums- und Familienrecht geregelt werden, sind Freundschaften Wahlverwandtschaften, die sich ausschließlich aus gegenseitiger Zuneigung entwickeln. Anders als Arbeitsverhältnisse werden freundschaftliche Beziehungen nicht aufgrund von materiellen Interessen geschlossen. Wie im Fall der Philosophie, sind auch für die Freundschaft nützliche Wirkungen keineswegs ausgeschlossen; sie sind aber als eine Folge, nicht als eine Ursache von freundschaftlichen Beziehungen bzw. der philosophischen Tätigkeit zu sehen.

Gleichheit — Die Unabhängigkeit der Freunde bestimmt ihre *Gleichheit*, die hier auf ihren Freiheitsgrad zu beziehen ist. Insofern die Gleichheit für ihre Unabhängigkeit steht, schließt sie die Differenz der Freunde nicht aus.

Wahrhaftigkeit — Das freie Verhältnis der Freunde ist schließlich die Voraussetzung für die *Wahrhaftigkeit* ihrer Beziehung: „Es gehört also zur wahren Freundschaft, zurechtzuweisen und sich zurechtweisen zu lassen. Das eine muß man mit Freimut und ohne Härte tun, das andere gilt es mit Geduld und ohne Widerstreben hinzunehmen." (Cicero 44 v. Chr./1999, S. 209)

Zuneigung/ Hingabe — Aus diesem offenen Vertrauensverhältnis und dem geteilten Interesse für eine bestimmte Sache, als Voraussetzung für den vermittelten Charakter der Freundschaft, resultiert eine *Zuneigung/ Hingabe*, aus der sich auch die – im weitesten Sinne – politische Bedeutung der Freundschaft ableiten lässt.

Hier gilt für die Freundschaft, was auch für die Philosophie gesagt werden kann: Sie ist nicht unmittelbar politisch, sie kann von politischer Bedeutung sein oder werden. Die Freundschaft bildet die erste Form von Gemeinschaft, die nicht organisch, nicht natürlich, die nicht auf familiären Beziehungen basiert. Ähnlich entsteht die Philosophie aus der Erfahrung einer Differenz, die sie zur Sprache bringen, die sie begreifen will.

Historisch wird die Kultivierung der Freundschaft und der Philosophie mit zwei Elementen in Verbindung gebracht, die nicht voneinander zu trennen sind. Das erste Element besteht in der Absetzung vom orientalischen Kult der Weisheit als hierarchischer Form der Wissensvermittlung und der Wissenstradierung. Aristoteles in seiner Behandlung der Freundschaft in der *Nikomachischen Ethik* (ca 335-323 v. Chr./1995) und Cicero in *Laelius. De amicitia* (44 v. Chr./1999) sehen in der Freundschaft nicht so sehr eine typische Lebensform des Weisen, sondern ein Verhältnis zwischen Tugendhaften. Das zweite Element betrifft die Freundschaft als nicht hierarchische Beziehung – die Gleichheit der Freunde. Gleichheit ist bei den Griechen eine moralische und zugleich eine politische Kategorie. Sie ist sowohl die Basis des Verhältnisses zwischen Freunden als auch des demokratischen Zusammenlebens in der Polis. Das Philosophieren zwischen Gleichen lässt die Möglichkeit der Kritik entstehen und verstärkt damit den demokratischen Charakter der Polis.

Das Verhältnis zwischen Philosophie und Freundschaft ist zirkulär. Das bedeutet, dass man philosophieren kann, wenn man freundschaftsfähig ist, und umgekehrt, dass man freundschaftsfähig ist, wenn man in der Lage ist zu philosophieren.

Die Zirkularität äußert sich in einer bildenden Wechselwirkung. Die Kultivierung der Freundschaft fördert die Fähigkeit zur Objektbeziehung, die als eine der zentralen Voraussetzungen für das Philosophieren betrachtet werden kann. Die philosophische Tätigkeit verstärkt wiederum die Wahrnehmung von Differenz, von Alterität, die am Beginn jeder Freundschaftserfahrung steht.

Objektbeziehung

Die Tätigkeit des Philosophierens kann unter einem anderen Aspekt auch als Gespräch mit dem Fremden, mit dem unbekannten Freund, verstanden werden. Sie richtet sich in ihrer schriftlichen und in ihrer mündlichen Form an den unbekannten Freund und hofft, ohne ihn zu kennen, auf dessen Resonanz.

Gespräch mit dem Fremden

1.2 Zur Tätigkeit der Philosophie: Die Bildung der Begriffe

Die Philosophie ist eine denkerische Tätigkeit, die in einer nachvollziehbaren Argumentation durchgeführt wird. Als denkerische Tätigkeit ist sie weder passiv noch reaktiv. Als nachvollziehbare Analyse und im Unterschied zur Weisheit ist sie nicht esoterisch. Als Tätigkeit des Denkens kann sie weder auf eine reine Kontemplation der Phänomene noch auf ihre Reflexion reduziert werden. Wäre Philosophie im Sinne der griechischen Bedeutung von Theorie nur Kontemplation, wäre die Anschauung ihre Form der Erkenntnis. Im Fall einer Betrachtung der philosophischen Theorie als Anschauung, aber auch als Reflexion würde man voraussetzen, dass die Phänomene, die Gegenstände der Reflexion eine Gestalt haben, die unabhängig vom Prozess der Erkenntnis ist. Stattdessen beinhaltet die Philosophie als denkerische Tätigkeit eine spezifische Produktivität. Ihre Aktivität ist nicht mit einer Praxis bzw. einer Handlung zu verwechseln, sie ist eine des Denkens. Sie besteht in der Bildung von Begriffen.

Als begrifflich strukturierte denkerische Tätigkeit ist Philosophie zugleich Medium der Erziehung und der Bildung. Das Verhältnis zwischen Philosophie einerseits und Erziehung und Bildung andererseits kann unterschiedlich bestimmt werden. *Erstens* stellen Erziehung und Bildung zwei Gegenstände philosophischer Analyse dar. Damit wird sich die Einführung befassen, nachdem erläutert wurde, was unter Philosophie selbst zu verstehen ist. *Zweitens* hat die Philosophie zur Erziehung und zur Bildung nicht nur ein gegenständliches Verhältnis, sondern eine intrinsische Beziehung: Sie selbst erzieht und bildet. Sie erzieht, indem sie den Charakter formt. Sie bildet, indem sie das Denken lehrt. *Drittens* ist das Verhältnis zwischen Philosophie einerseits, Erziehung und Bildung andererseits eines der gegenseitigen Bedingungen. Man wird nicht nur durch die philosophische Anstrengung des Begriffs gebildet, sondern Erziehung und Bildung sind zugleich die Voraussetzungen für eine moralisch begründbare Lebensführung und für die Autonomie und Freiheit des Denkens (der Philosophie).

Die Annahme, dass die Haupttätigkeit der Philosophie in der Bildung, in der Erfindung von Begriffen besteht, wird von Philosophen geteilt, die aus unterschiedlichen Perspektiven argumentieren und oft in kritischer Auseinandersetzung miteinander stehen. Sie teilen jedoch die Überzeugung, dass die Aufgabe der Philosophie nicht nur in der Tradierung philosophischer Theorien oder im Weiterdenken philosophischer Schulen besteht. Die Autoren, auf die nachfolgend explizit Bezug genommen wird, sind Georg

Wilhelm Friedrich Hegel (1770-1831), Gilles Deleuze (1925-1995), Felix Guattari (1930-1992) und Reinhart Koselleck (1923-2006). Gegenstand der Philosophie ist für sie das Draußen der Philosophie. Ihre Aufgabe sehen sie darin, Phänomene, Ereignisse, Prozesse in ihrer Historizität zu erschließen. Anders formuliert: Für die Philosophen, die sich als Erfinder von Begriffen verstehen, sind weder die *philosophia perennis*, die ewigen Ideen, noch die reine Kontingenz, der bloße Zufall, die Gegenstände der Philosophie, sondern Konstellationen, die dauern. Unter Konstellation ist im Sinne von Walter Benjamin (1892-1940) und Theodor W. Adorno (1903-1969) ein singulärer Zusammenhang historischer Phänomene zu verstehen, deren Verhältnis zugleich zufällig und notwendig ist. Der Zusammenhang, der mit einer spezifischen Konstellation bezeichnet wird, ist nicht einer der Ordnung der Natur; er hätte sich auch anders konfigurieren können. Gleichwohl verdankt sich seine Existenz einer historischen bzw. geschichtlichen Notwendigkeit. Die Dauer und die Intensität sind entscheidend für die geschichtliche, d.h. philosophische Bedeutung von Konstellationen.

Bevor das Verhältnis der Begriffe zu den Konstellationen erläutert wird, soll erklärt werden, was mit Dauer und Intensität gemeint ist und warum das Geschichtliche, das vom Historischen zu unterscheiden ist, zum Gegenstand einer Philosophie wird, die sich, das sei noch einmal betont, die Erschließung der Gegenwart (ihre unterschiedlichen Phänomene, Ereignisse, Prozesse) in ihrer Historizität zur Aufgabe macht. Dauer und Intensität sind im Zusammenhang mit Begriff und Konstellation nicht voneinander zu trennen. Die Dauer ist nicht nach einem rein quantitativen Maß zu bestimmen. Dass gewisse Zusammenhänge jahrzehnte-, jahrhundertelang existieren, reicht nicht aus, um sie als etwas zu betrachten, das dauert. Umgekehrt verweist die Erinnerung an ein besonderes Ereignis, das sich nur über einen kurzen Zeitraum erstreckt hat, auf seine Dauer in der Gegenwart. Obwohl es als Episode nicht zur Gegenwart gehört, ist dieses Ereignis nicht einfach vergangen; es ist zwar schon gewesen, kann aber als solches nicht ignoriert werden. In diesem Fall kommt es in Form der Erinnerung zurück. Seine Dauer besteht darin, dass es nicht vergangen ist, dass es auf verschiedene Art und Weise noch eine Relevanz für die Gegenwart hat – oder präziser: konstitutiv für die Gegenwart ist. Wäre es vergangen, würde es eine historische Bedeutung haben. Es wäre Gegenstand historischer Forschung.

Das Geschichtliche unterscheidet sich vom Historischen hinsichtlich seines zeitlichen Bezugs. Der Horizont des Geschicht-

Das Draußen

Konstellation

Dauer

Das Geschichtliche

lichen ist weder die reine Vergangenheit noch allein die Gegenwart, sondern auch die Zukunft. Vergangenheit, Gegenwart und Zukunft, betrachtet als *Zeitmodi*, werden geschichtlich nicht voneinander getrennt. Sie werden als Zeitekstasen – als Dimensionen der Zeit – aufgefasst, die sich ineinander erstrecken. Mit dem Beispiel der Erinnerung ist darauf hingewiesen worden, inwiefern das Gewesene noch aktuell, gegenwärtig sein kann. Wie lässt sich das Gleiche für die Zukunft, die noch nicht gewesen ist, denken?

Die Zukunft hat eine spezifische Form zeitlicher Existenz: Sie ist nicht präsent und sie ist auch im Unterschied zur Vergangenheit nicht gewesen. Das bedeutet, dass ihre Existenz nicht der Ordnung der Wirklichkeit entspricht. Das schließt aber nicht aus, dass sie nicht real sein könnte. Real ist sie in einer kausalen Perspektive, im Modus der Wahrscheinlichkeit. Die Zukunft wird als wahrscheinlich existent wahrgenommen, wenn man sich Ziele setzt, Erwartungen formuliert, Pläne schmiedet. Ziele, Erwartungen und Pläne haben einen großen Einfluss auf die Wahrnehmung der Gegenwart, sie sind in der Gegenwart da, ohne in Form von Fakten oder Tatsachen präsent zu sein. Sie basieren auf Projektionen und der Kalkulation mit Konsequenzen, ausgehend von der erlebten Gegenwart. Real ist die Zukunft aber auch im Modus der Möglichkeit. Als Zeitdimension, die der Zukunft eigen ist, überschreitet die Möglichkeit die kausale Betrachtung der Gegenwart. Möglich ist, was hätte sein können, aber sich nicht ergeben hat. Zum Modus der Möglichkeit gehören aber auch Phantasien, Wünsche, Hoffnungen oder in kollektiver Hinsicht Utopien. Wer könnte negieren, dass in der Wahrnehmung der Gegenwart Erinnerungen (als Vergangenheit), Phantasien, Ziele, Wünsche, Hoffnungen (als Zukunft) einen Einfluss haben? Oder anders formuliert: Lässt sich Zeit, als qualitatives Phänomen betrachtet, überhaupt getrennt von ihren Modi denken? Sind die Zeitekstasen nicht eher schon immer ineinander verwoben? Hat die Trennung der Zeitdimensionen im besten Fall nicht nur eine analytische Funktion? Und entsteht sie im Normalfall nicht vielmehr aus der gesellschaftlichen bzw. ökonomischen Aufforderung, die Zeit zu quantifizieren, sie in Einheiten zu dividieren?

Wenn die verschiedenen Zeitdimensionen zusammengedacht werden, kommt man zu einer näheren Bestimmung einer dauernden Konstellation. Das Verhältnis von Konstellation und Dauer ist konstitutiv. Die Konstellation besteht im Allgemeinen in einem Zusammenhang von unterschiedlichen (gesellschaftlichen, kulturellen, ökonomischer etc.) Elementen. Damit dieser Zusammenhang von Elementen eine Konstellation bildet, sind zwei Aspekte von Bedeutung: Dauer und Intensität.

In einer Konstellation hat der Zusammenhang der Elemente eine bestimmte Dauer. Hier ist Dauer zuerst in einem alltäglichen Sinn zu verstehen. Der Zusammenhang ist nicht zufällig, er besteht für eine Weile in der Zeit, er bildet eine zeitliche Kontinuität. Und in dem zuvor beschriebenen Verständnis: Die Gegenwart der Konstellation hängt von ihrer Vergangenheit und von ihrer vorhergesehenen (wahrscheinlichen) und erhofften (möglichen) Zukunft ab. Die Modalität der Dauer einer Konstellation ist in Verbindung mit einem zweiten Aspekt zu bringen: die spezifische Ordnung der Elemente, die zu einer Konstellation gehören. Dieser zweite Aspekt wird im Folgenden als Intensität bezeichnet werden. Die Konstellation ist eine Ordnung besonderer Art: Die Form ihres Zusammenhangs ist nicht fix, insofern ist die Konstellation keine Struktur. Die Form entsteht aus dem spezifischen Verhältnis, das die verschiedenen Elemente einer Konstellation zueinander haben. Aus diesem Grund ist die Dauer einer Konstellation mit einem kontinuierlichen spezifischen Verhältnis ihrer Elemente verbunden. Wenn sich das Verhältnis zwischen den Elementen verändert, transformiert sich sowohl die Konstellation, die in der Form nicht mehr existiert, als auch die Bedeutung jedes Elements. In diesem Buch wird dieses Sachverhältnis am Beispiel der Konstellationen erörtert, die dem Erziehungs- und Bildungsbegriff zugrunde liegen.

Das Verhältnis von Elementen und Konstellation ist reziprok. Die Ordnung der Elemente bestimmt die Form der Konstellation; die Form der Konstellation ist für die Bedeutung, die ein Element in der Konstellation annimmt, entscheidend. Die Reziprozität zwischen Elementen und Konstellation kann auch als Relationalität aufgefasst werden, allerdings nur unter der Bedingung der Unbestimmbarkeit bzw. der Historizität der Konstellation. Das Verhältnis zwischen den Elementen ist nicht vorgegeben, sonst hätte die Konstellation eine natürliche Ordnung. D.h. ihr Verhältnis ist weder horizontal noch vertikal, weder paritätisch noch hierarchisch an sich. Es kann paritätisch sein, d.h. es kann sein, dass die Elemente aufeinander den gleichen Einfluss ausüben. Es kann aber auch hierarchisch strukturiert sein, d.h. der Platz, den ein Element einnimmt bzw. der ihm zugesprochen wird, hat ein entscheidendes Gewicht für die Funktion und Bedeutung der anderen Elemente innerhalb der Konstellation. Die Besonderheit der Elemente sowie deren Ordnung macht die Spezifizität einer Konstellation aus.

Die Veränderung einer Konstellation infolge der Transformation eines oder mehrerer seiner Elemente wird in Bezug auf den Begriff der Erziehung z.B. hinsichtlich der gegenwärtigen Aufweichung der modernen und liberalen Trennung von privater und öffentlicher Sphäre, der damit verbundenen Infragestellung geschlechterspezifischer Zuständigkeiten im Erziehungsbereich deutlich. In Bezug auf den Bildungsbegriff zeigen sich Veränderungen der Konstellation u.a. im Zusammenhang mit der Neujustierung des Verhältnisses von Individuum und Bildung, von Staat und Bildung und Universität und Bildung.

Die Dauer einer Konstellation ergibt sich also sowohl aus ihrer zeitlichen als auch aus ihrer formalen Bestimmung. Entscheidend für die philosophische Bedeutung von Konstellationen ist neben der Dauer auch die Intensität. Was ist darunter zu verstehen?

Intensität

Intensität bezeichnet eine Differenz, die aus dem Zusammenwirken unterschiedlicher Elementen entsteht, aus der Tension, aus der Spannung verschiedener Faktoren. Gäbe es keine Intensität, gäbe es keine Spannung zwischen den Elementen, blieben sie losgelöst voneinander. Sie könnten nicht in ihrem Verhältnis gedacht werden. Das bedeutet zweierlei: *erstens*, dass die Konstellation nur aus der Spannung ihrer Elemente besteht *und zweitens*, dass ihre Existenz als Konstellation nur ausgehend von der Tension der Elemente erkennbar ist bzw. gedacht werden kann. Die Intensität markiert eine Differenz, insofern sie einer Konstellation ihre Ordnung gibt und dadurch die Konstellationen voneinander unterscheidbar werden. Das wird in dem Buch deutlich am Beispiel des Erziehungsbegriffs: Die Veränderung der Geschlechterverhältnisse führt zu einer Transformation der Formen von Elternschaft und der damit verbundenen Zuständigkeiten im Bereich der Sorge sowie zu einem Schwund des Unterschieds zwischen öffentlicher und privater Sphäre. Aus diesen Veränderungen ergibt sich eine markante Differenz zwischen der aufklärerischen und der gegenwärtigen Konstellation des Erziehungsbegriffs.

Begriff

Der Begriff ist nichts anderes als der Name für diese Intensität. Nur als Name einer Intensität bildet der Begriff eine Synthesis der Spannung, die aus einer bestimmten Konstellation entsteht. Die Philosophin ist diejenige, die dieser Konfiguration einen Namen verleiht. Dementsprechend beschäftigt sich die Bildungs- und Erziehungsphilosophie mit der begrifflichen Erschließung und mit der Bezeichnung von Konstellationen, die die Phänomene Erziehung und Bildung in ihrer geschichtlichen Konstellation bestimmen.

Bildungs- und Erziehungsphilosophie

Die Namensgebung der Konstellation wird in zweifacher Hinsicht zu ihrer Existenzbedingung. *Erstens:* Ohne den Namen gibt es keine Konstellation, sondern nur ihre voneinander losgelösten Komponenten. Erst die Verleihung des Namens macht es möglich, die unterschiedlichen Komponenten in ihrem Zusammenhang zu denken. *Zweitens*: Nur in Folge der Benennung kann eine Konstellation von einer anderen unterschieden werden. Der Name macht sie singulär, gibt ihr ein Profil, eine Silhouette. Die Konstellation ist nicht die Silhouette bzw. der Begriff ist nicht mit der Konstellation gleichzusetzen, aber die Silhouette bzw. der Begriff ermöglicht, die Konstellation zu sehen, zu benennen. Beispielhaft kann auf die Silhouette von Städten, auf die physiognomischen Porträts des 18. Jahrhunderts, aber auch auf die astronomischen Konstellationen, wie den Großen und den Kleinen Bären (oder den Großen und Kleinen Wagen), verwiesen werden. Silhouetten, Begriffe, Physiognomien bilden weder eine realistische Darstellung eines Phänomens, einer Konstellation noch eine Fiktion. Sie bezeichnen weder das Wesen eines Phänomens noch konstruieren sie es, sie komponieren das Phänomen, sie geben ihm eine Form, die den Zusammenhang der Komponenten erkennbar macht. Zum Beispiel der Name „Großer Wagen" bezeichnet die Konfiguration von sieben besonders hellen Sternen des „Großen Bärs" (Sternbild des Nordhimmels). Der Name „Großer Wagen" erschafft die Sterne nicht, sondern macht nur eine Konfiguration sichtbar.

Aus diesem Grund behaupten Gilles Deleuze und Felix Guattari zu Recht, mit dem Begriff werde „das Subjektivste [...] das Objektivste" (Deleuze/Guattari 1991/2000, S. 17). Hegel paraphrasierend erläutern sie, inwiefern der Begriff das Subjektivste und zugleich das Objektivste ist. Der Begriff ist das Subjektivste, weil er ohne die denkerische Tätigkeit der Philosophin nicht existiert. In diesem Sinn ist der Begriff ihre Erfindung. Ihre Tätigkeit besteht vor allem in dieser Erfindung.

In der Geschichte der Philosophie sind vor allem die Namen derjenigen verewigt worden, die sich zugetraut haben, komplexen Phänomenen, Konstellationen einen Namen zu geben. Hierfür nur einige Beispiele: Der kategorische Imperativ von Immanuel Kant, der Begriff der Natalität von Hannah Arendt, der Begriff der Bildung von Wilhelm von Humboldt, der Begriff des Gender von Judith Butler, der Begriff der Gouvernementalität von Michel Foucault.

Der Begriff ist aber auch das Objektivste, weil er ein Sachverhältnis zur Sprache bringt, das nur ausgehend von einer spezifi-

Der Begriff ist das Subjektivste

Das Objektivste

schen Konstellation gedacht werden kann. Also: Der Begriff ist eine Kopfgeburt, seine Bedingung ist die Existenz eines Sachverhältnisses. Die Begriffsbildung erfordert deshalb eine bestimmte Anstrengung, die komplexe Materie einer Konstellation zu durchdringen. Die Anstrengung des Begriffs impliziert in einer gewissen Hinsicht, wenn nicht eine Selbstverausgabung, in jedem Fall eine Hingabe an das Sachverhältnis, dessen Zueignung. Die Bildung des Begriffs, verstanden als erfinderischer Akt, folgt einer Hinwendung zu dem, was man sprachlich begreifen will. Man wird schöpferisch, wenn man, wie Hegel in der *Phänomenologie des Geistes* (1807/1999b) behauptet, in den Dienst der Sache eintritt. Lapidar formuliert und im Blick auf den erzieherischen und bildenden Charakter der Philosophie: Es gibt keine philosophische Kreativität ohne Demut. Die Kreativität, die keine Demut kennt, ist Hybris oder, wie Hegel sagen würde, die Tat einer substanzlosen Subjektivität, die vom reinen Willen oder der „Willkür bloßer Einfälle" (Hegel 1835-1838/1970, S. 381) getrieben wird.

Unter diesen Prämissen kann der Begriff hinsichtlich seines Wahrheitsanspruchs als relativ und zugleich als absolut betrachtet werden: Der Begriff ist relativ zu seinen eigenen Komponenten und zu anderen Begriffen, also in Bezug auf den Zusammenhang zwischen seinen Komponenten und in Bezug auf seine Abgrenzung von anderen Begriffen. Der Begriff ist relativ hinsichtlich der Probleme, die er lösen soll, zu den Phänomenen, die er erschließen will. Die Relativität des Begriffs schränkt seinen Wahrheitsanspruch nicht ein. Sie kontextualisiert ihn.

Ein Begriff ist keine ewige Idee, seine spezifische Bedeutung erhält er nur unter bestimmten Bedingungen. Innerhalb eines spezifischen Horizonts ist seine Bedeutung allerdings absolut. Der Begriff ist absolut in der von ihm vollzogenen Verdichtung, durch den Ort, durch die Bedingungen, die er einem Phänomen, einem Problem zuweist (Deleuze/Guattari 1991/2000, S. 28).

Der Begriff, als Erfindung des Philosophen, ist kein bloßes Wort. Wie Reinhart Koselleck klargestellt hat, ist das Wort im Unterschied zum Begriff eindeutig (vgl. Koselleck 1972, S. XXII). Das Wort nennt einen Gegenstand, z.B. einen Tisch, einen Baum. Der Begriff ist mehrdeutig, weil er auf einem Zusammenhang bzw. auf der Spannung der Elemente eines Zusammenhangs basiert, weil er auf die Erschließung eines Phänomens zielt.

Phänomen

Phänomen bedeutet etymologisch das Erscheinende, der Gegenstand in seiner Phänomenalität, in seiner Erscheinung. Man bezeichnet aber mit Phänomenen gewöhnlich auch komplexe Zusammenhänge, deren Bedeutung oder Profil unklar ist. Unter Phänomen versteht man in diesem Fall etwas Neues, das die Aufmerksamkeit auf sich zieht, das auftaucht: eine Emergenz. Mit „Covid-19-Pandemie" wird zum Beispiel eine Emergenz – ein Phänomen – bezeichnet, die aus unterschiedlichen Elementen besteht (Verbreitung des Virus, Lockdown, Social Distancing, Homeoffice, Homeschooling, Digitalisierung der Lehre etc.), deren gesellschaftliche, kulturelle, institutionelle, ökonomische Konsequenzen in ihrem Spannungsverhältnis noch begrifflich zu erschließen sein werden.

Ein neues Phänomen kann sich als ein Problem erweisen, aber auch als eine reine Möglichkeit. Die Konnotation des Möglichen, des Neuen, des Unvorhergesehenen, des Noch-nie-Dagewesenen als problematisch entspricht einer impliziten, oft nicht intendierten, normativen positiven Einschätzung des *status quo*. Deswegen vermeiden die Vertreter der Philosophie, verstanden als Tätigkeit des Begreifens, die von den Pragmatisten oft benutzte Formulierung der Theorie als Problemlösung und sehen stattdessen die Tätigkeit der Philosophie in der Analyse (Zergliederung der Elemente eines neuen Phänomens) und in der Synthese des Begriffs (Komposition nach der Zergliederung).

Die Philosophie als Theorie (*theoreîn*) übt sich in einem traditionellen Sinn, in ihrer altgriechischen Tradition, im Sehen, in der Anschauung der Phänomene, im modernen Sinn besteht das Sehen aber nicht in reiner Kontemplation. Das Sehen erfordert die Erkenntnis der Zusammenhänge, deren Elemente zuerst auseinanderdividiert werden müssen. Kurz gesagt: Man sieht das, was man begriffen hat. In dieser Hinsicht kann die Philosophie als Phänomenologie verstanden werden, d.h. als eine Erschließung dessen, was geschichtlich erscheint oder anders formuliert als die Erfassung der Historizität der Gegenwart in Begriffen.

Philosophie als Theorie

Da Begriffe sich immer auf Konstellationen, auf Phänomene beziehen, gibt es keinen einfachen Begriff. Der Begriff besteht aus verschiedenen Komponenten und definiert sich durch sie: „Ein Begriff bündelt die Vielfalt geschichtlicher Erfahrung und eine Summe von theoretischen und praktischen Sachbezügen in einem Zusammenhang, der als solcher nur durch den Begriff gegeben ist und wirklich erfahrbar wird." (Koselleck 1978, S. 29)

Der Begriff ist keine Kategorie, obwohl der Begriff ausgehend vom kategorialen Denken gebildet wird und sich auf Kategorien stützend operiert. Die Kategorien werden zwar von Immanuel Kant (1724-1804) als Verstandesbegriffe bestimmt, insofern sie die Modalitäten der Abstraktion des Verstandes prägen. Aber ihre Natur ist im Unterschied zu den Begriffen, wovon in dieser Einführung die Rede ist, *a priori* (dt. vor der Erfahrung). Was den Begriff von der Kategorie unterscheidet, ist sein unterschiedlicher Bezug zur Erfahrung und dementsprechend zur Zeit. Vom Begriff kann nur *a posteriori* (dt. aus der Erfahrung geschöpft) gesprochen werden. Er verdichtet die Erfahrung, er hat seinen Ausgangspunkt in der Erfahrung. Aus diesem Grund wird im Folgenden auf die Begriffe als Knoten, als Kristallisationspunkte der Erfahrung hingewiesen. Die Kategorie ordnet, strukturiert die Erfahrung. Damit sie diese strukturierende Funktion haben kann, darf sie nicht von der gleichen Natur wie die Erfahrung sein. Hätten Begriffe und Kategorien die gleiche Natur, wäre, nach Kant, Wissenschaft nicht möglich. Die Erkenntnisse würden auf der Ebene der Empfindungen verbleiben, jede Form der Abstraktion und der daraus entstehenden Möglichkeit der Verallgemeinerung bzw. der Universalisierung ließe sich nicht realisieren. In der *Kritik der reinen Vernunft* (1781/1974) führt Kant den Begriff des Transzendentalen ein, den er vom Begriff des Transzendenten unterscheidet. Während mit dem Begriff des Transzendenten Entitäten bezeichnet werden, deren Natur nicht empirisch ist, die jenseits der Erfahrung liegen, wird mit dem Transzendentalen etwas charakterisiert, das nicht von der Erfahrung zu trennen ist, das jenseits der Erfahrung nicht denkbar ist, das aber zugleich unabhängig von der Erfahrung ist. Die Kategorie ist ihrer Natur nach transzendental.

Kants System der Kategorien unterscheidet zwölf Kategorien, welche die Quantität (Einheit, Vielheit, Allheit), die Qualität (Realität, Negation, Limitation), die Relation (Inhärenz und Subsistenz), die Kausalität (Ursache und Wirkung) und die Modalität (Möglichkeit und Zufälligkeit) betreffen. Sie können erst in Bezug auf Gegenstände der Erfahrung, auf Phänomene gedacht werden. Aber die Bedeutung von Quantität, Qualität usw. verändert sich für Kant in der Zeit nicht. Auch Autoren wie Foucault und Koselleck, die versucht haben, das Transzendentale zu historisieren, war es wichtig, den epistemischen, d.h. den erkenntnistheoretischen Charakter der Kategorie, zu unterstreichen. Bei Foucault wird das Transzendentale zum Quasi-Transzendentalen, zum empirischen Transzendentalen (vgl. Foucault 1966/1974), bei Koselleck zum historischen Transzendentalen (vgl. Koselleck 1975/2000). Beide heben hervor, dass die Kategorien die Rationalitätsformen einer bestimmten Epoche darstellen, dass sie nicht einem schnellen historischen Wandel unterliegen. Transzendental ist ihre Natur, die es von ihrer Semantik (den Begriffen) zu differenzieren gilt. Kategorien können als die formalen Elemente des Denkens aufgefasst werden, dank derer logische Operationen möglich sind: u.a. Vergleichen, Unterscheiden, Aneinanderreihen, Verallgemeinern, Erklären. Ein prägnantes Beispiel eines solchen Ansatzes liefert Michel Foucault in seinem Buch *Überwachen und Strafen. Die Geburt des Gefängnisses* (1975/2008), in dem er den Begriff der Disziplinierung von Körper und Seele als Horizont (Episteme) moderner Gesellschaften durch die historische Rekonstruktion einer spezifischen Verteilung des Raums, der Organisation der Zeit und der Reihung von Normen und Sanktionen konturiert. Die explizite kategoriale Funktion von der quantitativen und qualitativen Strukturierung des Raums, der Organisation von zeitlichen Abläufen sowie der Fixierung von Normen durch Operationen des Vergleichs, der Unterscheidung und des Ausschlusses erhalten ihre Bedeutung erst *a posteriori*, d.h. in Folge ihrer historischen Kontextualisierung.

Hinsichtlich bestimmter Ausdrücke, z.B. Bildung und Geschichte, zeigt Koselleck (1990), inwiefern sie sowohl als Kategorie als auch als Begriffe (*Begriffskategorien*) betrachtet und verwendet werden können. Im Fall der Bildung bezeichnet sie als Kategorie die Möglichkeit der Formation des Menschen überhaupt. Der genauere Ausdruck für die kategoriale Bestimmung von Bildung ist Bildsamkeit. Als Begriff wird unter Bildung eine Konstellation verstanden, die in einem spezifischen Zeitraum unterschiedliche Aspekte in einen Zusammenhang bringt, die auf eine bestimmte Gestaltung des Bildungsprozesses zurückzuführen sind. Ähnliches gilt für Geschichte. Als Kategorie steht sie für die Möglichkeit historischer Veränderung überhaupt. Der genauere Ausdruck für die kategoriale Bestimmung von Geschichte ist Geschichtlichkeit. Als Begriff bezeichnet sie z.B. im 19. Jahrhundert ein besonderes Zeitverständnis im Sinne von Tradition, das u.a. zur Bildung nationalen Bewusstseins, zur wachsenden Bedeutung der Geschichtswissenschaft als Universitätsfach, zu der Unterscheidung von Natur- und Geisteswissenschaft geführt hat.

Begriffskategorien

Es gibt nicht nur, wie gesehen, Ausdrücke, die die Bedeutung von Kategorien und Begriffen haben, sondern die Tätigkeit der Philosophie, die hier explizit mit der Begriffsbildung in Verbindung gebracht wird, kann ohne einen kategorialen Zugang zu den Phänomenen nicht stattfinden. Also kurz gesagt: Es gibt keine Erfindung der Begriffe ohne den Gebrauch von Kategorien. Die Kategorien ermöglichen den Zugang zu den Phänomenen, die Begriffe deren geschichtliche Erschließung. Strukturieren die Kategorien den Erkenntnisprozess, bilden die Begriffe die Erkenntnis selbst. In der Begriffsbildung besteht in diesem Sinn das schöpferische Element der Philosophie. Mit gutem Recht kann einer Philosophie, die mit der begrifflichen Erschließung der Phänomene vertraut ist, auch eine forschende Funktion zugeschrieben werden.

Idee

Der Begriff unterscheidet sich nicht nur von einer Kategorie, sondern auch von einer Idee, der als solcher ein rationaler, d.h. vernünftiger, Charakter zugeschrieben wird. Spricht man von der Idee der Bildung oder von der Idee der Universität, evoziert man sofort deren Normativität. Aus der Auffassung von Bildung als Idee, aus ihrer ideengeschichtlichen Erläuterung, leitet sich die Vorstellung einer Kontinuität von Formen des Formationsprozesses her, die seit der Antike bis in die Gegenwart aufeinander folgten. Die Betrachtung von Bildung, die eine Kontinuität von der griechischen *paidea* (dt. Erziehung und Bildung) zur neuzeitlichen Bewusstseinsbildung sieht, klammert die Konstellationen aus, die dem Bildungsbegriff seine spezifische Bedeutung verleihen. Nicht die ewige Wahrheit einer Idee steht in der begrifflichen Bestimmung im Vordergrund, sondern die geschichtliche Besonderheit der Phänomene. In diesem Sinn wird der Philosophie auch eine Erkenntnisfunktion zugesprochen, die jenseits der an sich und für sich wichtigen logischen und kategorialen Begründung der Argumentation besteht.

Wie in der Unterscheidung von Kategorie und Begriff, handelt es sich auch bei der Kontrastierung von Idee und Begriff um eine analytische Unterscheidung, die u.a. darauf zielt, die Besonderheit der begrifflichen Perspektive als philosophische Form der Argumentation hervorzuheben und den schöpferischen Charakter der begrifflichen Analyse zu betonen. Aber auch die begriffliche Analyse des Phänomens hat eine normative Dimension. Sie wird *erstens* mit dem Erkenntnisanspruch des Begriffs verbunden, und zwar mit der Bezeichnung einer Konstellation, die erst einen Zusammenhang sichtbar macht und ihn von anderen Phänomenen scharf und rigoros unterscheidet. *Zweitens* ist die normative Dimension in den Erwartungen und Hoffnungen enthalten, die mit den Vorstellungen zur Zukunft einer Konstellation, mit ihrem Versprechen in Zusammenhang stehen.

Erfahrung

Der Begriff hat ein besonderes Verhältnis zur Erfahrung. Man könnte sogar behaupten, dass der Begriff die Erfahrung ermöglicht. Der Begriff macht etwas, das unbewusst war, bewusst, denkbar, sichtbar. Man sollte sich einen Begriff wie einen Knoten innerhalb eines Gewebes vorstellen. Dank der Verdichtung des Gewebes, die der Knoten realisiert, können die Fäden eines Gewebes zusammengehalten werden. Die Struktur des Gewebes,

1.2 Zur Tätigkeit der Philosophie

die durch die Knoten entsteht, wird durch solche Verdichtungen sichtbar. Für Deleuze und Guattari befindet sich der Begriff bezüglich seiner Komponenten im Zustand des Überfliegens. Der Begriff ist ein Vorsprung der eigenen Konstellation. Er ist nicht einfach die Summe seiner Elemente, sondern ein Drittes, das den Zusammenhang der Elemente ermöglicht. Oder noch einmal anders gesagt und Adornos Bestimmung des Verhältnisses von Theorie und Praxis paraphrasierend (vgl. Adorno 1957/1979a): Der Begriff erfordert einen Sprung über die Elemente hinweg, die den Begriff ausmachen. Wie die Theorie von der Praxis nicht zu trennen, aber auch nicht aus ihr abzuleiten ist, so entsteht der Begriff nicht automatisch oder logisch, d.h. syllogistisch aus der Addition seiner Elemente. Er braucht die erfinderische Kraft der Philosophin. Der Begriff ist aber auch nicht die Summe, das Resultat aus seinen Elementen. Er ist deshalb weder mit Verallgemeinerung noch mit Typologisierung gleichzusetzen, die wiederum einen zentralen Platz in der soziologischen Theorieproduktion haben.

Schließlich soll auf die Unterscheidung Kosellecks (1972) von Begriff und Grundbegriff hingewiesen werden, weil sie für das Verständnis von Erziehung und Bildung als philosophische Begriffe der europäischen Moderne von entscheidender Bedeutung ist. Um diese Unterscheidung genau zu begreifen, muss hinzugefügt werden, dass eine Konstellation auch theoretischer Natur sein kann, d.h., dass sie aus einem Zusammenhang von Begriffen entstehen kann, die wiederum gesellschaftliche und kulturelle Phänomene zur Sprache bringen. In diesem Fall ist unter einem Grundbegriff ein Begriff zu verstehen, dessen Elemente Begriffe sind und dessen Funktion darin besteht, den Zusammenhang dieser Begriffe denkbar zu machen. In einem weiteren Sinn, und zwar jenseits einer erkenntnistheoretischen Perspektive, bezeichnet Koselleck jene Begriffe als Grundbegriffe, die Träger der spezifischen Semantik eines bestimmten Zeitraums, einer bestimmten Epoche sind. In dieser Hinsicht gibt es einen expliziten Zusammenhang von der Etablierung neuer Grundbegriffe und sogenannter Krisenzeiten bzw. von Krisen und sprachlichem Wandel. In der Veränderung der Grundbegriffe einer Sprache schlägt sich für Koselleck eine gesellschaftliche und historische Transformation nieder. In dieser Auffassung des Grundbegriffs spiegelt sich ein historistisches und ein erkenntnistheoretisches Begriffsverständnis wider. Nach dem historischen Verständnis des Grundbegriffs ist die Sprache Trägerin historischer Bedeutung. Aus dieser Sicht wird der Grundbegriff als ein historischer Indikator einer Zeit betrachtet. Erkenntnistheoretisch ist die

Grundbegriff

Indikator

Faktor

Sprache nicht nur Trägerin, sondern auch Stifterin von Bedeutung. Nach dieser zweiten Auffassung ist ein Grundbegriff nicht nur Indikator, sondern auch Faktor semantischer Veränderung. Dementsprechend wird in dieser zweiten Konnotation des Grundbegriffs der Sprache eine performative Funktion zugeschrieben. Ausgehend von der zeitlichen Dimension eines Begriffs, die zuvor erläutert worden ist, kann ein Grundbegriff weder nur ein Indikator noch nur ein Faktor semantischer Veränderung sein. Er ist beides. Würde man ihn nur als Indikator verstehen, würde man ihn nur auf ein Zeichen der Vergangenheit reduzieren. Würde man ihn nur als Faktor sehen, würde man aus ihm nur eine reine Konstruktion, eine Kopfgeburt machen, der die Verankerung in der zeitlich strukturierten Erfahrung fehlen würde.

Erziehung und Bildung sind in der vorgestellten zweifachen Hinsicht als Grundbegriffe zu betrachten. Sie werden in dieser Einführung als Knoten einer begrifflichen Konstellation, als tragende Säulen der Grammatik, der Sprache, der europäischen Moderne verstanden und als Indikatoren und Faktoren semantischer Veränderung erörtert.

Fragen

1. Worin besteht die Haupttätigkeit der Philosophie?
2. Erklären Sie das Verhältnis von Phänomen und Konstellation.
3. Worin besteht ein Begriff?
4. Worin unterscheiden sich ein Begriff, eine Idee und eine Kategorie?
5. Wie unterscheidet sich ein Begriff von einem Grundbegriff?

Weiterführende Literatur

Adorno, Theodor W. (1973): Die Aktualität der Philosophie [1931]. In: Ders.: Gesammelte Schriften. Band 1: Philosophische Frühschriften. Frankfurt/Main: Suhrkamp, S. 325-344. – Es handelt sich um Adornos Antrittsvorlesung. In dem programmatischen Text vollzieht Adorno den Übergang vom transzendentalen Idealismus seines Lehrers (Hans Cornelius) zum Materialismus in Auseinandersetzung mit den Schriften seines Freundes Walther Benjamin. Mit der Idee einer konfigurativen Sprache, die die Gegenwart in Begriffen fasst, fängt Adorno in diesem Text an, eine philosophische Methodologie zu entwerfen, die er mehr als 30 Jahre später in dem Buch *Negative Dialektik* (1966/70) entwickeln wird. Für den Zusammenhang dieser Einführung besteht die Bedeutung von Adornos Antrittsvorlesung in der Hervorhebung der gesellschaftlichen und zugleich der erkenntnistheoretischen Bedingungen der Philosophie.

Adorno, Theodor W. (1979): Soziologie und empirische Forschung [1957]. In: Ders.: Gesammelte Schriften. Band 8/1: Soziologische Schriften. Frankfurt/Main: Suhrkamp, S. 196-216. – In dem 1957 erschienenen Essay kritisiert Adorno die Soziologie und die Empirische Sozialforschung der 1950er Jahre. Er wirft der empirischen Soziologie einen positivistischen Zugang zur Erforschung gesellschaftlicher Phänomene vor und lehnt ihre Trennung von Methode und Inhalt ab. Im Zentrum seiner hier entworfenen Kritischen Theorie steht ein Begriff der Gesellschaft, den die positivistische Soziologie für spekulativ hält und der für Adorno den Horizont der Möglichkeitsbedingungen der Erfahrung darstellt. Von besonderer Relevanz ist die Bestimmung des Verhältnisses von Theorie und Praxis.

Aristoteles (1995): Nikomachische Ethik [ca. 335-323 v. Chr.]. Philosophische Schriften. Band 3. Hamburg: Meiner. – Es handelt sich um das ethische Hauptwerk von Aristoteles. In kritischer Auseinandersetzung mit Platon bestreitet Aristoteles sowohl, dass die Ethik eine strenge Wissenschaft sein kann, als auch, dass es einen unmittelbaren Nexus zwischen richtiger Erkenntnis und richtigem Handeln gibt. Gegenstand der Ethik ist das Handeln, das im Gegensatz zum Notwendigen so oder anders sein kann. Die Ethik wird eher als Überlegung über die Tugend denn als Wissenschaft charakterisiert. Die tugendhaften Handlungen lassen sich darum auch nicht wie die wissenschaftlichen Erkenntnisse durch die Lehre tradieren. Sie entstehen vielmehr aus Gewohnheiten. Der Hinweis auf die *Nikomachische Ethik* gilt hier vor allem in Bezug auf die Bedeutung der Freundschaft (Bücher VII-IX) als tugendhafter Lebensform.

Benjamin, Walter (1991): Erkenntniskritische Vorrede [1925]. In: Ders.: Gesammelte Schriften. Band 1/1: Ursprung des deutschen Trauerspiels. Frankfurt/Main: Suhrkamp, S. 207-237. – Der Text ist die Einführung zu Walter Benjamins abgelehnter Habilitationsschrift (*Ursprung des deutschen Trauerspiels*). Eine große philosophische Rezeption erhielt dieser sehr dichte erkenntnistheoretische Text erst in den 1950er Jahren (nach dem Tod des Autors). In diesem kurzen Text werden die zentralen Prämissen der Erkenntnistheorie Benjamins entwickelt: eine Theorie der mikrologischen Erkenntnis, die sich auf eine monadologische Auffassung der Idee und der Phänomene stützt; eine Theorie des Gedankenstils; eine Theorie der Idee und der Wahrheit, die sich jenseits aller begrifflichen Intentionen des Subjekts in den Phänomenen selbst darstellen. Die Vorrede weist auch auf die zwei Hauptthemen der Philosophie Benjamins hin: Sprache und Geschichte. In diesem Text wird eine Idee der Konfiguration skizziert, die eine entscheidende Bedeutung für die Bedeutung des Konstellationsbegriffs in dem vorliegenden Buch hat.

Bergson, Henri (2006): Zeit und Freiheit [1889]. Hamburg: Meiner. – Der originale Titel der 1889 erschienenen Abhandlung Henri Bergson lautet: *Essai sur les données immédiates de la conscience* (dt.: *Abhandlung über die unmittelbaren Bewusstseinstatsachen*). Es handelt sich um die an der Universität der Sorbonne (Paris) als Dissertation vorgelegte Arbeit des Autors. Bergsons Versuch in dieser Schrift, eine qualitative Theorie der Zeitlichkeit zu entwickeln, sollte zum Ausgangspunkt von Martin Heideggers Konzeption der Zeit in *Sein und Zeit* (1927) werden. Für Heidegger bildet Bergsons Theorie der Zeit das erste nicht-metaphysische (d.h. in dem Fall nicht quantitativ geprägte), nicht am Modell des Raums orientierte Zeitlichkeitsverständnis. Zeit wird von Bergson als erlebte Dauer (*durée*) aufgefasst, deren qualitativer Charakter mit dem Begriff der Intensität erfasst wird.

Blanchot, Maurice (2011): Die Freundschaft [1971]. Berlin: Matthes & Seitz. – Eine breite Sammlung von kritischen Aufsätzen, die sich u.a. mit den Höhlen von Lascaux, der Psychologie der Kunst von André Malraux, den Schriften von Georges Bataille und Georges Duthuit befassen, sich der Erfahrung der Endlichkeit bzw. der Unmöglichkeit in der Kunst widmen und eine Poetik der Freundschaft entwickeln. Zentral ist in den verschiedenen Beiträgen die Auseinandersetzung mit der jüdischen Tradition vor allem Bezug nehmend auf die Werke von Edmond Jabès, Emmanuel Levinas, Martin Buber und Franz Kafka. Hier kommt die Erfahrung einer radikalen Fremdheit zur Sprache, die sich nur im philosophischen und literarischen Schreiben artikulieren kann. Der Dialog, der so mit dem unbekannten Anderen (dem Freund) entsteht, wird nicht als eine Form der Überwindung der Alterität, sondern als Erfahrung der Singularität des Anderen, als Kenntnisnahme der Unzulänglichkeit und der Kluft zwischen den Individuen verstanden. Freundschaft wird insofern als Erfahrung eines Entzugs und als Pflicht bestimmt, die irreduzible Fremdheit des Anderen zu akzeptieren.

Foucault, Michel (1971): Die Ordnung des Diskurses. Frankfurt/Main: S. Fischer. – Gegenstand der programmatischen Antrittsvorlesung, die Foucault am 2. Dezember 1970 zu seiner Berufung auf den Lehrstuhl „Geschichte der Denksysteme" am Collège de France gehalten hat, sind die kategorialen und zugleich gesellschaftlich geprägten Prozeduren, die zur Formation eines Diskurses beitragen. Diese lassen sich in drei Gruppen differenzieren: Die Ausschließungssysteme, die einen gesellschaftlichen Charakter haben; interne Prozeduren, die durch Klassifikations-, Anordnungs-, und Verteilungsprinzipien kategorial agieren; die Bedingungen für die Teilnahme an Diskursen (Verknappung der sprechenden Subjekte), die zugleich einen gesellschaftlichen und erkenntnistheoretischen Charakter haben.

Heidegger, Martin (1977): Sein und Zeit [1927]. Gesamtausgabe. Band 2. Hrsg. von Friedrich-Wilhelm von Herrmann. Frankfurt/Main: Klostermann. – Das Hauptwerk von Heidegger bildet eine der zentralen philosophischen Schriften des 20. Jahrhunderts. Abgesehen von dem Einfluss, den dieses Werk auf die philosophische Produktion seiner unmittelbaren Schüler gehabt hat (Hannah Arendt, Hans-Georg Gadamer, Hans Jonas, Karl Löwith und Herbert Marcuse), gilt es als Ausgangspunkt des französischen Existentialismus (u.a. Jean-Paul Sartre), des italienischen pensiero negativo (dt. Denken der Negativität, u.a. Nicola Massimo de Feo, Massimo Cacciari), des französischen Poststrukturalismus (u.a. Jacques Derrida, Michel Foucault) sowie der Psychoanalyse von Jacques Lacan. Auch die *Negative Dialektik* (1966/1970) Adornos ist ohne die Auseinandersetzung mit *Sein und Zeit* nicht zu verstehen. Für diese Einführung ist vor allem sein Verständnis von Zeitlichkeit und Geschichtlichkeit von großer Bedeutung, die Heidegger als Zusammengehörigkeit der drei Zeitekstasen (Gewesenheit, Gegenwart und Zukunft) versteht und die er anhand einer existenziellen Analytik des Daseins entwickelt.

2. Erziehung als Grundbegriff

> „Ist nicht Erziehung vor allem die unerlässliche Ordnung
> des Verhältnisses zwischen den Generationen und also,
> wenn man von Beherrschung reden will,
> Beherrschung der Generationsverhältnisse und nicht der Kinder?"
> Walter Benjamin

2.1 Historische Konstellation: Aufklärung

In den propädeutischen Erläuterungen zum philosophischen Zugang dieser Einführung ist gezeigt worden, inwiefern ein Grundbegriff als Knoten einer Konstellation zu verstehen ist. Die Konstellation besteht wiederum in einer Reihe von Begriffen, die in einem historischen Zusammenhang stehen. Oder anders gesagt: Die Begriffe, die durch den Grundbegriff der Erziehung zusammengedacht werden können, stehen in einem bestimmten Zeitraum in einer gewissen Verwandtschaftsbeziehung. Diese Konstellation hat geschichtliche Bedeutung, wenn sie für das gegenwärtige Verständnis von Erziehung als Grundbegriff wichtig geblieben ist. Nur sofern sie noch geschichtlich relevant ist, ist die Konstellation für die philosophische Analyse des Erziehungsverständnisses maßgeblich. Nach Michel Foucault stellt die historische Konstellation eines Grundbegriffs seinen Entstehungskontext bzw. die Geschichte seiner Gegenwart dar (vgl. Foucault 1984/1990).

Eine der zentralen Thesen der vorliegenden Erläuterungen lautet: Das in Europa gängige Selbstverständnis von Erziehung – sein normativer Horizont – entsteht in der Zeit und im Kontext der Aufklärung. Der Erziehungsbegriff wird insofern als ein aufklärerischer Begriff betrachtet. Daraus folgt, dass eine eventuelle Krise oder Transformation der politischen, erkenntnistheoretischen und moralischen Prämissen der Aufklärung zu einer Veränderung des Erziehungsbegriffs führen würde. Das ist anhand der Annahme zu erklären, der zufolge die Bedeutung eines Grundbegriffs vom Verhältnis der Elemente (Begriffe) einer Konstellation abhängt. Verändert sich die Relation der Begriffe oder ihre Bedeutung, verliert der Grundbegriff seinen ursprünglichen Gehalt, auch wenn er weiterhin in ähnlichen Zusammenhängen verwendet wird. Deshalb werden im Folgenden die historische

2. Erziehung als Grundbegriff

Konstellation des Erziehungsbegriffs, seine zentralen Elemente (unter Bezugnahme auf exemplarische philosophische Schriften) und deren theoretischer Zusammenhang analysiert.

Strukturwandel der Öffentlichkeit

Mit Aufklärung wird im Sinne von Jürgen Habermas eine spezifische historische Epoche der europäischen Geschichte bezeichnet, die von einem *Strukturwandel der Öffentlichkeit* (1962) geprägt ist, deren Konturen sich schon am Ende des 17. Jahrhunderts abzuzeichnen beginnen und die Ende des 18. Jahrhunderts ihre gesamte Physiognomie erhält. Mit der Charakterisierung dieser Epoche durch den Wandel der öffentlichen Sphäre gelingt es Habermas, zentrale Elemente der Aufklärung in einen Zusammenhang zu bringen und darüber hinaus den Zeitraum dieser Epoche nicht wie üblich auf das späte 18. Jahrhundert zu reduzieren. Im Fokus steht ein Wandel, der im 17. Jahrhundert im europäischen Raum beginnt und der von einer neuen Bedeutung kultureller, wissenschaftlicher und politischer Öffentlichkeit geprägt ist. Die gängige Bezeichnung der Aufklärung als „Zeitalter der Vernunft" darf die Relevanz der Etymologie des Wortes nicht relativieren, sondern muss eher mit ihr in Verbindung gebracht werden. Vom öffentlichen Gebrauch der Vernunft, d.h. von dem Vermögen, selbstständig und im Sinne allgemeiner Geltung zu denken, ist zum Beispiel auch bei Kant die Rede. In allen europäischen Varianten (u.a. *Siècle des Lumières, Illuminismo, Enlightenment*) wird diese Epoche bildlich als Epoche des Lichts, d.h. als Epoche, die ans Licht bringt, öffentlich macht, bezeichnet. Der Prozess des Beleuchtens, des Klarstellens wird zur Bedingung einer neuen Bedeutung der Öffentlichkeit. Habermas

Öffentlichkeit

erklärt die neue politische Relevanz der Öffentlichkeit mit dem Übergang von der repräsentativen Öffentlichkeit der europäischen Höfe im 16. und im 17. Jahrhundert zur bürgerlichen Öffentlichkeit. Während die Entfaltung der repräsentativen Öffentlichkeit an Attribute der Person geknüpft sei (Insignien, Gestus und Rhetorik), setze die bürgerliche Öffentlichkeit eine Trennung von privater und öffentlicher Sphäre und die Entwicklung allgemein nachvollziehbarer Formen der Argumentation voraus. Es handelt sich für Habermas vor allem um einen politischen Prozess, der sich in der Separierung der Sphäre der öffentlichen Gewalt und der Trennung von Staat und Gesellschaft realisiert. Kulturgeschichtlich geht es aber auch um einen literarischen Prozess, der seine erste Form

Gelehrtenrepublik

in jener Gelehrtenrepublik hat, in der zwischen *les femmes et les hommes de lettres* (dt. Schriftstellerinnen und Schriftsteller) – auf den ersten Blick paradoxerweise – innerhalb aristokratischer Salons experimentiert wurde und die in der wachsenden Bedeutung der Presse ihre Fortsetzung fand. Zunächst in der galanten Konversation, später im öffentlichen Austausch und im Streit der Meinungen werden Formen von Gleichheit und Freiheit erprobt, die auf den öffentlichen Gebrauch des Wortes zurückzuführen sind. Auch die Enzyklopädie als die spätere, eigentliche aufklärerische Form der Wissenssammlung, der Wissensdarstellung und Wissensvermittlung, die die Autoren der *Encyclopédie ou Dictionnaire raisonné des sciences, des arts et des métiers* (1751-1758) zu Vordenkern der Französischen Revolution 1789 machen wird, findet ihre Begründung in der Kraft, welche dem öffentlichen und klaren Wort in der Aufklärung zugesprochen wird.

_{Enzyklopädie}

Die Bedeutung, die die Aufklärung der Öffentlichkeit zuschreibt, ist auch auf das neuzeitliche Verständnis der Wissenschaft als experimentellem Verfahren zurückzuführen, das auf methodologisch begründete Erkenntnis und auf die Beherrschung der Natur durch die Technik gerichtet ist. In der wissenschaftlichen Erkenntnis und in der daraus entstandenen Möglichkeit der Technik, den Menschen von den Zwängen der Natur zu befreien und ihn vor ihren Gefahren zu schützen, sehen die Aufklärer die Quelle des menschlichen Fortschritts.

Im Zusammenhang mit dem Grundbegriff der Erziehung ist aber die Aufklärung vor allem als ein *politisches, philosophisches* und *pädagogisches* Projekt zu verstehen. Die mit der Französischen Revolution proklamierte Solidarität aller Brüder im Namen der Gleichheit und Freiheit aller Menschen, das Plädoyer Kants für eine selbstbestimmte Lebensführung und eine weltweite vernünftige Gesellschaftsordnung sind in ihrem Projektcharakter zu interpretieren. Vernunft, Freiheit und Gleichheit sind keine Naturgegebenheiten, sie entsprechen keinem Naturzustand. Im besten Fall stellen sie ein Vermögen oder eine regulative Idee dar, die unter bestimmten historischen Bedingungen auszuüben oder zu realisieren sind. In der Führung einer selbstbestimmten Existenz und im gesellschaftlichen Streben nach Freiheit und Gleichheit entfaltet sich für die Vertreter der Aufklärung die Menschheit als Gattung und realisiert sich die Würde aller Einzelnen.

Aufklärung als ein politisches, philosophisches und pädagogisches Projekt

Mit der Beschreibung der Aufklärung als Projekt soll der unabgeschlossene und experimentelle Charakter dieser Epoche unterstrichen werden, die auch für die sogenannte europäische Moderne steht, d.h. für eine historische Öffnung gegenüber dem Neuen und für die Infragestellung der Tradition als Legitimationsquelle wissenschaftlicher und politischer Ordnung.

Mit der gleichzeitigen Hervorhebung des *politischen*, des *philosophischen* und des *pädagogischen* Charakters eines solchen Projekts wird auf die Interdependenz der drei Aspekte hingewiesen. Die

Aufklärung als politisches Projekt setzt bestimmte philosophische Prämissen voraus, deren erkenntnistheoretische und historische Möglichkeiten von einem spezifischen pädagogischen Selbstverhältnis bedingt sind. *Politisch* hat die Aufklärung ihr markantes Ereignis in der Französischen Revolution, d.h. in der Abschaffung einer Form politischer Ordnung, die auf Herkunftsprivilegien basiert. Ihren historisch bedeutenden Ausdruck findet sie 1789 in der *Erklärung der Menschen- und Bürgerrechte* (frz.: *Déclaration des Droits de l'Homme et du Citoyen*).

Mündigkeit

In *philosophischer* Hinsicht bildet der Begriff der *Mündigkeit* und die damit eng verbundene Bedeutung des *Rechtes* den Ausgangspunkt der politischen Aufklärung. Mündigkeit ist ein Begriff von enormer Relevanz sowohl rechtlich als auch pädagogisch. Er bezeichnet rechtlich die Urteilsfähigkeit und die Zurechnungsfähigkeit jedes Einzelnen und stellt hiermit die Voraussetzung für die Betrachtung des Menschen als Rechtsperson dar, d.h. als Träger von subjektiven Rechten und Pflichten. Mündigkeit beschreibt weiterhin den Zustand der Maturität, der moralischen und politischen Reife, der Möglichkeit, vernünftig, d.h. selbstbestimmt denken und handeln zu können, und als solches bildet sie schlechthin das Ziel pädagogischer Aufklärung. Unter Berücksichtigung seiner philosophischen und pädagogischen Bedeutung ist Mündigkeit fast nicht vom Begriff der *Autonomie* zu unterscheiden, die wiederum eher die moralische Dimension (die Freiheit des Willens) selbstbestimmten Handelns und Denkens darstellt. Das Recht, dem die Mündigkeit jeder Rechtsperson zugrunde liegt, bildet die einzige Legitimationsquelle politischer Ordnung. Ihr Anspruch auf allgemeine Gültigkeit hat wiederum ihr Fundament in der universalisierenden Abstraktionsfähigkeit der Vernunft.

Autonomie

Als allgemeine Vorannahme der Aufklärung als politisches, philosophisches und pädagogisches Projekt gilt eine *anthropologische Betrachtung* des Menschen. Ausgehend von der Tradition des englischen Empirismus und des französischen Materialismus wird der Mensch als sinnliches Wesen gesehen. Dementsprechend werden die Sinne zur Quelle der Erkenntnis gemacht. In der Auffassung des Menschen als einem sinnlichen Wesen wird seine Verwandtschaft zur Tierwelt nicht negiert, zugleich aber relativiert. Der Mensch ist auch ein Tier, d.h. ein Naturwesen, aber nicht nur. Ziel der anthropologischen Betrachtung des Menschen ist es, genau diese kontinuierliche Diskontinuität, diese Gattungsdifferenz zu fixieren und zu kultivieren.

Aufklärung als philosophisches Projekt

Im Unterschied und komplementär zu einer rein anthropologischen Betrachtung des Menschen entsteht die *Aufklärung als philosophisches Projekt* aus einer Auffassung des Individuums als Wissenssubjekt, d.h. aus einer Vorstellung eines Individuums, das in der Lage ist, sich von der Natur zu unterscheiden und die Natur zum Objekt seines Wissens zu machen. Die Möglichkeit dieses philosophischen Projekts ist wiederum pädagogisch bedingt. Dem modernen Bürger ist bewusst, dass die Unterscheidung zwischen Subjekt und Natur kein Zustand der Natur, keine natürliche Gegebenheit, sondern ein Ergebnis der Kultur ist. Der Mensch kann nur durch und mittels der Kultur, durch Erziehung zum Subjekt bzw. zum Anderen der Natur werden. Zu diesem pädagogisch-philosophischen Projekt gehören deshalb *einerseits* der Anspruch auf die Autonomie gegenüber der Natur und *andererseits* das Bewusstsein der Abhängigkeit des Menschen von der Natur, von seiner Sinnlichkeit.

Diese doppelseitige Betrachtung, die im Menschen zugleich Vernunft und Natur, Autonomie und Zwang (als Naturzwang) sieht, resultiert aus der aufklärerischen Ablehnung der Erbsünde als Hauptmerkmal der *conditio humana*. Anstelle des Sünders tritt der Mensch als sinnliches Wesen auf, dessen Natur geformt werden kann.

Die *Bildsamkeit* des Menschen wird deshalb zur Bedingung der Aufklärung als philosophischem Projekt, das sich in der Möglichkeit des Menschen realisiert, Subjekt zu werden (d.h. in der Beherrschung der Natur und der Selbstbeherrschung), und zur anthropologischen Voraussetzung des Erziehungsbegriffs. Bildsamkeit drückt sowohl den Glauben an die Erziehbarkeit des Menschen als auch die Überzeugung seiner Erziehungsbedürftigkeit aus. In ihrem Plädoyer für die pädagogische Kraft der *Übung*, das die deutschen Vertreter der pädagogischen Aufklärung – die Philanthropisten – in ihrer Praxis und in ihren Schriften mit einer Art Überzeugungsdrang wiederholt formulieren, kommt ein Vertrauen in die menschliche Bildsamkeit oder – nüchterner formuliert – in die *Macht der Gewohnheit* zum Ausdruck: „Durch blosses Befehlen, Lehren, Warnen, Strafen entsteht keine gute Gewohnheit. Uebung, wirkliche Uebung ist das eigentliche Mittel. Dazu gehört Erfindung, Anlaß, Rath und Hülfe." (Basedow 1770/1979, S. 114)

Bildsamkeit

Übung

2.2 Autonomie

In seiner Vorlesung *Über Pädagogik* (1803/1977) setzt sich Kant explizit mit der Pädagogik der Philanthropisten und implizit mit dem Erziehungsverständnis auseinander, das Jean-Jacques Rousseau in seinem Werk *Emil oder Über die Erziehung* (1762/1971, frz.: *Émile ou De l'éducation*) entwickelt hat. Die anthropologischen Annahmen, die sowohl der Pädagogik der Philanthropisten als auch Rousseaus Konzept einer „negativen Erziehung" zugrunde liegen, werden von Kant in einer philosophischen Systematik weiterentwickelt, die eine exemplarische Bedeutung für das philosophische, pädagogische und politische Projekt der Aufklärung hat. Im Unterschied zu den Philanthropisten hält es Kant für notwendig, nicht nur die Kraft der Übungen zu erklären, sondern ihre Macht, d.h. ihren Zwangscharakter zu rechtfertigen. An sich ist der Zwang, den die Übung abverlangt, eine Zumutung für die menschliche Freiheit. Sie ist für Kant nur als Medium der Subjektwerdung zu akzeptieren. Zugleich lässt sich diese für Kant als philosophisches Projekt nur als Realisierung des pädagogischen Projekts denken. Denn anders als Rousseau ist Kant der Überzeugung, dass die Subjektwerdung ohne Zwang nicht möglich sei. Mit Rousseau stimmt er darin überein, dass das Ziel der Erziehung die Autonomie, die Mündigkeit der Individuen, d.h. ihre moralische Freiheit und politische Selbstbestimmung sein müsse. Erste Voraussetzung für eine *Erziehung zur Autonomie* ist sowohl für Kant als auch für Rousseau die *Autonomie der Erziehung*, d.h. eine Erziehung, die aus dem Prozess des Aufwachsens und der Subjektwerdung gedacht wird. Ihr Ausgangspunkt ist das Individuum, dessen Freiheit und Autonomie sind zugleich Voraussetzung und Ziel des Erziehungsprozesses. Erziehung hat deshalb bei Kant, beispielsweise im Gegensatz zu einer Auffassung, wie sie Emile Durkheim in seiner Vorlesung von 1902/1903 zu *Erziehung, Moral und Gesellschaft* (1984) äußert, keine funktionale Bedeutung. Erziehung als Sozialisierung der Individuen dient bei Kant nicht der Reproduktion einer bestimmten Gesellschaft. Die notwendige Einsozialisation des Individuums wird im Hinblick auf seine Mündigkeit gedacht. Die Autonomie der Erziehung bedeutet deshalb für Kant nicht nur Autonomie von der Kirche und vom Staat, sondern auch vom Markt, d.h. von jenem Kriterium der Nützlichkeit, das die philanthropische Pädagogik und deren Verständnis von Volksbildung begründet. Durch die Emanzipation des Erziehungsbegriffs von jeder Form von Heteronomie, von jedem äußerlichen Zwang, liefert Kant die theoretische Grundlage

Marginalien: Erziehung zur Autonomie; Autonomie der Erziehung für einen Erziehungsbegriff, dessen Ziel die Autonomie, d.h. die menschliche Subjektwerdung ist.

Die Autonomie des Menschen wird hiermit für Kant zum Hauptproblem der Pädagogik. Autonomie bedeutet, dass der Mensch von Natur aus frei ist und sich selbst aus Vernunft das Gesetz gibt. Der Mensch ist aber von Natur aus „gar kein moralisches Wesen; er wird dieses nur, wenn seine Vernunft sich bis zu den Begriffen der Pflicht und des Gesetzes erhebt" (Kant 1803/1977, S. 753). Darin besteht die Aufgabe der Erziehung.

2.3 Freiheit im Medium des Zwanges

Kants Einleitung in die Vorlesung über *Pädagogik* enthält die ganze Systematik des Erziehungsbegriffs. Die Bedeutung der Vorlesung liegt in der Fokussierung der begrifflichen Konstellation von Erziehung in ihrer aufklärerischen Prägung: Erziehung zur Freiheit durch Disziplinierung der Natur. „Eines der größten Probleme der Erziehung ist, wie man die Unterwerfung unter den gesetzlichen Zwang mit der Fähigkeit, sich seiner Freiheit zu bedienen, vereinigen könne. Denn Zwang ist nötig! Wie kultiviere ich die Freiheit bei dem Zwang? Ich soll meinen Zögling gewöhnen, einen Zwang seiner Freiheit zu dulden, und soll ihn selbst zugleich anführen, seine Freiheit gut zu gebrauchen." (Kant 1803/1977, S. 711)

Der Zwang betrifft die Beherrschung der Triebe, die Fähigkeit, wie es Kant formuliert, die Natur zu gewöhnen, sich den Gesetzen der Vernunft zu unterwerfen, d.h. nicht den triebhaften partikularistischen Neigungen nachzugehen. *Negativ*, im Sinne Rousseaus, soll dieser Zwang sein: Er soll sich darauf beschränken, die Schäden zu vermeiden, die sich ein Kind zufügen kann. Diese Dimension der Erziehung, die nicht mit einer bestimmten Phase zu verwechseln ist, wird von Kant *Disziplinierung* genannt: „Bei der Erziehung muß der Mensch also disziplinert werden. Disziplinieren heißt suchen zu verhüten, daß die Tierheit nicht der Menschheit, in dem einzelnen sowohl als gesellschaftlichen Menschen, zum Schaden gereiche. Disziplin ist also bloß Bezähmung der Wildheit." (Kant 1803/1977, S. 706)

Mit Zwang verbunden sind aber auch die *Kultivierung* und *Zivilisierung*, d.h., die Vermittlung und Aneignung von Kulturtechniken, von Anstand, Geschmack und guten Manieren. *Positiv* ist hier der Zwang, weil die Haltung der Erziehenden nicht rein schützend wirkt, sondern unterweisend, vermittelnd. Positiv und

Kultivierung und Zivilisierung

negativ werden von Kant nicht im Sinne der Axiologie, d.h. als Werte benutzt, sondern sie qualifizieren die Art der Haltung im Erziehungsprozess. Anders als Rousseau soll für Kant Erziehung nicht nur negativ ausgeübt werden. Kant differenziert Erziehungsaspekte, in denen die erziehende Person eine negative Haltung anzunehmen hat, d.h. rein schonend und begleitend zu wirken hat, von Erziehungspraktiken, denen ein positiver Charakter zukommt. Während der Kultivierung und Zivilisierung zeigt der Erzieher der *zu erziehenden Person* etwas auf. Klaus Prange nennt dies die *Zeigestruktur der Erziehung* (Prange 2005).

In den verschiedenen Dimensionen der Erziehung unterscheidet sich der Grad des Zwangs. Er verhält sich zur Möglichkeit von Aneignungsprozessen der *zu erziehenden Person umgekehrt proportional. Je größer die Möglichkeit der subjektiven Entfaltung in Kultivierungs- und Zivilisierungspraktiken ist, desto geringer wirkt das harte Joch des Zwangs.* Die vierte Dimension der Erziehung, die *Moralisierung,* vollzieht sich jenseits des Zwangs. Sie vollendet die Erziehung, sie macht die Erziehung überflüssig. Hier folgt die zu erziehende Person nicht mehr der Macht der Gewohnheit, sondern sie denkt selbst, d.h. sie ist in der Lage, ihre Handlung nach Prinzipien zu legitimieren. Die Macht der Gewohnheit wird durch die Kraft des Gesetzes ersetzt: „Der Mensch soll nicht bloß zu allerlei Zwecken geschickt sein, sondern auch die Gesinnung bekommen, daß er nur lauter gute Zwecke erwähle. Gute Zwecke sind diejenigen, die notwendigerweise von jedermann gebilligt werden; und die auch zu gleicher Zeit jedermanns Zwecke sein können." (Kant 1803/1977, S. 707)

Ein moralisierter Mensch ist mündig. Er ist nicht mehr erziehungsbedürftig. Die Erziehung wird hiermit als eine *intentionale* Handlung bestimmt, deren Ziel Freiheit, deren Medium Zwang ist. Diese Handlung findet in der Befähigung zur Freiheit ihre Begründung und ihre Begrenzung. Erziehung ist nur für eine spezifische Lebensphase zumutbar und ist an den Erwerb von Autonomie und Mündigkeit gebunden.

Auf den ersten Blick bildet die Erziehung zur Freiheit durch Zwang den Kern von Kants Vorlesung. Die Disziplinierung wird zur Bedingung der Autonomie. Disziplinierung ist hier in einem allgemeineren Sinn zu verstehen, nicht nur als die strikte Beherrschung der Triebe, sondern als die notwendige Form der Beherrschung und der Selbstkontrolle, die für alle Zivilisierungs- und Kultivierungspraktiken erforderlich ist. Versäumnisse bei der Disziplinierung sind für Kant folgenreicher als Mängel in der Vermittlung von Kulturtechniken und Sitten. Sie können schwer

2.3 Freiheit im Medium des Zwanges

bzw. kaum nachgeholt werden: „Verabsäumung der Disziplin ist ein größeres Übel, als Verabsäumung der Kultur, denn diese kann noch weiterhin nachgeholt werden; Wildheit aber läßt sich nicht wegbringen, und ein Versehen in der Disziplin kann nie ersetzt werden." (Kant 1803/1977, S. 700)

Die brillante Verfilmung des Dokumentarberichts *Mémoire et rapport sur Victor l'Aveyron* (1806) des Arztes Jean Itard von François Truffaut, *Der Wolfsjunge* (1970, frz.: *L'Enfant sauvage*), zeigt am Beispiel eines historischen Falls plastisch, inwiefern Kants Zeitgenossen Disziplinierung als Überwindung der Wildheit (Tierheit) verstehen und als Erziehungserfolg bewerten.

In dem von Kant formulierten Zusammenhang von Freiheit und Disziplinierung ist die Ambivalenz der Moderne *in nuce* enthalten: Der Preis der Freiheit, ihre Bedingung, ist die Disziplinierung – die Beherrschung der Natur und die Selbstbeherrschung der eigenen Natur. In der Disziplinierung, in der Unterdrückung der Triebe, besteht für Sigmund Freud das *Unbehagen in der Kultur* (1930/1997). Ohne eine solche Unterdrückung sei kein gesellschaftlicher Zusammenhang möglich. Nichtdestoweniger sei sie Ursprung menschlichen Leidens. Mit dieser Ambivalenz setzen sich Theodor W. Adorno und Max Horkheimer (1947/2011) auseinander, die sie als die Dialektik, die die Aufklärung selbst ausmacht, begreifen. In *Überwachen und Strafen* (1975/2008, frz.: *Surveiller et punir*), dessen Analysen als Historisierung von Kants pädagogischer Vorlesung verstanden werden können, betrachtet Michel Foucault die disziplinäre Matrix der Aufklärung als Horizont, innerhalb dessen zentrale Einrichtungen und Institutionen der Gegenwart (u.a. Schulen, Gefängnisse, Fabriken) und die modernen Humanwissenschaften (u.a. Anthropologie, Pädagogik, Psychologie, Linguistik) entstehen. Freud, Adorno, Horkheimer und Foucault stimmen, wenngleich mit unterschiedlichen Akzenten, darin überein, dass das neuzeitliche Subjekt bzw. das Individuum in seiner liberalen Auffassung nicht ohne die geschilderte Form der Beherrschung und Selbstbeherrschung zu denken ist. Die theoretische Herausforderung hinsichtlich des Erbes der Aufklärung und des darin enthaltenen Erziehungsbegriffs besteht in der Auslegung und Gestaltung dieses Sachverhalts, der neutral zuerst als Verhältnis des Ichs zur Natur, zur eigenen Natur zu verstehen ist. Dieses Verhältnis als Disziplinierung zu begreifen impliziert bereits eine bestimmte Entscheidung bezüglich seiner Gestaltung.

Unterdrückung der Triebe

Wenn sich Erziehung im Spannungsverhältnis von Disziplin und Freiheit vollzieht, ist ihr Gelingen von einer empfindlichen

2. Erziehung als Grundbegriff

Untertan

Balance zwischen diesen zwei Polen abhängig. Übertreibt man es mit der Disziplin, moniert Kant, erzieht man einen *Untertan* (eine Person, die der Herrschaft eines anderen unterworfen ist). Man bildet ihn zu einem autoritären Charakter. Lässt man ihm zu viel Freiheit, überlässt man ihn seiner Animalität. Er bleibt triebgesteuert und unfähig, sich dem „ehrenvollen Joch" der Kraft der Gesetze zu unterwerfen (vgl. Rousseau 1755/2008, S. 13).

2.4 Gattungsdifferenz: Bildsamkeit des Menschen

Die Dialektik zwischen Zwang und Freiheit wird von Kant anthropologisch begründet. Seine anthropologische Begründung basiert auf einer Gattungsdifferenz, die die erkenntnistheoretische Bedingung moderner Pädagogik darstellt und die im Erziehungsbegriff ihre Grundlage hat. Die Gattungsdifferenz betrifft die Menschheit als Geschlecht.

Geschlecht als Begriff fasst vier verschiedene Aspekte (vgl. Derrida 1987/1988) zusammen. Alle vier sind für die Bestimmung des Erziehungsbegriffs maßgeblich. Da diese Aspekte einen Gattungsunterschied definieren, sind sie als Differenzverhältnisse zu verstehen. Sie beziehen sich auf:

1. die Differenz zwischen Mensch und Tier;
2. die Differenz zwischen den Generationen;
3. die Differenz zwischen den Geschlechtern;
4. die Differenz zwischen Trieb und Gesetz.

Die erste Differenz (worauf auch die letzte zurückzuführen ist) bildet *la raison d'être* (dt. Rechtfertigung), den Topos der Pädagogik: Der Mensch muss erzogen werden, weil er ein Mensch ist. Würde er sich vom Tier nicht unterscheiden, wäre die Pädagogik grundlos. Wäre er aber mit dem Tier nicht verwandt, müsste er nicht erzogen werden. Bei der zweiten und dritten Differenz handelt es sich um *Generativität* in zwei unterschiedlichen Hinsichten.

Generativität

Im Unterschied zur christlich geprägten Anthropologie von Max Scheler (1874-1928) gehen die anthropologischen Überlegungen im Kontext der Aufklärung nicht von einer klaren Stellung des Menschen im Kosmos aus. Die Gattungsdifferenz – zuerst als Differenz der menschlichen Gattung vom Tier – markiert eine Differenz, die durch eine Trennung hervorgebracht werden muss. Aus der Trennung des Menschen von seiner Animalität entsteht die Möglichkeit, dass der Mensch sich als Gattungswesen erfährt.

Die Möglichkeit dieser Trennung, die als Austritt aus der Natur und daraus folgend als Unterschied zwischen Natur und Kultur aufzufassen ist, ist das Ergebnis von Erziehung. Kants These lautet: „Der Mensch kann nur Mensch werden durch Erziehung. Er ist nichts, als was die Erziehung aus ihm macht." (Kant 1803/1977, S. 699)

Die Erziehung macht den Menschen zum Gattungswesen: „Der Mensch ist das einzige Geschöpf, das erzogen werden muß. [...] Disziplin oder Zucht ändert die Tierheit in die Menschheit um." (Kant 1803/1977, S. 697)

Die erste kategoriale Bestimmung der Gattungsdifferenz wird von Kant aus zwei Prämissen abgeleitet:

1. Der Kontinuität von Mensch und Tier;
2. der Differenz zwischen Mensch und Tier.

Aus diesen zwei Prämissen werden drei Konsequenzen gezogen:

a. Der Mensch muss erzogen werden, sonst wird er dem Tier ähnlich;
b. der Mensch muss erzogen werden, weil er kein Tier ist;
c. der Mensch ist das einzige Tier, das erzogen werden kann.

Wie bei der Bestimmung der verschiedenen Aspekte der Erziehung setzt sich Kant auch im Zusammenhang mit seiner Erklärung des Verhältnisses von Mensch und Tier intensiv mit Rousseaus *negativer Anthropologie* auseinander. In seiner Beschreibung des Austritts des Menschen aus einem hypothetischen Naturzustand behandelt Rousseau einige Merkmale, die die *differentia specifica* der menschlichen Gattung ausmachen: die Sprache, das Gefühl, die sinnliche Vernunft. Darüber hinaus unterscheidet er den Menschen vom Tier in *physischer* (Gewandtheit versus Stärke), in *metaphysischer* und *moralischer Hinsicht*. Für die Bestimmung des Erziehungsbegriffs sind vor allem der metaphysische und der moralische Gesichtspunkt von Bedeutung. Der metaphysische Aspekt betrifft die Freiheit des Menschen, seine Unbestimmtheit in einem teleologischen Sinn. Im Vergleich zum Tier ist der Platz des Menschen in der Ordnung der Natur unbestimmt: „Ich sehe in jedem Tier nur eine kunstvolle Maschine, der die Natur Sinne gegeben hat, um sich selbst wieder aufzuziehen und sich bis zu einem gewissen Grade vor allem zu bewahren, was darauf hinzielt, sie zu zerstören oder in Unordnung zu bringen. Präzise dieselben Dinge stelle ich in der menschlichen Maschine fest, mit dem Unterschied, daß bei den Operationen des Tieres die Natur allein alles tut, wohingegen der Mensch bei den seinen als ein frei Handelnder mitwirkt. Jenes wählt oder verwirft aus Instinkt und dieser durch einen Akt der Freiheit." (Rousseau 1755/2008, S. 99)

Kant paraphrasiert Rousseaus Auffassung und unterstreicht die Unmöglichkeit für den Menschen, sich auf einen Instinkt für sein Überleben und für seine Lebensführung verlassen zu können: „Der Mensch aber braucht eigene Vernunft. Er hat keinen Instinkt, und muß sich selbst den Plan seines Verhaltens machen." (Kant 1803/1977, S. 697)

Perfektibilität

Dass Rousseau der *Perfektibilität* oder *Bildsamkeit* des Menschen eine moralische Bedeutung zuschreibt, ist von besonderer Relevanz. Die moralische Bedeutung hängt unmittelbar mit der metaphysischen Unterscheidung vom Tier zusammen. In der unbestimmten Natur des Menschen liegt sowohl seine Freiheit als auch seine Möglichkeit sich zu verbessern. Im Gegensatz zum Menschen ist ein Tier „nach einigen Monaten [...], was es sein ganzes Leben lang sein wird, und seine Art nach tausend Jahren, was sie im ersten dieser tausend Jahre war" (Rousseau 1755/2008, S. 103).

Die Fähigkeit des Menschen, sich im Unterschied zum Tier vervollkommnen zu können (*la faculté de se perfectionner*, Rousseau 1755/2008, S. 103), will Kant einem vernünftigen Plan unterworfen sehen, der wiederum eine andere Differenz im Erziehungsprozess bedingt: „Weil er [der Mensch, RC] aber nicht sogleich im Stande ist, dieses [einen Plan, RC] zu tun, sondern roh auf die Welt kommt: so müssen es andere für ihn tun." (Kant 1803/1977, S. 697) Diese Aufgabe kommt der älteren Generation zu.

2.5 Die generationale Differenz: Autorität

Die generationale Differenz ist eine Differenz, die die menschliche Gattung als solche ausmacht. Sie ist eine, die – wie die der Geschlechter – die symbolische Ordnung der Menschheit strukturiert.

Symbolische Ordnung

Unter symbolischer Ordnung sind die geschriebenen und ungeschriebenen *Prinzipien* zu verstehen, die die menschlichen Verhältnisse innerhalb der Gattung regeln. Nach welchen Prinzipien werden die Verhältnisse zwischen Jüngeren und Älteren gestaltet? Welche Formen von Beziehungen sind zugelassen? Für wen sind sie zugelassen? Diese Prinzipien sind Ausdruck der ethischen Grenzen, die den menschlichen Umgang, die Beziehungen zwischen spezifischen menschlichen Gruppen regelnd gestalten. Psychisch nehmen solche Grenzen die Form von Tabus an, die exemplarisch im sogenannten Ödipuskomplex sowohl ihre mythologische als auch ihre psychoanalytische Formulierung finden.[1] Im Alltag werden solche Grenzen durch unterschiedliche Rituale gestaltet. Respekt und Pflege der Älteren weisen z.B. auf jene *Pietät* hin, die als das angemessene Gefühl, sogar die angebrachte Haltung, angesehen wird, die man gegenüber den Älteren im Besonderen und gegenüber der Verletzbarkeit menschlicher Existenz im Allgemeinen zu zeigen hat.

Die symbolische Ordnung ist keine ewige Ordnung. Kategorial ist sie nach dem Verhältnis der Generationen und der Geschlechter strukturiert. Die spezifische Regulierung dieses Verhältnisses verändert sich. Auch der sogenannte *Gesellschaftsvertrag*, der nicht mit der symbolischen Ordnung zu verwechseln ist, steht in einem strukturellen Zusammenhang mit der symbolischen Ordnung. Welche rechtlichen Regeln festgelegt werden, welche Verträge zwischen den Gesellschaftsmitgliedern abgeschlossen werden oder welche Entscheidungen nicht toleriert werden können, hängt von der Ordnung des Sagbaren und des Denkbaren innerhalb einer Gesellschaft ab. Insofern ist das generationale Verhältnis für den Erziehungsbegriff von kategorialer Relevanz, aber die Bedeutung, die der Generation – als Verhältnis zwischen Jüngeren und Älteren – zukommt, ist begrifflicher Natur.

Gesellschaftsvertrag

Im Zusammenhang mit dem Erziehungsbegriff in seiner aufklärerischen Prägung bezeichnet Generation eine *Asymmetrie*, die nicht unmittelbar mit einem hierarchischen Verhältnis gleichzusetzen ist, die aber hierarchisch werden kann. In der Asymmetrie der Generation liegt die Möglichkeit einer Hierarchisierung der Verhältnisse zwischen Jüngeren und Älteren; keine Notwendigkeit.

Asymmetrie

Die Asymmetrie zwischen den Generationen erklärt sich zuerst anthropologisch aus der Instinktarmut. Weiterhin ist sie eine Folge der menschlichen Unbestimmtheit, die wiederum die Voraussetzung für menschliche Bildsamkeit ist. Kant unterstreicht, dass nur ein erzogener Mensch dazu in der Lage sei, jemanden anderen zu erziehen: „Es ist zu bemerken, daß der Mensch nur

---

1 Für Jean Laplanche und Jean-Bertrand Pontalis bezeichnet den Ödipuskomplex die „organisierte Gesamtheit von Liebes- und feindseligen Wünschen, die das Kind seinen Eltern gegenüber empfindet." Dem Ödipussage folgend drückt sich dieser Komplex aus in dem „Todeswunsch gegenüber dem Rivalen als Person gleichen Geschlechts und sexueller Wunsch gegenüber dem Rivalen als Person des entgegengesetzten Geschlechts" (Laplanche/Pontalis 1967/2019, S. 351).

durch Menschen erzogen wird, die ebenfalls erzogen sind." (Kant 1803/1977, S. 699) Der ältere und schon erzogene Mensch hat den jüngeren in die Geschichte der Menschheit einzuführen, welche die Stelle der teleologischen Ordnung einnimmt.

Führung

Die *Autorität* des Erziehers, die keine *Führung* ist, resultiert aus der Übernahme der Verantwortung für die *konzeptionelle* (nach einem Plan gestaltete) Einführung in die Welt der Menschen. Während es sich bei der Führung um eine hierarchische Beziehung zwischen Individuen handelt, ist die Autorität im Erziehungsprozess *vermittelt*, d.h. sie ist nicht ausschließlich auf eine duale Beziehung zurückzuführen. Sie steht im Dienst der individuellen Entwicklung der zu erziehenden Person und bezweckt zugleich eine vernünftige Vervollkommnung der Menschheit.

Die Bedeutung des Generationsverhältnisses für die Erziehung wird von Kant insofern anthropologisch, rechtsphilosophisch und geschichtsphilosophisch begründet. *Anthropologisch* ist die Relevanz des Generationenverhältnisses durch die physische, psychische und kulturelle Angewiesenheit der Kinder auf die Erwachsenen zu erklären.

Anthropologische Begründung

Rechtsphilosophische Begründung

Rechtsphilosophisch schließt Kant an die liberale Tradition von John Locke an, der in *Two Treatises on Government* (1690/1977) seine Kritik an den patriarchal begründeten Erziehungsvorstellungen von Robert Filmer (1680/2019) äußert und für eine Begrenzung der väterlichen Gewalt plädiert. Voraussetzung dafür ist die von Kant geteilte Überzeugung, dass alle Menschen selbstregierungsfähig sind (*sui iuris*). Die Menschen sind in diesen Zustand nicht hineingeboren, aber sie werden dafür geboren: „*Kinder* werden, das gebe ich zu, nicht in diesem völligen Zustand der *Gleichheit* geboren, sie werden aber doch für ihn geboren. Ihre Eltern haben eine Art Herrschaft oder Gerichtsbarkeit über sie, wenn sie zur Welt kommen und auch noch einige Zeit danach. Sie ist jedoch nur vorübergehend. Die Fesseln dieser Unterwerfung gleichen den Windeln, mit denen sie während der Hilflosigkeit ihrer frühen Kindheit gewickelt und geschützt werden. Alter und Vernunft lockern sie, je größer die Kinder werden, bis sie schließlich ganz wegfallen, und der Mensch der eigenen freien Leitung überlassen wird." (Locke 1690/1977, § 55) Der temporäre Charakter der elterlichen Herrschaft findet seine Legitimation im asymmetrischen Generationenverhältnis, d.h. in der Unmündigkeit und Schwäche des Kindes. Darauf bezieht sich auch Hegel in seiner Vorlesung über die *Grundlinien der Philosophie des Rechts* (1821/1995), der die sittliche (private) und rechtliche (öffentliche) Dimension der Problematik begrifflich unterscheidet. Sittlich gehört das Kind zur

Familie. Der Schutz der Familie – in der Form der Liebe und der Fürsorge – soll die sittliche Entwicklung des Kindes ermöglichen. Rechtlich, d.h. öffentlich, soll das Kind als ein Individuum zur Freiheit, und zwar zur Emanzipation von der Familie, erzogen werden: „Die Kinder sind an sich Freie, und das Leben ist das unmittelbare Dasein nur dieser Freiheit, sie gehören daher weder anderen, noch den Eltern als Sachen an. Ihre Erziehung hat die in Rücksicht auf das Familienverhältnis positive Bestimmung, daß die Sittlichkeit in ihnen zur unmittelbaren, noch gegensatzlosen Empfindung gebracht [werde], und das Gemüt darin als dem Grunde des sittlichen Lebens, in Liebe, Zutrauen und Gehorsam sein erstes Leben gelebt habe, – dann aber die Rücksicht auf dasselbe Verhältnis negative Bestimmung, die Kinder aus der natürlichen Unmittelbarkeit, in der sie sich ursprünglich befinden zur Selbständigkeit und freien Persönlichkeit und damit zur Fähigkeit, aus der natürlichen Einheit der Familie zu treten, zu erheben." (Hegel 1821/1995, S. 158) Eine in rechtlicher Hinsicht gelungene Erziehung soll für Hegel zur sittlichen Auflösung der Herkunftsfamilie führen.

Geschichtsphilosophisch wird von Kant die Bedeutung des Generationenverhältnisses im Erziehungsprozess auf die Relevanz der Tradierung für den Fortschritt der Menschheit zurückgeführt: „Es ist entzückend, sich vorzustellen, daß die menschliche Natur immer besser durch Erziehung werde entwickelt werden, und daß man diese in eine Form bringen kann, die der Menschheit angemessen ist. Dies eröffnet uns den Prospekt zu einem künftigen glücklichern Menschengeschlechte." (Kant 1803/1977, S. 700) Geschichtsphilosophisch ist eine Betrachtung der Geschichte, der zufolge der Fortsetzung der Geschichte ein Telos zugrunde liegt. In der Aufklärung besteht dieses Telos in der Realisierung der Menschheit als Gattung.

Generational ist für Kant, ausgehend von den geschilderten Perspektiven, sowohl das Verhältnis zwischen einem Kind und einem Erwachsenen als auch die Beziehung zwischen den Generationen. Jede Generation hat, gemäß der geschichtsphilosophischen Perspektive, der nächsten Generation Kultur, Technik, Recht, Wissenschaft und Sitten zu vermitteln: „Eine Generation erzieht die andere." (Kant 1803/1977, S. 697) Jede Generation bildet in diesem Zusammenhang einen notwendigen erzieherischen Schritt zum Fortschritt der Menschheit: „Die Erziehung ist eine Kunst, deren Ausübung durch viele Generationen vervollkommnet werden muß. Jede Generation, versehen mit den Kenntnissen der vorhergehenden, kann immer mehr eine Erziehung zu Stande

Geschichtsphilosophische Begründung

bringen, die alle Naturanlagen des Menschen proportionierlich und zweckmäßig entwickelt, und so die ganze Menschengattung zu ihrer Bestimmung führt. [...] Daher ist die Erziehung das größeste Problem, und das schwerste, was dem Menschen kann aufgegeben werden. Denn Einsicht hängt von der Erziehung, und Erziehung hängt wieder von der Einsicht ab. Daher kann die Erziehung auch nur nach und nach einen Schritt vorwärts tun, und nur dadurch, daß eine Generation ihre Erfahrungen und Kenntnisse der folgenden überliefert." (Kant 1803/1977, S. 702)

Ohne Erziehung als generationale Tradierung wäre die Menschheit dem *Stillstand* ausgeliefert oder der Gefahr eines *Rückschritts*.

Die Idee des Fortschritts der Geschichte im Medium der generationalen Tradierung überschreitet in einem gewissen Sinn den historischen Horizont der Aufklärung, die die Möglichkeit des Fortschrittes vor allem mit den Entwicklungen von Wissenschaft und Technik verband. In Kants Vorstellung des Generationenverhältnisses stützt sich der Fortschritt auch auf wissenschaftliche Erkenntnis, aber in Form ihrer bewussten geschichtlichen Vermittlung.

Die Vorstellung des Fortschritts als geschichtlicher Tradierung radikalisiert sich im 19. Jahrhundert. Dies zeigt sich an der stärkeren politischen und kulturellen Bedeutung, die dem Generationenverhältnis bis ins frühe 20. Jahrhundert zukommt. Generation wird der Begriff, in dem sowohl das Bildungs- als auch das Wirtschaftsbürgertum die Verbindung zwischen Vergangenheit und Zukunft sieht. Erziehung als Übergabe meint die Vermittlung von kulturellen, aber auch von ökonomischen Gütern. Sie ist an die zunehmende Bedeutung der bürgerlichen Familie als Ort des Rückzugs in die private Sphäre und als erste sittliche Institution gebunden.

In Friedrich Daniel Ernst Schleiermachers (1768-1834) Vorlesung *Grundzüge der Erziehungskunst* (1826/2000) dient der Generationsbegriff sowohl der akademischen Begründung und Legitimation der Pädagogik als auch der Klärung ihres Verhältnisses zur Politik. Pädagogik ist weder Erziehungsanleitung für Eltern noch didaktische Hilfestellung für Lehrer und Hauslehrer. Sie ist die Theorie einer Praxis, die die Gestaltung des Generationenverhältnisses betrifft: „Das [...] ist klar, daß dem Steigen und Sinken menschliche Tätigkeit zum Grunde liegt; diese ist um so vollkommener, je mehr ihr eine Vorstellung von dem, was geschehen soll, vorangeht und ein Typus vorliegt, wonach die Tat eingerichtet werden muß, d.h. je mehr sie Kunst ist. Ein großer Teil der Tätigkeit der älteren Generation erstreckt sich auf die jüngere, und sie ist um so unvollkommener, je weniger gewußt wird, was man tut und warum man es tut. Es muß also eine Theorie geben, die von den Verhältnissen der älteren Generation zur jüngeren ausgehend sich die Frage stellt: Was will denn eigentlich die ältere Generation mit der jüngeren? Wie wird die Tätigkeit dem Zweck, wie das Resultat der Tätigkeit entsprechen? Auf diese Grundlage des Verhältnisses der älteren zur jüngeren Generation, was der einen in Beziehung auf die andere obliegt, bauen wir alles, was in das Gebiet dieser Theorie fällt." (Schleiermacher 1826/2000, S. 9)

Das Generationenverhältnis wird bei Schleiermacher wie bei Kant anthropologisch und geschichtsphilosophisch gedacht. Es gehört zu einer *conditio humana*, deren Entwicklungen für Schleiermacher nicht notwendig fortschrittlich sind. Als Gestaltung des Generationsverhältnisses bezieht sich Erziehung nicht nur auf die Brüche zwischen Vergangenheit und Zukunft, sondern auch auf das Spannungsverhältnis zwischen Tradition und Revolution. Erziehung ist weder *konservativ* noch *revolutionär*, sie hat eher das Gleichgewicht von Erhalten und Verbessern zu ermöglichen: „Die Erziehung soll so eingerichtet werden, daß beides in möglichster Zusammenstimmung sei, daß die Jugend tüchtig werde einzutreten in das, was sie vorfindet, aber auch tüchtig in die sich darbietenden Verbesserungen mit Kraft einzugehen." (Schleiermacher 1826/2000, S. 34) Erziehung hat die Kontinuität des ethischen Prozesses zu sichern und das Abgleiten in inhumane Zustände zu vermeiden.

Tradition und Revolution

Anders als bei Kant steht bei Schleiermacher nicht die rechtsphilosophische Dimension im Vordergrund, sondern die sittliche – die rechtsphilosophische Dimension wird der sittlichen untergeordnet. Ziel der Erziehung ist für Schleiermacher die Vermittlung von Individualität und Sittlichkeit. Mit Sittlichkeit ist im Sinne Kants die Einheit des Wollens der Menschen in moralischer Hinsicht zu verstehen. Sie zielt auf eine Idee des Guten, die moralisch zu verfolgen ist.

Das Individuum wird von Schleiermacher von Anfang an als soziales Wesen, als Teil einer Gemeinschaft betrachtet, in die es eingeführt werden soll: „Der Begriff der Gemeinschaft ist kein anderer als der der Gattung; und bildet nun die Summe aller einzelnen Menschen die menschliche Gattung, so wird die Entwicklung der einzelnen bedingt sein durch die gemeinsame Natur, die sie zur Gattung macht, und durch ihre gegenseitige Einwirkung; denn ohne das gibt es eben kein menschliches Geschlecht, keine menschliche Gattung." (Schleiermacher 1826/2000, S. 10)

Gemeinschaft

Die Gemeinschaft wird vor allem sittlich gedacht. Der Staat selbst wird als die sittliche Form der Gemeinschaft betrachtet. Ausgehend von dieser Kontinuität zwischen Sittlichkeit und Recht wird auch das Verhältnis von Politik und Pädagogik dekliniert. Beide werden als Teil der praktischen Philosophie aufgefasst: „[...] beide sind ethische Wissenschaften und bedürfen einer gleichen Behandlung. Die Politik wird nicht ihr Ziel erreichen, wenn nicht die Pädagogik ein integrierender Bestandteil derselben ist, oder als ebenso ausgebildete Wissenschaft neben ihr besteht." (Schleiermacher 1826/2000, S. 13) Die Politik setzt die Mündigkeit der Bürger voraus, welche die Erziehung zu ihrem Ziel hat. In diesem Sinn setzt die Politik die Erziehung voraus, die sich von ihr nicht nur wegen ihres Zwecks (der Mündigkeit), sondern auch hinsichtlich der Art der Einwirkung unterscheidet. Die Erziehung sieht die Einwirkung des Einzelnen auf den Einzelnen vor. Deshalb kann die Erziehung für Schleiermacher, anders als bei Platon,

Familie

nicht vom Staat übernommen werden. Der *Familie* gebührt die Vermittlung zwischen dem Individuellen und dem Allgemeinen. Als solche wird sie als erster Ort der Erziehung betrachtet. Die *Mutter* erhält dabei eine spezifische Funktion.

2.6 Die sexuelle Differenz: Hingabe

In Kants Vorlesung zur Pädagogik taucht zur Bestimmung des Erziehungsbegriffs, ausgehend von der Dialektik von Zwang und Freiheit und dem asymmetrischen Generationsverhältnis, noch ein weiteres Element auf: Erziehung als Wartung, als Sorge. „Unter der Erziehung [...] verstehen wir die Wartung (Verpflegung, Unterhaltung), Disziplin (Zucht) und Unterweisung nebst der Bildung. Dem zufolge ist der Mensch Säugling, – Zögling, – und Lehrling. [...] Ernährung brauchen wohl die meisten Tiere, aber keine Wartung." (Kant 1803/1977, S. 697)

Der Aspekt der Erziehung, der in Kants Text als Wartung gefasst wird, besteht in der Tätigkeit der Pflege desjenigen, der schutzlos, ausgeliefert dasteht. Diese Pflege ist als Sorge um den Anderen zu verstehen. Sie ist nicht irgendeine Tätigkeit, ein einfacher Dienst. Sie ist nicht unmittelbar den Regeln des Tauschs unterworfen. Daraus entsteht ihr sittlicher Charakter: Sie vermittelt das Individuelle und das Allgemeine auf einer moralischen Ebene. Das Allgemeine drückt sich innerhalb der Familie sowohl im Kindeswohl als auch im Wohl aller ihrer Mitglieder aus. Die Vermittlung von Gemeinwohl und Individualität realisiert sich in der Familie in der Liebe als „empfindende Einheit" (Hegel 1821/1995, S. 307).

Das verlangt eine Haltung, die durch die Zuneigung zu einem Anderen gekennzeichnet ist, von einer Hingabe. Adriana Cavarero spricht diesbezüglich von einer *Inklination* (2013). Als Hingabe, die die Wartung einstimmt, mildert die Unterwerfung der Natur unter das Gesetz ab, versöhnt die zu erziehende Person mit der Disziplin. Hingabe ist mehr als eine Haltung, sie ist eine Stimmung im Sinne einer Atmosphäre. Sie prägt die Pflege des Anderen, die Sorge um ihn in der häuslichen Sphäre. Sie soll ein *Trost* für den Verzicht auf die unmittelbare Triebbefriedigung leisten. Fehlt sie, wird Erziehung zur Zucht, zur Dressur. Grausam ist Erziehung ohne Hingabe: reine Beherrschung der Natur. Grausam sind die Wirkungen ihrer Abwesenheit: Der Mensch wird, mit Kant gesprochen, zum Untertan, zum autoritären Charakter. Derjenige, der ohne Zärtlichkeit geübt hat, seine Natur zu beherrschen, wird weiterhin jede Form von Alterität beherrschen wollen.

Inklination

Trost

Trägerin der Sorge um den Anderen ist bei den Autoren des 18., 19., aber auch noch des 20. Jahrhunderts, die sich zum Erziehungsbegriff geäußert haben, das weibliche Geschlecht in der Person der *Mutter*.

Mutter

Die Polarisierung von Sorge und Disziplin in Kants Vorlesung entspricht der Differenz der Geschlechter, der Polarisierung der Geschlechter, in der Konzeption der bürgerlichen Familie. Die Mutter, die die Weiblichkeit in der symbolischen Ordnung darstellt (vgl. Muraro 1991/2005), versöhnt durch ihre Pflege mit der Natur, sie kümmert sich um das Natürliche, um das Leibliche der Erziehung. Sie besänftigt durch Hingabe die Dialektik von Freiheit und Zwang, die vom Vater durch Autorität vermittelt wird.

2.7 Trieb und Gesetz

Der Fokus der Argumentation richtete sich bisher auf die Thematisierung des Verhältnisses von Freiheit und Zwang, von Freiheit und Disziplinierung. Dieses Verhältnis wird von Kant wegen seines paradoxalen Charakters als Problem aufgefasst: Wie kann man jemanden im Medium des Zwanges zur Freiheit erziehen? „Eines der größten Probleme der Erziehung ist, wie man die Unterwerfung unter den gesetzlichen Zwang mit der Fähigkeit, sich seiner Freiheit zu bedienen, vereinigen könne. Denn Zwang ist nötig! Wie kultiviere ich die Freiheit bei dem Zwang? Ich soll meinen Zögling gewöhnen, einen Zwang seiner Freiheit zu dulden, und soll ihn selbst zugleich anführen, seine Freiheit gut zu gebrauchen." (Kant 1803/1977, S. 711)

Die Notwendigkeit des Zusammenhangs von Freiheit und Zwang ist unter dem Gesichtspunkt der Markierung des Unterschieds zwischen Tieren und Menschen, des asymmetrischen generationalen Verhältnisses und der damit verbundenen, für den Fortschritt der Menschheit erforderlichen Wissenstradierung analysiert worden. Daran anschließend ist auf die Hingabe als die spezifische Stimmung verwiesen worden, die das Verhältnis von Freiheit und Zwang im Erziehungsprozess prägt. In diesem Zusammenhang sind die Bedeutung der Geschlechterdifferenz und die daraus resultierenden Verantwortungen und Zuständigkeiten im Erziehungsprozess hervorgehoben worden. Es ist gezeigt worden, inwiefern in der aufklärerischen Geschlechterpolarisierung dem weiblichen Geschlecht eine moralische Funktion zukommt: Im Erziehungsprozess vermittelt die Erzieherin in der Figur der Mutter Zwang und Freiheit. Die Mutter tröstet und hilft, sich dem Zwang der Disziplinierung zu unterwerfen.

Von der Möglichkeit der Vermittlung von Freiheit und Zwang hängt die Legitimation der Erziehung ab. Dass die Disziplinierung als notwendiges Mittel für den Austritt aus dem Naturzustand erachtet wird, erklärt noch nicht, wie Zwang und Freiheit vermittelt werden können.

In seiner *Vorlesung über Pädagogik* führt Kant in den Teilen, in denen er sich mit Erziehung als Kultivierung und Zivilisierung befasst, Instanzen begrifflicher Natur ein, in denen das Verhältnis von Zwang und Freiheit in einem aufsteigenden Prozess vermittelt wird. Es handelt sich um *Pflicht, Gesetz* und *Gewissen*.

Pflicht

Die *Pflicht* bereitet auf das Gesetz vor. Sie ist eine Vorstufe des Gesetzes. Sich pflichtgemäß zu verhalten, bedeutet noch nicht, die Geltung des Gesetzes anerkannt zu haben. Pflicht bezeichnet noch ein Zwangsverhältnis: Man fühlt sich verpflichtet, etwas zu tun. Man gewöhnt sich daran, etwas nicht aus purer Neigung zu tun; man lernt, die Neigungen zu beherrschen. Bei der Erfüllung der Pflicht ist man noch nicht frei. Frei wird man, wenn man nicht aus Pflicht, sondern aus Überzeugung nach dem Gesetz handelt. Das Gesetz ist in diesem Sinn bei Kant die letzte Vermittlungsfigur von Freiheit und Zwang.

Freiheit setzt die Anerkennung keiner anderen Autorität als der des Gesetzes voraus. Das Gesetz ist das Gegenteil von Zufall und Willkür, die für eine triebgesteuerte Handlung charakteristisch

Gesetz

sind. Das *Gesetz* ist eine Maxime allgemeiner Gültigkeit. Seine Formulierung ist eine Schöpfung menschlicher Vernunft, die in

2.7 Trieb und Gesetz

der Lage ist, das Allgemeine zu denken. Abstraktion ist nicht mit dem Allgemeinen gleichzusetzen, aber das Allgemeine impliziert die Abstraktion vom Besonderen. Die Anerkennung des Gesetzes setzt insofern die Bildung des Charakters voraus, der erst die Emanzipation aus einem triebgesteuerten Verhalten ermöglicht, das immer dem Besonderen verhaftet bleibt.

Was für eine Instanz ist das *Gewissen* im Vergleich zu Pflicht und Gesetz? Es bezeichnet ein Selbstverhältnis. Das Gewissen ist die subjektive Seite des Verhältnisses des Individuums zunächst zur Pflicht, später zum Gesetz. Das schlechte Gewissen ist z.B. ein deutlich spürbares Indiz für die Anerkennung der Autorität des Gesetzes, der Autorität dessen, demgegenüber man sich verpflichtet fühlt. Kant geht diesbezüglich noch weiter, indem er im Zusammenhang mit der Bedeutung, welche die Religion für die Entwicklung der Moralität haben kann, Gewissen und Gesetz fast gleichsetzt bzw. das Gewissen als die individuelle Aneignung des Gesetzes auffasst: „Das Gesetz in uns heißt Gewissen. Das Gewissen ist eigentlich die Applikation unserer Handlungen auf dieses Gesetz." (Kant 1803/1977, S. 756)

Gewissen

Nachdem das Verhältnis von Pflicht, Gewissen und Gesetz in seiner Abstraktheit formuliert worden ist, soll es schrittweise nachvollzogen werden, indem Kants Argumentation, ausgehend von ihrem Endergebnis, zurückverfolgt wird. „Ob aber der Mensch nun von Natur moralisch gut oder böse ist? Keines von beiden, denn er ist von Natur gar kein moralisches Wesen; er wird dieses nur, wenn seine Vernunft sich bis zu den Begriffen der Pflicht und des Gesetzes erhebt." (Kant 1803/1977, S. 753) Das ist das Ziel, das im Medium der Erziehung erreicht werden soll: Freiheit im Gesetz. Voraussetzung dafür ist die Bildung, die Formierung des Charakters: „Die erste Bemühung bei der moralischen Erziehung ist, einen Charakter zu gründen. Der Charakter besteht in der Fertigkeit, nach Maximen zu handeln. Im Anfange sind es Schulmaximen, und nachher Maximen der Menschheit." (Kant 1803/1977, S. 740f.)

Am Beispiel der Formierung des Charakters, die einen Aspekt der Kultivierung darstellt, verweist Kant auf drei Stufen, die jeweils einer Handlung nach der Pflicht, nach dem Gewissen und nach dem Gesetz entsprechen: *Gehorsam, Wahrhaftigkeit* und *Geselligkeit.* „Zum Charakter eines Kindes, besonders eines Schülers, gehört von allen Dingen Gehorsam." (Kant 1803/1977, S. 741) Der Gehorsam bezeichnet ein äußerliches Verhältnis zur Autorität, das Kant anhand der Schulmaximen erläutert. In der Schule erfährt das Kind eine erste Form von Maximen, von einer allgemein

Gehorsam

gültigen Regel, die nicht mit dem Wohl und/oder dem Willen geliebter und vertrauter Erwachsener in Verbindung gebracht werden kann. Das Kind lernt dabei die Notwendigkeit von etwas, das allgemein gilt, zu akzeptieren. Dafür ist erforderlich, dass jede Form von Willkür vermieden wird. Die Regel muss allgemein gelten, die Lehrpersonen sollen keine Privilegien zulassen, denn damit würden sie den unwillkürlichen Charakter der Regel in Frage stellen. „Keine Übertretung des Schulgesetzes aber muß ungestraft hingehen, obwohl die Strafe immer der Übertretung angemessen sein muß. Wenn man bei Kindern einen Charakter bilden will, so kömmt es viel darauf an, daß man ihnen in allen Dingen einen gewissen Plan, gewisse Gesetze bemerkbar mache, die auf das genaueste befolgt werden müssen." (Kant 1803/1977, S. 741) Zeigt sich das Kind nicht in der Lage, sich nach dem vorgesehenen Plan zu verhalten, folgt eine moralische oder physische *Strafe*, die lediglich die Form eines *Entzugs* haben soll. Sie soll vor allem davor zurückschrecken, dass die Strafe zur Bildung einer *indoles servilis*, eines unterwürfigen Charakters, oder einer *indoles mercenaria*, eines bestechlichen Charakters, beiträgt.

Wahrhaftigkeit

Wahrhaftigkeit steht für ein subjektives (bzw. ein gewissenhaftes) Verhältnis zum Gesetz: „Ein zweiter Hauptzug in der Gründung des Charakters der Kinder ist Wahrhaftigkeit. Sie ist der Grundzug und das Wesentliche eines Charakters. Ein Mensch, der lügt, hat gar keinen Charakter." (Kant 1803/1977, S. 744) Die *Lüge* stellt in gewissem Sinn die Negation des Gesetzes dar. Sie verneint die Möglichkeit der allgemeinen Gültigkeit einer Aussage – ihre Überprüfung. Sie ist im Unterschied zum triebgesteuerten Verhalten weniger reflexartig, d.h. sie ist keine unmittelbare Reaktion. Sie beinhaltet eine spezifische Form, wenn nicht von Reflexion, so doch von Überlegung bezüglich dessen, was in einer bestimmten Situation zum eigenen Vorteil angebracht sei, zu behaupten. In dieser Hinsicht drückt die Lüge gewiss eine Form von Kultvierung aus, in bestimmten Fällen sogar von Raffinement. Bei Kant ist von Verstellung die Rede. Dass für ihn Raffinement und Verstellung an sich nicht unbedingt Züge eines Menschen mit Charakter – eines Menschen mit Qualitäten – darstellen, hat damit zu tun, dass sie für ihn auf das Interesse des Einzelnen beschränkt bleiben.

Dem Geist, wenn auch nicht dem Wort Kants folgend, könnte man behaupten, dass ein Mensch mit Charakter, wenn er sich gezwungen sieht zu lügen, es bewusst täte. Er ist in der Lage, Wahrheit und Lüge, Realität und Phantasie zu unterscheiden. Dazu soll das Kind, das zur Phantasie neigt, erzogen werden.

2.7 Trieb und Gesetz

Die Erziehung zur Wahrheit ist für Kant Vatersache. Der Vater vertritt das Gesetz und hat das Kind zur Unterwerfung unter das Gesetz bzw. zu dessen Anerkennung zu erziehen: „Manche Kinder haben einen Hang zum Lügen, der gar oft von einer lebhaften Einbildungskraft muß hergeleitet werden. Des Vaters Sache ist es, darauf zu sehen, daß sich die Kinder dessen entwöhnen; denn die Mütter achten es gemeiniglich für eine Sache von keiner, oder doch nur geringen Bedeutung; ja sie finden darin oft einen, ihnen selbst schmeichelhaften Beweis der vorzüglichen Anlagen und Fähigkeiten ihrer Kinder." (Kant 1803/1977, S. 744) Auch für die Lüge soll das Kind durch Entzug gestraft werden: durch den Entzug der Achtung.

Kant ist nicht abgeneigt, bestimmten Formen der Zivilisierung eine große erzieherische Bedeutung zuzusprechen. Von Vorteil für das gesellige Leben ist zweifellos eine bestimmte Form von Weltklugheit, die einen vorsichtigen Umgang im gesellschaftlichen Verkehr gut beherrscht. Ihre Waffe ist aber weder die Lüge noch die Verstellung (Simulation), sondern – in der Tradition der frühneuzeitlichen italienischen und französischen Moralistik – die *Dissimulation*, d.h. die Kunst, nicht die Wahrheit zu sagen, ohne zu lügen.

Dissimulation

Die *Geselligkeit* setzt Kultivierung, Zivilisierung voraus. Sie bildet den Charakter, indem sie zur Beziehung zu sich und zum Anderen befähigt. Im taktvollen und angenehmen Umgang mit den Anderen soll gelernt werden, sich und die Anderen als Gattungswesen zu betrachten. In der *Würde* als Pflicht gegen sich selbst erhebt sich der Mensch aus seinem Naturzustand, indem er die Zugehörigkeit zur Menschheit als Gattung zu seinem eigenen Gesetz macht. Die Pflicht gegen sich selbst besteht darin, „daß der Mensch in seinem Innern eine gewisse Würde habe, die ihn vor allen Geschöpfen adelt, und seine Pflicht ist es, die Würde der Menschheit in seiner eignen Person nicht zu verleugnen" (Kant 1803/1977, S. 750). In der *Achtung* des Anderen drückt der Mensch seine Anerkennung für das Recht der Menschen als Menschen aus. In der *Demut* wird die Vermittlung von Freiheit und Zwang nicht nur gedacht, sondern auch gefühlt. Im Gefühl der Demut wird nicht der neidische Vergleich mit dem Anderen zum Maß des eigenen Verhaltens, sondern die Würde des Menschen in seiner individuellen Allgemeinheit.

Geselligkeit

Würde

Achtung

Demut

2.8 Das doppelte Erbe der Aufklärung

Besteht das Erbe der Aufklärung in dem noch nicht eingelösten Versprechen der Mündigkeit, so bildet die Beherrschung der Natur, des eigenen Körpers als Bedingung für die Subjektbildung eine fortgesetzte Last. Kant wusste, dass die Disziplinierung schädlich sein kann, wenn das Kind die Wartung als Zärtlichkeit, die Sorge als Komplement zum Zwang nicht erfährt. Wörtlich und metaphorisch bezeichnet Kant den Preis der Freiheit als Verabschiedung aus dem Mutterschoße der Natur. Der Schritt des Menschen von der tierischen zur vernunftgeleiteten Existenz „ist daher zugleich mit *Entlassung* desselben aus dem Mutterschoße der Natur verbunden: eine Veränderung, die zwar ehrend, aber zugleich sehr gefahrvoll ist, indem sie ihn aus dem harmlosen und sicheren Zustand der Kinderpflege, gleichsam aus einem Garten, der ihn ohne seine Mühe versorgte, heraustrieb, und ihn in die weite Welt stieß, wo so viel Sorgen, Mühen und unbekannte Übel auf ihn warten. Künftig wird ihm die Mühseligkeit des Lebens öfter den Wunsch nach einem Paradiese, dem Geschöpfe seiner Einbildungskraft, wo er in ruhiger Untätigkeit und in beständigem Frieden sein Dasein verträumen und vertändeln könne, ablocken. Aber es lagert sich zwischen ihn und jenen eingebildeten Sitz der Wonne die rastlose und zur Entwickelung der in ihn gelegten Fähigkeiten unwiderstehlich treibende Vernunft, und erlaubt es nicht, in den Stand der Rohigkeit und Einfalt zurück zu kehren, aus dem sie ihn gezogen hatte. Sie treibt ihn an, die Mühe, die er haßt, dennoch geduldig über sich zu nehmen, dem Flitterwerk, das er verachtet, nachzulaufen, um den Tod selbst, vor dem ihm grauet, über alle jene Kleinigkeiten, deren Verlust er noch mehr scheuet, zu vergessen." (Kant 1786/1968, S. 91f.)

Die Verselbstständigung der Disziplinierung, die aus der Allmacht der Kontrolle und der Selbstkontrolle entsteht, führt zur Perversion der Vernunft. Katharina Rutschky spricht diesbezüglich von einer Irrationalität, die aus der Vernunft selbst entsteht: „Schon Kant bemerkt, daß Vernunft, die sich in der Kontinuität des Fortschritts expliziert, den Charakter von Zwang hat. Sie ‚treibt', so Kant, den Menschen ‚rastlos' und ‚unwiderstehlich' zur ‚Entwickelung der in ihn gelegten Fähigkeiten', selbst auf die Gefahr hin, daß er sich lächerlich macht. Erziehung ist, als absichtsvolle Veranstaltung zur Entwicklung der in den Menschen, in das Kind gelegten Fähigkeiten, Promotor dieser Vernunft und zugleich Ergebnis aus dem Zwang zur Vernunft resultierenden Irrationalität." (Rutschky 1977/2001, S. XXVI)

2.8 Das doppelte Erbe der Aufklärung

Angesichts dieser strukturellen Ambivalenz der Erziehung als Prozess, der sich im Austritt aus der Natur vollzieht, kann sie für das Kind *Ermöglichung* oder *Zerstörung* sein. Zur Erziehung als Zerstörung hat die Literatur prägnantere Seiten als die Pädagogik oder die Philosophie geschrieben, das Kino unvergesslichere Bilder hinterlassen. Exemplarisch sei hier für die Literatur an den *Brief an den Vater* (1919) von Franz Kafka und *Ursache* (1975) von Thomas Bernhard; für das Kino an *Padre Padrone* (1977) der Brüder Taviani, *Das Fest* (1999) der Gruppe Dogma und *Das weiße Band* (2009) von Michael Haneke erinnert.

In der Philosophie haben sich Adorno und Horkheimer mit diesem doppelten Erbe der Aufklärung, mit dem Zwiespalt von Ermöglichung und Zerstörung in ihrem gemeinsamen Werk *Dialektik der Aufklärung* (1947/2011) befasst. Kants Problem, „Freiheit bei dem Zwang", betrachten sie in einem gewissen Sinn als unumgehbar: „Die Menschen hatten immer zu wählen zwischen ihrer Unterwerfung unter Natur oder der Natur unter das Selbst." (Horkheimer/Adorno 1947/2011, S. 38) In der Unterwerfung der Natur sehen sie die moderne Bedingung für das, was am Anfang dieses Kapitels mit der Bestimmung der Aufklärung als philosophisches, pädagogisches und politisches Projekt bezeichnet worden ist: „Die Distanz des Subjekts zum Objekt, Voraussetzung der Abstraktion, gründet in der Distanz zur Sache, die der Herr durch den Beherrschten gewinnt." (Horkheimer/Adorno 1947/2011, S. 19)

Durch die Hervorhebung von drei Elementen, *Opfer*, *List* und *Betrug*, porträtieren die Autoren die Hauptzüge bürgerlicher Subjektivität. Es handelt sich bei der bürgerlichen Auffassung von Subjektivität um ein Individuum, dessen Selbstbeherrschung zur Selbstverleugnung werden kann. Die Beherrschung der Natur als Kampf um das Leben gegen den Tod und als Kampf gegen die Barbarei des Triebs (oder der Tierheit) kann sich als Kampf gegen das Leben selbst erweisen. Als *Opfer* wird jener Akt der Entsagung benannt, zu dem das bürgerliche Individuum bereit ist, um sich zu beherrschen. Dieser Akt besteht darin, sich selbst seine Natur abzuschneiden. Auch der Prozess der Trennung oder der Emanzipation von der Mutter und von dem, wofür sie in der bürgerlichen Familienkonstellation steht, hat mit dieser Verdrängung der eigenen Natur zu tun. Diese Trennung ist als Verzicht und Emanzipation zugleich zu betrachten. Der Verzicht wird zum Opfer: „Jeder Entsagende gibt mehr von seinem Leben als ihm zurückgegeben wird, mehr als das Leben, das er verteidigt." (Horkheimer/Adorno 1947/2011, S. 62)

Opfer

2. Erziehung als Grundbegriff

List — Die *List*, die von Adorno und Horkheimer zur Haupttugend bürgerlicher Subjektivität stilisiert wird, besteht darin, von der Natur zu genießen, ihr zu folgen, ohne sich ihr hinzugeben. Die Überlistung der Natur wird oft zum Selbstbetrug, indem man

Betrug — alles tut, um den Verzicht zu vergessen. Der *Betrug* bezeichnet insofern das Verhältnis von Opfer und List. Das Individuum überlistet sich selbst, indem es sich über seinen Verzicht betrügt. Den Zusammenhang von Opfer, List und Betrug erklären die Autoren entlang der *Abenteuer* des Odysseus, dessen Lebensführung in der *Dialektik der Aufklärung* (1947/2011) als mythologischer Archetyp moderner Subjektbildung gilt. Odysseus lässt sich von den Kräften der Natur, die u.a. als Gesang der Sirenen dargestellt werden, nicht verführen. Er kann sich aber dem Gesang nur gefesselt hingeben. Damit beherrscht er sich und genießt zugleich ihren Gesang.

Wie Kant sind Adorno und Horkheimer überzeugt, dass der Austritt aus der Natur, die Trennung von ihr Bedingung der Freiheit ist. Im Unterschied zu Kant sehen sie in dem Verhältnis von Zwang und Freiheit keine Möglichkeit der Vermittlung. Man kann sich betrügen und den Verzicht verdrängen oder zu einer Freiheit erziehen, die aus dem Bewusstsein dieses Verzichts entsteht. Das eigentliche Erbe der Aufklärung besteht für sie in einer *Aufklärung der Aufklärung*. Sie wollen nicht auf sie verzichten, das ist für sie eine *petitio principi* (dt. Inanspruchnahme des Beweisgrundes), aber die Aufklärung selbst soll dem Prozess der Aufklärung unterworfen werden.

Fragen

1. Erläutern Sie die Grundzüge der Aufklärung als historische Konstellation der Erziehung als Grundbegriff.
2. In welchem Verhältnis steht die Autonomie der Erziehung zu der Erziehung zur Autonomie?
3. Inwiefern stellt Disziplinierung die Bedingung der Erziehung dar?
4. Inwiefern und mit welchen Argumenten wird von I. Kant die Dialektik von Zwang und Freiheit anthropologisch begründet?
5. Erläutern Sie am Beispiel der Charakterbildung die Vermittlung von Zwang und Freiheit.
6. Worin besteht das doppelte Erbe der Aufklärung?

Weiterführende Literatur

Foucault, Michel (1990): Was ist Aufklärung [1984]? In: Erdmann, Eva/Forst, Rainer/Honneth, Axel (Hrsg.): Ethos der Moderne. Foucaults Kritik der Aufklärung. Frankfurt/Main: Campus, S. 35-54. – Es handelt sich um zwei Texte, die auf eine von Foucault gehaltene Vorlesung am Collège de France vom 5. Januar 1983 zurückgehen. Er setzt sich mit Kants Auffassung der Aufklärung und der Bedeutung von Kritik auseinander. Foucault historisiert das Projekt der Aufklärung und fasst Kritik als Genealogie der Gegenwart auf, d.h. als Problematisierung der historischen Möglichkeitsbedingungen der Gegenwart.

Foucault, Michel (2008): Überwachen und Strafen [1975]. Die Geburt des Gefängnisses. Frankfurt/Main: Suhrkamp. – Das auch in der Erziehungswissenschaft sehr stark rezipierte Buch von Michel Foucault befasst sich mit der Entwicklung der modernen Strafsysteme im Europa des frühen 18. Jahrhunderts unter Berücksichtigung von drei spezifischen Einrichtungen: Gefängnis, Psychiatrie, Schule. Diesen Strafsystemen liegt für Foucault ein Modell der Kontrolle (das Panopticon) zugrunde, das er mit dem Begriff des *Panoptismus* bezeichnet. Das Buch kann als ein Kommentar zu Immanuel Kants *Vorlesung über Pädagogik* gelesen werden. Die historischen Formen von Überwachen und Strafen werden als Möglichkeitsbedingungen der Aufklärung bestimmt.

Habermas, Jürgen (1962): Strukturwandel der Öffentlichkeit. Untersuchungen zu einer Kategorie der bürgerlichen Gesellschaft. Neuwied/Berlin: Luchterhand. – Gegenstand dieser Habilitationsschrift, die Habermas 1961 an der Universität Marburg vorgelegt hat, ist die veränderte Struktur der Öffentlichkeit als Merkmal der bürgerlichen Gesellschaft. Sich vor allem auf Otto Brunners Rekonstruktion der Bedeutung des Adels für die europäische Kulturgeschichte stützend, unterscheidet Habermas die repräsentative Öffentlichkeit der europäischen Höfe im 16. und 17. Jahrhundert von der bürgerlichen Öffentlichkeit. Im Unterschied zu den Analysen von Norbert Elias und Marc Bloch, die die Veränderungen der Verhaltensformen der bürgerlichen Kultur in Kontinuität zum höfischen Verhaltenskodex erklärt hatten, und zu Max Webers These vom asketischen Rationalismus als dem Motor der Modernisierung, verfolgt Habermas in dieser Abhandlung eine institutionelle Entwicklungslinie. Dabei geht es ihm vor allem um die so genannte „Sphäre der öffentlichen Gewalt". Erst die Trennung von Staat und Gesellschaft ermöglicht für Habermas auch die von öffentlichem und privatem Bereich. Auf der Basis der institutionellen Trennung von Staat und Gesellschaft erklärt Habermas die politische Bedeutung der Öffentlichkeit als dritter Kontrollinstanz.

Horkheimer, Max/Adorno, Theodor W. (2011): Dialektik der Aufklärung [1947]. In: Adorno, Theodor W.: Gesammelte Schriften. Band 3: Philosophische Fragmente. Frankfurt/Main: Suhrkamp. – Das im Exil in den Jahren 1933-1944 geschriebene Buch hat eine entscheidende Bedeutung im Zusammenhang mit der hier geschilderten aufklärerischen Konstellation des Erziehungsbegriffs. Zwei Elemente sind diesbezüglich besonders hervorzuheben: das Verhältnis von Natur und Kultur und die Charakterisierung der Aufklärung als unvollendetes Projekt. Das Buch besteht aus vier Teilen: Im ersten Teil wird der Begriff der Aufklärung und dessen Ambivalenzen auch in zwei Exkursen über Homers Odyssee und die Romane des Marquis de Sade erörtert. Im zweiten und dritten Teil wird eine gesellschaftstheoretische Analyse von relevanten Phänomenen durchgeführt: Kulturindustrie und Antisemitismus. Der letzte Teil enthält philosophische Fragmente.

Prange, Klaus (2005): Die Zeigestruktur der Erziehung. Grundriss der Operativen Pädagogik. Paderborn: Ferdinand Schöningh. – Im Zentrum der phänomenologischen Abhandlung steht die Frage „Was tun wir und wie verhalten wir uns, wenn wir erziehen?" (Prange 2005, S.7) Die Antwort darauf wird in dem Zeigen als Grundoperation des Erziehens gefunden. In den in diesem Buch durchgeführten Analysen zum Erziehungsbegriff wird das Zeigen im Sinne Pranges ausgehend von der Asymmetrie des Generationsverhältnisses als Voraussetzung jeder pädagogischen Handlung ausgelegt.

Rousseau, Jean-Jacques (1971): Emil oder über die Erziehung [1762]. Paderborn: Ferdinand Schöningh. – Im 2. Kapitel dieser Einführung „Erziehung als Grundbegriff" dient der Hinweis auf Rousseaus Buch, das als einer der zentralen Klassiker der reformpädagogischen Tradition zu betrachten ist, vor allem dazu, den ideengeschichtlichen Hintergrund von Immanuels Kants Verständnis der Pädagogik zu erörtern. In seiner pädagogischen Abhandlung, die in Form eines Romans verfasst ist, postuliert Rousseau die Idee einer *negativen Erziehung*, die sich auf die schützende Begleitung des Jüngeren seitens des Erziehers zu begrenzen habe. Lehrer des Kindes sollen die Dinge und die Natur sein. Kant ergänzt diese Vorstellung, ohne deren Bedeutung zu negieren, mit der Konzeption einer *positiven Erziehung*, die sich nicht scheut vom Zwang als pädagogischem Mittel Gebrauch zu machen und die der Vermittlung von Kulturtechniken und Sitten zum Ziel hat.

3. Krise des Erziehungsbegriffs?

*„In Wirklichkeit dürfte man, als Erwachsener, keinen Schutz mehr nötig haben.
Aber vielleicht sind weder Du noch ich je erwachsen geworden ...
Wir sind eine Schar von Kindern."*
Natalia Ginzburg

3.1 Historische Konstellation: Gesellschaft ohne Erwachsene

Stellt Mündigkeit den Hauptbegriff der Aufklärung dar, äußert sich die Krise dieses politischen, philosophischen und pädagogischen Projekts in der Infragestellung der Bedingungen seines Erziehungsverständnisses. Eine der zentralen Voraussetzungen des aufklärerischen Erziehungsbegriffs war die Überzeugung, dass die Erziehung zur Mündigkeit zur Aufgabe der älteren Generation gehört. Eine solche Verantwortung der Älteren gegenüber den Jüngeren wurde anthropologisch, rechts- und geschichtsphilosophisch begründet. Alle drei Formen der Begründung gehen von einer generationalen Differenz aus, die von den Vertretern der bürgerlichen Gesellschaft zumindest *idealiter* zugleich mit der Pflicht einer Verantwortung und mit dem Stolz einer kulturell und gesellschaftlich bedeutenden Aufgabe übernommen wurde.

In seinen Analysen der Gegenwart erinnert der Jurist Gustavo Zagrebelsky (2016) zunächst daran, dass wir, wenn wir von Generationen sprechen, daran denken sollten, dass es sich um ein Verhältnis handelt, das sowohl juristisch als auch kulturell Jüngere, Erwachsen und Ältere betrifft. Nach dieser Präzisierung, die den Kern der pädagogischen Frage, wie sie von Schleiermacher formuliert worden ist („Was will denn eigentlich die ältere Generation mit der jüngeren?", Schleiermacher 1826/2000, S. 9), genauer bestimmt und in einem gewissen Sinn revidiert, stellt er fest, dass die Gegenwart nur zwei Generationen kenne: die jüngere und die ältere. Die westliche Gesellschaft sei eine Gesellschaft „ohne Erwachsene". Zugespitzt formuliert: Man versucht heute, ewig jung zu bleiben, bis man zum Pflegefall wird. Verdrängt wird die Zeit, in der man Verantwortung für sich selbst, aber auch für die Jüngeren und die Älteren übernehmen kann. Voraussetzung dafür wäre eine Form von Mündigkeit, die erst Menschen zu Erwachsenen (bzw. zum Subjekt) macht.

Erwachsen-werden

Der Philosophin Susan Neiman (2014) zufolge geht der Prozess des Erwachsenwerdens nicht nur in einer spezifischen Lebensphase vor sich, die von einer erweiterten Gestaltungsfähigkeit charakterisiert ist, sondern ist zugleich von einem Ideal bestimmt, das sie mit den Mündigkeitsvorstellungen der Aufklärung in Verbindung bringt. Stattdessen wird für sie das Erwachsenwerden lediglich als Begrenzung der Lebensmöglichkeiten angesehen und als solches wird es entweder ignoriert oder resignativ akzeptiert.

Der gegenwärtige Umgang mit dem Erwachsenwerden spiegelt aber nicht nur eine individuelle Einstellung wider, sondern ist eher als das Ergebnis eines kulturellen und gesellschaftlichen Prozesses zu betrachten, der das Verhältnis zwischen den zentralen Aspekten der Aufklärung als einer historischen Konstellation insgesamt verändert. Gehörte die Verantwortung der Älteren gegenüber den Jüngeren zentral zum Selbstverständnis des Bürgertums, so bringt die Verdrängung einer solchen Verantwortung die Krise der Voraussetzungen des Mündigkeitsbegriffs zum Ausdruck. Die Gründe dafür sind unterschiedlicher Natur. Historisch lässt sich eine solche Veränderung auf einen ökonomischen und kulturellen Bruch zwischen Vätern und Söhnen in der ersten Hälfte des 20. Jahrhunderts, auf die Proteste der Söhne gegen die Väter und auf die Revolte der Töchter gegen Väter und Brüder spätestens seit den späten 60er Jahren zurückführen.

In diesem historischen gesellschaftlichen Transformationsprozess haben zwei Differenzen, die für die historische Konstellation der Aufklärung und deren Erziehungsbegriff von zentraler Bedeutung waren, ihre symbolische Funktion verloren: die generationale und die sexuelle Differenz.

In seiner Studie *Auf dem Weg zur vaterlosen Gesellschaft* (1963/2003) erklärt der Psychoanalytiker Alexander Mitscherlich (1908-1982) den generationellen Bruch als einen Autoritätsverlust der Väter, der zugleich ökonomisch und moralisch war. Schon vor dem Zweiten Weltkrieg stellte die Vererbung des väterlichen Berufs keine gesellschaftliche Selbstverständlichkeit mehr dar. In bestimmten Fällen überschritten die Karrierewege der Kinder sogar die väterlichen Erwartungen. Die Väter konnten ihren Kindern nicht mehr den Weg zeigen. Die Auseinandersetzungen der Söhne mit den Vätern, die sich explizit vor allem um Beruf und Karriere drehten, wurden immer rarer. In vielen Fällen wurde sie durch die Identifikation mit einer autoritären Figur ersetzt, die zum Simulakrum der väterlichen Figur wurde. Die väterliche Autorität, die in der asymmetrischen *individuellen Beziehung* von einem Vater und einem Sohn ihren Grund hat, wurde durch die

Führerschaft einer Figur substituiert, die die Voraussetzung ihrer Macht in einer *kollektiven Identifikation* hatte.

Führerschaft

Zum Autoritätsverlust des traditionellen Patriarchen, der zur „Verdunstung" (Recalcati 2011) der Vaterfigur führen sollte, kam in der Nachkriegszeit eine moralische Komponente hinzu. Die vom Krieg zurückgekommenen Väter konnten nicht immer von den Tätern unterschieden werden. Nach 1945 wird die pädagogische Frage („Was will denn eigentlich die ältere Generation mit der jüngeren?", Schleiermacher 1826/2000, S. 9), die Schleiermacher am Anfang des 19. Jahrhunderts formuliert hatte, übernommen. In der Übernahme werden aber ihre geschichtsphilosophischen und moralischen Voraussetzungen negiert: „Wie sollten die, die nationalsozialistischen Verbrechen begangen oder bei ihnen zugesehen oder von ihnen weggesehen oder die nach 1945 die Verbrecher unter sich toleriert oder sogar akzeptiert hatten, ihren Kindern etwas zu sagen haben?" (Schlink 1995, S. 161)

„Verdunstung" der Vaterfigur

Vor allem im bundesrepublikanischen Kontext wendet sich der antiautoritäre Protest der 60er Jahre gegen die Väter, deren Autorität schon längst jede Form der Legitimation verloren hatte. Mit der feministischen Revolte wird die gesamte symbolische Ordnung der bürgerlichen Gesellschaft in Frage gestellt. Der feministische Anspruch, die Sphäre der Reproduktion, d.h. der Sorge (Millet 1969/2016), in ihrer politischen Bedeutung zu betrachten, problematisiert eines der zentralen Elemente bürgerlicher Erziehung, das als natürlich galt: die moralische Zuständigkeit des weiblichen Geschlechts für den Zusammenhalt der Gesellschaft in der privaten Sphäre.

Antiautoritärer Protest

Feministische Revolte

Die Konsequenzen solcher gesellschaftlichen Prozesse sind erziehungsphilosophisch in ihrem ambivalenten Charakter zu betrachten. Sie haben einerseits die wunden Punkte und Widersprüche der bürgerlichen Ordnung aufgezeigt. Diese Dekonstruktion hat jedoch andererseits theoretisch nicht zur Konzeption einer neuen Konstellation von Erziehungsverhältnissen geführt, die dem asymmetrischen Verhältnis der Generationen und deren Sorgecharakter gerecht wird. Stattdessen haben sich daraus eine stärkere Institutionalisierung und Ökonomisierung der privaten Sphäre, eine Relativierung der Differenz in den Generationenverhältnissen bzw. ihre konstruktivistische Auffassung ergeben, die zu einer unbestimmten Delegation der Verantwortung sowohl gegenüber der zukünftigen als auch gegenüber der älteren Generation geführt hat.

Die Diagnose einer Gesellschaft ohne Erwachsene, deren Mitgliedern Mündigkeit und Verantwortung abgesprochen wird, ist jüngst weder von einer Analytikerin noch von einem Juristen, sondern von einer Vertreterin der jüngeren Generation formuliert worden, die Schleiermachers pädagogischen Grundgedanken noch einmal aufnimmt und diesmal aber so umdreht, dass man daraus schließen könnte, entweder die gegenwärtige Aufgabe der jüngeren Generation bestehe darin, die ältere zur Mündigkeit zu erziehen oder die jüngere sehne sich nach der Rückkehr – wenn nicht des Vaters als Patriarchen (vgl. Recalcati 2013) – der Erwachsenen. Die Verantwortung, die die junge Aktivistin Greta Thunberg den Erwachsenen abspricht, betrifft die Zukunft der Gattung als solcher: „Wenn ihr die Situation wirklich verstehen würdet und uns immer noch im Stich lassen würdet, dann wärt ihr grausam und das weigere ich mich zu glauben. Wie könnt ihr es wagen zu glauben, dass man das lösen kann, indem man so weiter macht wie bislang – und mit ein paar technischen Lösungsansätzen? Ihr seid immer noch nicht reif genug zu sagen, wie es wirklich ist. Ihr lasst uns im Stich. Alle kommenden Generationen haben euch im Blick und wenn ihr euch dazu entscheidet, uns im Stich zu lassen, dann entscheide ich mich zu sagen: Wir werden euch das nie vergeben! Wir werden euch das nicht durchgehen lassen! Genau hier ziehen wir die Linie. Die Welt wacht auf und es wird Veränderungen geben, ob ihr es wollt oder nicht." (Greta Thunberg 2019, Rede beim UN-Klimagipfel)

Zukunft der Gattung

3.2 Verantwortungsverweigerung

Greta Thunberg hat sich mit den Analysen zur Krise der Erziehung mit großer Wahrscheinlichkeit nicht auseinandergesetzt, die die politische Theoretikerin Hannah Arendt (1906-1975) während eines Bremer Vortrags 1958 formuliert hat. Nichtsdestoweniger verweist sie in ihrem Appell an die Mündigkeit auf eine Form von Verantwortungsverweigerung, die im Zentrum von Arendts Kritik an den damaligen Reformen im Erziehungsbereich steht: „Es ist, als ob sie ihnen täglich sagten: In dieser Welt sind auch wir nicht sehr verläßlich zu Hause, und wie man sich in ihr bewegen soll, was man dazu wissen und können muß, ist auch uns nicht bekannt. Ihr müßt sehen, wie ihr durchkommt; uns jedenfalls sollt ihr nicht zur Verantwortung ziehen können. Wir waschen unsere Hände in Unschuld." (Arendt 1958/1994a, S. 272)

Die Verantwortungsverweigerung der Erwachsenen ist für Arendt symptomatisch für eine tiefe Krise der Erziehung, die sie als einen zentralen Aspekt einer politischen Krise insgesamt versteht. Wie schon für Schleiermacher, woran Arendts pädagogische Hauptargumente direkt, wenn auch nicht explizit, anschließen, sind Pädagogik und Politik für sie zu unterscheiden. Erstere verfolgt das Ziel, noch nicht mündige Kinder zur Mündigkeit zu erziehen, Letztere setzt die Mündigkeit der Bürger voraus. Es handelt sich also im Verhältnis von Politik und Pädagogik um ein Verhältnis gegenseitiger Dependenz, das *idealiter* erfüllt werden kann, wenn die Autonomie beider Bereiche gewährleistet wird: Weder darf die Pädagogik politisch instrumentalisiert werden – ihr Ziel ist die Subjektwerdung der Individuen, d.h. die Bildung ihrer Urteilsfähigkeit –, noch darf die Politik pädagogisiert werden, sie hat die Menschen nicht zu erziehen, sondern ihnen ein Leben in Freiheit zu ermöglichen. Die Voraussetzung dafür sind mündige Erwachsene.

Die Krise der Erziehung in den 50er Jahren des 20. Jahrhunderts liest Arendt als Teil einer politischen Krise, weil sie die politischen Grundlagen einer bürgerlichen Gesellschaft betrifft. Sie tangiert zugleich die Möglichkeit der Tradierung und der Konservierung der Welt, d.h. der erworbenen menschlichen kulturellen und technischen Errungenschaften, und die Befähigung der Individuen zur Autonomie, d.h. auch zur Kritik und Infragestellung der tradierten Welt.

Bei der Begründung ihres Erziehungsverständnisses hebt Arendt das Doppel-Gesicht des Kindes hervor: Das Kind ist ein *neuer* und ein *werdender* Mensch. Als neuer Mensch steht es für das Wunder der *Natalität* (Arendt 1958/2009, S. 20), die für sie zur Grundbedingung menschlicher Existenz gehört und die Möglichkeit geschichtlicher Erneuerung darstellt. Das Kind als neuer Mensch steht in diesem Sinn für den neuen Anfang. Als werdender Mensch, dessen Entwicklung nicht nur eine Sache der Natur, sondern auch der Kultur ist, soll das Kind in die Welt eingeführt werden: „Das Im-Werden-Sein teilt das Kind mit allem Lebendigen; es betrifft das Leben und seine Entwicklung, das Kind ist ein werdender Mensch nicht anders, als eine kleine Katze eine werdende Katze ist. Aber neu ist das Kind nur in bezug auf eine Welt, die vor ihm da war, die nach seinem Tode weiterbestehen wird und in der es sein Leben verbringen soll. Wäre das Kind nicht auch ein Neuankömmling in dieser Menschenwelt, sondern nur ein noch nicht fertiges Lebendiges, so würde Erziehung nur eine Funktion des Lebens selbst sein und in nichts anderem zu bestehen haben als jener Sorge um Erhaltung des Lebens und Training oder Einübung im Lebendigsein, die alle Tiere gegenüber ihren Jungen übernehmen." (Arendt 1958/2009, S. 266)

Doppel-Gesicht des Kindes

Natalität

3. Krise des Erziehungsbegriffs?

Tradition

Wenn für Schleiermacher der Erziehungsprozess zwischen Tradition und Revolution vermitteln sollte, so ist für Arendt Erziehung unmittelbar beides. Sie ist konservativ, insofern sie die Welt mit ihren Traditionen und Errungenschaften den Neugeboren nicht nur zu übergeben hat, sondern in bestimmten Fällen auch gegen sie schützten soll: „Das Konservative im Sinne des Konservierenden scheint mir im Wesen der erzieherischen Tätigkeit selbst zu liegen, deren Aufgabe es immer ist, etwas zu hegen und zu schützen – das Kind gegen die Welt, die Welt gegen das Kind, das Neue gegen das Alte und das Alte gegen das Neue." (Arendt 1958/2009, S. 273)

Revolution

Erziehung ist aber auch revolutionär, weil sie sich auf die Neugeboren einlassen soll; weil sie ihre Erwartungen, ihre Veränderungen des Alten, ihren Protest und ihre Kritik gegen die existierende Welt zu verteidigen hat. Dieser Aufgabe – der Ermöglichung des Neuen bzw. des Zulassens des Ereignisses – kann man aber erst gerecht werden, wenn man das Neue erkennen kann, wenn man sich nicht von jedem Veränderungswunsch als solchem blenden lässt: „Gerade um des Neuen und Revolutionären willen in jedem Kinde muß die Erziehung konservativ sein; dies Neue muß sich bewahren und als ein Neues in eine alte Welt einführen, die, wie revolutionär sie sich auch gebärden mag, doch im Sinne der nächsten Generation immer schon überaltert ist und nahe dem Verderben." (Arendt 1958/2009, S. 273)

Geschichtslosigkeit

Die Krise der Erziehung, die für Arendt schon Ende der 50er Jahre in den USA ihre Grundtendenzen zeigt, beinhaltet die Unfähigkeit, das Alte mit dem Neuen zusammen zu denken, Tradition und neuen Anfang in Relation zu setzen. Grund dafür ist eine nicht nur theoretisch postulierte, sondern auch gesellschaftlich verankerte *Geschichtslosigkeit*, die die Zukunft der Gattung einem ‚Dauerreformprozess' ausliefert.

Die Moderne, wofür das Neue steht, wird zu einem endlosen Modernisierungsprozess, der der Möglichkeit pädagogischer Verantwortung ihren (geschichtlichen) Grund entzieht: die Vermittlung des Alten für die Entstehung des Neuen.

Umordnung der Geschlechterverhältnisse

Das Symptom einer solcher Krise – die Verantwortungsverweigerung der Erwachsenen gegenüber den Heranwachsenden – führt Arendt auf eine Krise der Autorität und auf eine zunehmende Aufhebung der Privatheit als Schutzraum zurück. Der Autoritätsverlust setzt eine Krise der generationellen Differenz voraus. Der Schwund des Privaten verweist auf eine Umordnung der Geschlechterverhältnisse.

Arendt stellt die Notwendigkeit der Kritik an autoritären Verhältnissen nicht in Frage, sondern sie zeigt die pädagogischen (und politischen) Konsequenzen der Negation der Autorität *tout court* (dt. schlechthin). Diese ist nicht Ausdruck einer emanzipatorischen Pädagogik, sondern Symptom der Verantwortungslosigkeit der Erwachsenen: „Die Autorität ist von den Erwachsenen abgeschafft worden, und dies kann nur eines besagen, nämlich daß die Erwachsenen sich weigern, die Verantwortung für die Welt zu übernehmen, in welche sie die Kinder hineingeboren haben." (Arendt 1958/2009, S. 271)

3.3 Autoritätsverlust

Die USA stehen für Arendt emblematisch für die „Neue Welt", d.h. für eine Welt, die sich nicht aus ihrer Geschichte, sondern aus ihrer Zukunft versteht, und für das Land der *progressive education*. Die vom Pragmatismus John Deweys (1859-1952) geprägte Reformpädagogik entspreche den amerikanischen Vorstellungen einer zukunftsorientierten Gesellschaft. An der *progressive education* kritisiert sie nicht nur eine Form von Geschichtslosigkeit, die das Generationenverhältnis in geschichtsphilosophischer Hinsicht (die Tradierung des Alten) verunmöglicht, sondern auch die Negation des Generationenverhältnisses im engeren pädagogischen Sinn als Asymmetrie zwischen Lehrenden und Lernenden. Die Nivellierung einer asymmetrischen Differenz im Erziehungsprozess zeigt Arendt am Beispiel von drei Elementen, die sie als charakteristisch für die *progressive education* betrachtet: der Verabsolutierung der Kinderwelt, der Emanzipation vom Lernstoff und dem Vorrang des Tuns.

Progressive Education

Die *Verabsolutierung der Kinderwelt* entsteht aus einer fehlenden bewussten Auseinandersetzung der Kinder mit der Welt der Erwachsenen. Eine solche Auseinandersetzung wäre für die Kinder zugleich anstrengend und emanzipatorisch. Ihre möglichen Modalitäten könnten, über Arendts Text hinaus, (Mimesis, Emulation) und kritische Emanzipation (bzw. Individuation durch Trennung) sein. Stattdessen wird den Kindern die Mühe der Konfrontation erspart, indem die Erwachsenen ihre Perspektive auf die Welt übernehmen. Die Kinder werden nicht zur Mündigkeit erzogen und die Erwachsenen infantilisieren sich intentional, angeblich zum Wohl des Kindes.

Verabsolutierung der Kinderwelt

Die abwesende Wahrnehmung der Differenz zu den Erwachsenen befähigt die Kinder nicht zur Autonomie, sondern sozialisiert sie zum sozialen Konformismus, zur Tyrannei der *peer group*: „Die erste [Konsequenz der Nivellierung, RC] ist, daß die Welt des

Kindes beziehungsweise die Gesellschaft, welche die Kinder unter sich bilden, eigenständiger Art ist, und es ihr überlassen bleiben muß, sich möglichst selbst zu verwalten. Die Erwachsenen sind nur dazu da, bei dieser Verwaltung zu helfen. Die Autorität, die dem einzelnen Kind sagt, was zu tun und was zu lassen ist, liegt bei der Kindergruppe selbst." (Arendt 1958/1994a, S. 262)

Emanzipation vom Lernstoff

Vorrang des Tuns

Das zweite und dritte Element, die *Emanzipation vom Lernstoff* und der *Vorrang des Tuns*, sind sowohl in erziehungs- als auch in bildungsphilosophischer Hinsicht relevant. Ihre Bedeutung bezieht sich auf das Generationenverhältnis in seiner geschichtsphilosophischen Perspektive. Die Emanzipation des Lernens und des Unterrichts vom Stoff bezeichnet einen Lernprozess, dessen Ausgangspunkt nicht die Welt in ihrer wissenschaftlichen Erschließung, sondern die Praxis ist. Die Alterität des Lernstoffs – seine (auch hier wissenschaftliche/fachliche) Differenz – wird durch dessen Reduktion auf ein Problem der Praxis nivelliert. Schüler werden nicht in die Lage versetzt, mit einem sie entfremdenden Gegenstand kategorial vertraut zu werden, sondern der Gegenstand wird an sie angepasst. Die Lehrperson verliert in diesem Verständnis von Erziehung und Bildung im schulischen Kontext ihr fachliches Profil: „Ein Lehrer [...] ist ein Mann, der schlechterdings alles lehren kann; seine Ausbildung ist das Lehren, nicht die Ausbildung in einem bestimmten Fach." (Arendt 1958/1994a, S. 263)

Lernen wird in dieser Auffassung von Erziehung rein psychologisch aufgefasst und auf den Erwerb von Kompetenzen reduziert, Praxisprobleme zu lösen: „Man wollte bewußt kein Wissen lehren, sondern eine Geschicklichkeit einüben, als sei die Schule eine Lehre, in der man ein Handwerk lernt." (Arendt 1958/1994a, S. 264)

Entwertung der Wissenschaft

Der Autoritätsverlust der Lehrerperson bzw. des Erwachsenen impliziert eine grundlegende Entwertung der Wissenschaft, die erstens die Autorität des Lehrenden als Fachperson begründet und zweitens das Fundament des aufklärerischen pädagogischen, philosophischen und politischen Projekts darstellt.

Autorität

Gewalt

Macht

Arendts Kritik am Autoritätsverlust der Wissenschaft ist nicht mit der Position derjenigen zu verwechseln, die für eine größere Macht der Erziehungsberechtigen plädieren und eine strengere Erziehungsdisziplin loben (siehe kritisch dazu Brumlik 2007). Die Philosophin unterscheidet *Autorität* von jeder Form von *Gewalt* sowie von *Macht* (Arendt 1956/1994b). Autorität, die Gewalt einsetzt oder eine Machtposition voraussetzt, um ausgeübt zu werden, ist keine Autorität in pädagogischer und wissenschaftlicher Hinsicht. In diesem Fall ist sie lediglich der Ausdruck einer Machtposition oder das Ergebnis einer Gewaltausübung. Auch in politischer Hinsicht unterscheidet Arendt nicht nur Macht von Gewalt, sondern auch Autorität von Macht. Sich beziehend auf den römischen Begriff von Autorität, erläutert sie am Beispiel der römischen Senatoren, inwiefern die Bedingung ihrer Autorität darin bestand, dass sie keine Macht in politischer Hinsicht ausüben konnten.

Zugespitzt gedacht: Macht und Autorität bezeichnen nicht nur zwei unterschiedliche Phänomene, sondern schließen sich sogar in bestimmten Fällen gegenseitig aus. Derjenige, der Macht ausübt, strahlt selten auch Autorität aus. Diejenige, die für eine Autorität gehalten wird, besitzt nur gelegentlich eine Machtposition. Beide sind asymmetrische Beziehungen. Macht basiert bei Arendt auf Zustimmung – auch das Sich-Fügen ist eine Art der Zustimmung – Autorität auf „fragloser Anerkennung". Auf die Fraglosigkeit kommt es dabei an. Wird die Autorität lächerlich gemacht, ist es mit ihr vorbei (Arendt 1970/2019, S. 45).

Trotz dieser Präzisierungen kann Arendts Diagnose der Krise der Erziehung allerdings als eine Kritik *avant la lettre* an der antiautoritären Erziehung der 60er Jahre gelesen werden (vgl. Brumlik 1997, S. 19f.). Sie trifft nicht die Kritik am Autoritarismus der damaligen Lehrer, sondern die Infragestellung des konservativen Aspekts der Erziehung sowohl bezüglich der generationellen als auch der sexuellen Differenz.

3.4 Das Zuhause

Die generationelle und die sexuelle Differenz ordnen die begriffliche Konstellation von Erziehung in anthropologischer, geschichtsphilosophischer und rechtsphilosophischer Hinsicht. Im Fall der generationellen Differenz sind diese drei Dimensionen eng miteinander verbunden. Ihre Interdependenz äußert sich in der Feststellung, dass die physische, psychische, kognitive und moralische Entwicklung eines menschlichen Wesens die Übernahme der Verantwortung von Erwachsenen gegenüber Kindern und Heranwachsenden bis zum Zeitpunkt ihrer Reife erfordert. Die geschichtsphilosophische Dimension, die sich hier auf die Wissens- und Kulturvermittlung bezieht, kann im Erziehungsprozess als gelungen betrachtet werden, wenn sich die Tradierung nicht als ein Selbstzweck erweist, d.h. wenn sie zum Zweck nicht lediglich die Konservierung der Tradition hat. Auch dieser Aspekt des

Erziehungsprozesses hat als Ziel die Bildung der Urteilskraft und im besten Fall einer selbstständigen Einbildungskraft, d.h eine imaginative Kraft oder Phantasie, die über verbreitete Klischees und Stereotypen hinausgeht. Eine sehr vermittelte Form (d.h. nicht unmittelbare) der Verantwortungsverweigerung seitens der Erwachsenen äußert sich in jeder institutionalisierten Modalität der Wissensvermittlung, die Arendt an den reformpädagogischen Konzepten kritisiert hat und die auf einer rein psychologischen Auffassung des Lehr- und Lernprozesses basiert. In dieser Form der Vermittlung wird die kulturelle und wissenschaftliche von der psychischen Entwicklung getrennt und dem Einzelnen überlassen.

Bildung der Urteilskraft

Die sexuelle Differenz kommt innerhalb der Erziehungskonstellation sowohl in Bezug auf deren physische Dimension (Erziehung als Wartung, als Sorge) als auch auf deren moralische Dimension ins Spiel. Auch hier sind die zwei Aspekte (Natur/Körper und Moral) nicht voneinander zu trennen.

Unter dem moralischen Aspekt der Erziehung ist jede Form von Autonomie und Freiheit zu begreifen, die, wie im letzten Kapitel gesehen, aus einem Prozess der Disziplinierung der eigenen Natur, aus der Dialektik von Trieb und Gesetz entsteht. In dieser Dialektik wird der Weiblichkeit in der Figur der Mutter eine vermittelnde Funktion zugesprochen. Diese Vermittlung ist als *Versöhnung* gedacht. Die mit dem Gesetz versöhnende Mutter habe sich um den Körper und die Seele der Kinder zu kümmern.

Versöhnung

Die affektive und psychische Entwicklung der Kinder in der Moderne war in diesem Sinn an die Komplementarität der Geschlechter (Gesetz des Vaters und Sorge der Mutter) gebunden. Diese Spezifizität der Geschlechter, die sich nicht nur auf unterschiedliche Rollen reduzieren lässt, hat, wie gesehen, eine symbolische Bedeutung, die nicht nur auf die physische Reproduktion der Gattung begrenzt werden kann. Die vorausgesetzte Hingabefähigkeit der Mutter oder deren Vertreterinnen ist in der bürgerlichen Gesellschaft in einer bestimmten Topologie der affektiven Räume und der öffentlichen Räume verankert. Das Verbleiben der Frauen im Haus führte einerseits zu ihrem Ausschluss aus der öffentlichen Sphäre (aus der Stadt), andererseits zu der Möglichkeit, sich der Logik des Tausches und dem ökonomischen Leistungsprinzip zu entziehen. Die Frauenrechtlerin und Sexualreformerin Helene Stöcker (1869-1943) schrieb 1897: „Freihlich, wir haben unsern Stolz: wir erlauben niemanden zu sagen, daß diese Zeit der Fesselung ganz für uns verloren gewesen wäre. Alle die Kräfte, die sich nicht nach außen entladen durften, haben sich nach innen gewendet: sicherlich hätten wir nie so viel ‚Seele', so viel Gewalt und Konzentration der Empfindung, so heiße Sehnsucht nach Einheit des inneren Lebens bekommen, *ohne* diese schwere Zeit des Gebundenseins, des Eingeschränktseins, der tausendfachen Askese." (Stöcker 1897/2008, S. 243) Der Ausschluss der Frauen aus der öffentlichen Sphäre hat die Formation einer Sphäre innerhalb der bürgerlichen Gesellschaft erlaubt, die sich deren Logik entzieht und zugleich deren Reproduktion ermöglicht.

Eine der bedeutendsten und ambivalenten Folgen der Frauenemanzipation ist die Infragestellung dieser Topologie gewesen. Es handelt sich um eine Konsequenz und nicht um eine Intention, die von den Frauenbewegungen verfolgt wurde. Der Zugang einer größeren Zahl von Frauen zum Arbeitsmarkt und insgesamt zur öffentlichen Sphäre hat zu einer Relativierung des privaten Charakters der häuslichen Sphäre geführt. Die Konsequenzen, die sich aus diesem Prozess ergeben haben, werden als Probleme interpretiert, die die Work-Life-Balance betreffen. Der Ausdruck *Balance* deutet ein Problem an, das als Zeitmanagementproblem verstanden werde könnte. Es besteht kein Zweifel, dass die erhöhte Teilnahme der Frauen an der sogenannten Sphäre der Produktion die Zeit für die Reproduktion des menschlichen Lebens massiv reduziert hat. Aber die Problematik ist nicht nur darauf beschränkt. Sie betrifft eher das Verschwinden der Möglichkeit eines Schonraums, der einen Kontrapunkt zu der des Leistungs- und Tauschprinzips sowie zur Profitmaximierung darstellt.

Work-Life-Balance

Die Schriftstellerin Natalia Ginzburg (1916-1991), die fast ihre ganze literarische Produktion der ‚Grammatik' und dem Raum der häuslichen Sphäre gewidmet hat, porträtiert in ihrem letzten Briefroman *Die Stadt und das Haus* (1984/1999, ital.: *La città e la casa*) die Krise der modernen Topologie der bürgerlichen Gesellschaft, die für sie von der Gegenüberstellung von Stadt (öffentlicher Sphäre) und Haus (privater Sphäre) charakterisiert ist. Ginzburgs Buch ist ein Roman über die Auflösung der Familie, über die Unfähigkeit der Männer, Väter zu werden. Der Familienzusammenbruch hat im Roman seinen Ausgangspunkt im Verkauf eines Familienhauses.

Auf diesen Prozess bezieht sich Arendt, wenn sie in ihrem Bremer Vortrag im Anschluss an die Analysen zur Privatheit, die sie in *Vita activa* (1958/2009, S. 73-89) entwickelt hatte, in dem Zerfall bzw. in der Zurschaustellung der Privatheit einen der zentralen Faktoren der Krise der Erziehung sieht. Mit einer Geste, die Ginzburgs Sicht auf die Familie ähnelt, konzentriert sich Arendts Blick auf das Haus als einem privilegierten Ort des Privaten. Pri-

Privatheit

vatheit und Haus sind nicht gleichzusetzen, sie stehen in einem symbolischen Verhältnis. Das Haus stellt die Bedingung der Möglichkeit der Privatheit in der bürgerlichen Gesellschaft dar. In diesem Sinn geht Arendts Analyse des Privaten über eine rein phänomenologische Beschreibung hinaus (vgl. Brumlik 1997, S. 24f.). Die Privatheit des Hauses, die sie als Sphäre der Verborgenheit bezeichnet, ist der Ort, wo sich Individualität im affektiven und im moralischen Sinn erst entfalten kann. Nur das Haus könne das Kind, aber auch die Erwachsenen gegen den Druck nicht nur der *peer group*, sondern der gesamten Öffentlichkeit schützen. Die vier Wände „[...] umgrenzen einen Raum des Verborgenen, ohne den kein Lebendiges gedeihen kann. Dies gilt nicht nur für kindliches, sondern überhaupt für menschliches Leben. Wo immer es der Welt ohne den Schutz des Privaten und Geborgenen ständig ausgesetzt ist, geht es gerade in seiner Lebendigkeit zugrunde. In der Öffentlichkeit der Welt, die allen gemeinsam ist, zählt zwar die Person, und es zählt das Werk, das heißt das Werk unserer Hände, das ein jeder von uns der gemeinsamen Welt hinzufügt; aber auf das Leben qua Leben kommt es in ihr nicht an. Sie kann auf es keine Rücksicht nehmen, und es muß vor ihr verborgen und gegen sie geborgen werden." (Arendt 1958/1994a, S. 267)

Die tendenzielle Abschaffung des Unterschieds zwischen Privatem und Öffentlichem, „zwischen dem, was nur im Verborgenen gedeihen kann, und dem, was im vollen Licht der Öffentlichkeit allen anderen gezeigt werden muß" (Arendt 1958/1994a, S. 269), wird von Arendt nicht als eine Konsequenz der Frauenemanzipation, sondern eher als Folge der Massengesellschaft betrachtet. Nicht zu Unrecht jedoch werden Arendts Analysen des Privaten im Zusammenhang mit der von ihr diagnostizierten Krise der Erziehung als eine implizite Verteidigung des traditionellen Familienbilds kritisiert.

Es ist ein großes Verdienst von Seyla Benhabib (1996/2006), in ihrer Arendt-Monographie die melancholische Modernität der Philosophin gezeigt zu haben. Arendts Modernität ist nicht von der Trauer um das Opfer zu trennen, das sie beinhaltet. Im Zusammenhang mit ihrer Verteidigung des Privaten unterstreicht Benhabib sogar die emanzipatorische Bedeutung von Arendts melancholischem Blick: „Die binäre Einheit aus Öffentlichkeit und Privatsphäre darf nicht bloß verworfen, sondern muß umstrukturiert werden." (Benhabib 1996/2006, S. 333)

Der Schutz des Privaten, als Sphäre der Intimität des Herzens, wird für Benhabib zum Ausgangspunkt eines neuen Feminismus, der das Recht auf ein Zuhause als universelles Recht bean-

3.4 Das Zuhause

sprucht und der in der moralischen Verteidigung des Privaten die Möglichkeit selbst der Existenz der menschlichen Gattung sieht. Den Ausgangspunkt der Analyse Benhabibs bildet der Unterschied, den Arendt in *Vita activa* zwischen *Eigentum* und *Besitz* (vgl. Arendt 1958/2009, S. 73-81) formuliert. Die Beanspruchung des Rechtes auf ein Zuhause ist keine Verteidigung von Besitz. Das Eigentum (aus dem lat. *proprietas, proprius*) sei der eigene Raum, der erst eine innerliche Entwicklung ermöglicht: „Intimität und Häuslichkeit tragen gemeinsam zur Förderung und Entfaltung der Individualität bei. Der vorrangige moralische und kulturelle Zweck des Haushaltes unter den Voraussetzungen der Moderne ist in diesem Sinne die Entwicklung und das Gedeihen autonomer Individualitäten. Aus diesem reformulierten Begriff des Privaten ergibt sich als wichtige Konsequenz nicht nur die Neubestimmung der familiären Einheit, sondern auch der Auftrag an die Gesetzgebung, Kinder und ihre Bezugspersonen auf der Basis des Rechts auf ein Zuhause zu schützen. Hierunter ist ein moralischer und politischer Anspruch des Kindes auf physische, materielle und seelische Bedingungen zu verstehen, die der Entwicklung seiner Persönlichkeit förderlich sind." (Benhabib 1996/2006, S. 332; vgl. dazu auch Schlüpmann 2020) Das Haus als Eigentum setzt keinen Besitz voraus, es ist ein imaginärer Ort der Verborgenheit, der Sammlung und der Erinnerung.

Eigentum und Besitz

Im Unterschied zu Arendt löst Benhabib die Idee des Hauses von einer traditionellen heterosexuellen Vorstellung der Familie ab: „Welche Form sexueller Beziehungen die Intimität am besten ausdrückt, läßt sich längst nicht mehr nach Maßgabe einer biologisch begründeten Geschlechteridentität diktieren. Heterosexuellen wie homosexuellen Beziehungen kann es gleichermaßen gelingen oder mißlingen, Intimität für die beteiligten Individuen herzustellen. Häusliche Verhältnisse sind dafür ausgelegt, den menschlichen Körper zu erhalten und seine täglichen Bedürfnisse zu befriedigen, Kinder großzuziehen, zu umhegen und zu erziehen und dem Selbst einen Raum zur Verfügung zu stellen, in den es sich zurückziehen kann. Diese Aufgaben können von vielen Verwandtschaftsformen und familienähnlichen Arrangements erfüllt werden, was in der Geschichte auch der Fall war, und müssen durchaus nicht von der Kleinfamilie mit männlichem Haushaltsvorstand übernommen werden." (Benhabib 1996/2006, S. 332)

Die Entkopplung der Bedeutung der Privatheit als Raum der Intimität des Herzens von traditionellen Geschlechterverhältnissen und die Betrachtung des Zuhauses als Recht aller Kinder haben Konsequenzen sowohl in gesellschaftlicher Hinsicht als auch in einem engeren pädagogischen Sinn. Sie setzen eine Veränderung der öffentlichen Sphäre voraus, die vor allem die Organisation der Arbeit und deren Orientierung an der Profitmaximierung betreffen. Sie erfordert eine andere Arbeitsteilung, eine gesellschaftlich verbreitete Reduktion der Zeit der Erwerbsarbeit und eine gesellschaftliche und symbolische Aufwertung der Reproduktionsarbeit als notwendiger Tätigkeit zum Fortleben und zum moralischen und sittlichen Fortschritt der menschlichen Gattung. Die Betrachtung des Rechtes auf ein Zuhause als universelles Recht ist innerhalb einer kosmopolitischen Auffassung des Konzepts der Staatsbürgerschaft zu verorten, das einerseits den universalistischen Geist der Aufklärung zur Vollendung bringt und andererseits eine Überwindung bzw. Kritik des nationalen bzw. nationalistischen Verständnisses des Zuhauses als Heimat beinhaltet.

3.5 Zeugenschaft

Zeigt sich die gegenwärtige Krise der Erziehung in Autoritätsverweigerung und in der Weise, wie das Private zur Verfügung gestellt wird (bzw. in der Zurschaustellung des Verborgenen), beinhaltet sie das Zerfließen der generationellen und sexuellen Differenz sowohl auf einer gesellschaftlichen als auch auf einer symbolischen Ebene. Die Infragestellung dieser Differenzen hat einen ambivalenten Charakter: Sie verspricht einerseits die Emanzipation von einem autoritären Verständnis von Tradition, sie negiert andererseits die anthropologisch und geschichtsphilosophisch begründete ‚Tatsache' der Entwicklung und der Differenz an Erfahrung zwischen den Generationen.

Eine freie und glückliche kognitive, moralische und affektive Entwicklung eines Kindes unter der Begleitung von Erwachsenen braucht Räume, die es vor dem Leistungsdruck und dem Zwang, sich präsentieren zu müssen, schützen und zugleich zur Erprobung des Neuen ermutigen. Die häusliche Sphäre ist ein wichtiger, aber nicht der einzige Ort, an dem Kinder und Heranwachsende von Erwachsenen geschützt und gefördert werden können. Für Arendt stellt z.B. die Schule eine Art Schwellenraum zwischen der privaten und der öffentlichen Sphäre, zwischen dem Haus und der Welt dar. Trotz der unterschiedlichen Funktionen der Räume (Verborgenheit, Übergang von Privatheit zur Öffentlichkeit, Autonomie und Freiheit der Kultur), die die Erziehung im familiären, schulischen und außerschulischen Kontext ermöglicht, trotz einer

Schule

möglichen Veränderung ihrer Gestaltung ist festzuhalten, dass jeder Erziehungsprozess schützende Räume braucht.

In Bezug auf die hierarchisch verteilten Zuständigkeiten im Bereich der Reproduktion bzw. der Produktion des Lebendigen ist zu hoffen, dass aus der kulturellen und gesellschaftlichen Anerkennung der Bedeutung von Sorge und Hingabe eine andere Ordnung der Geschlechterverhältnisse entstehen kann. Die Infragestellung bzw. die Überwindung der Geschlechterhierarchie hinsichtlich der häuslichen Arbeitsteilung soll allerdings nicht zur Konsequenz haben, dass die Pflege des Hauses und dessen Mitglieder an Dritte komplett delegiert wird. Die auch im Interesse des Kindeswohls notwendige Vergesellschaftung eines Teils der Erziehungsaufgaben erfordert eine Ausbildung von Erziehern, die sie befähigt, professionell mit der komplexen affektiven Dimension des Erziehungsprozesses umzugehen. Die Verwandlung der Erziehungsaufgabe in eine reine Dienstleistung würde sie auf den Aspekt der „Wartung", wie es bei Kant heißt, reduzieren. *Affektive Dimension des Erziehungsprozesses*

Neben der Frage nach der Besonderheit der Erziehungsräume stellt sich die Frage nach dem Modus der Begleitung des Erziehungsprozesses. Für Arendt ist diese Begleitung als *Vertretung* mit einem doppelten Charakter zu begreifen. Die Erwachsenen vertreten die Interessen des Kindes gegenüber der Welt – sie schützen es –, und sie vertreten die Welt gegen den spontanen Drang des Kindes, der auf dessen *Selbsttätigkeit* zurückzuführen ist, aber nicht mit dessen noch fehlender *Selbstständigkeit* zu verwechseln ist. Diese Vertretung ist auch im Sinne einer Einführung in die den Kindern noch nicht vertraute Welt zu verstehen: „Sofern das Kind die Welt noch nicht kennt, muß es mit der Welt graduell bekannt gemacht werden; sofern es neu ist, muß darauf geachtet werden, daß dies Neue nach Maßgabe der Welt, so wie sie ist, zur Geltung kommt und nicht von dem Alter der Welt erdrückt wird. In jedem Fall aber stehen hier die Erzieher dem Jugendlichen als Vertreter der Welt gegenüber, für die sie die Verantwortung übernehmen müssen, obwohl auch sie sie nicht gemacht haben, selbst wenn sie heimlich oder offen wünschen sollten, sie sei anders, als sie ist. Diese Verantwortung wird den Erziehern nicht willkürlich aufgebürdet; sie liegt bereits in der Tatsache beschlossen, daß die Jungen von den Erwachsenen in eine jeweils verschiedene Welt hineingeboren worden sind. Wer die Verantwortung für die Welt nicht mitübernehmen will, sollte keine Kinder zeugen und darf nicht mithelfen, Kinder zu erziehen." (Arendt 1958/1994a, S. 270) *Vertretung*

Dieser Form der Verantwortung liegt eine „*advokatorische Ethik*" zugrunde, die Micha Brumlik (1992/2017) als eine „*Gattungsethik*" *Advokatorische Ethik* definiert. Diese äußert sich in erster Instanz als *Verpflichtung* der Eltern, das Kind zu einem glücklichen Menschen und zu einer handlungsfähigen Person zu erziehen: „Wer erzeugt und gebärt – und damit kommen wir wieder auf Kant zurück – verpflichtet sich gegenüber dem Kind, es nach bestem Wissen und Gewissen so zu behandeln, daß aus ihm ein glücklicher Mensch und eine handlungsfähige Person wird. Oder drastischer: die Personen, die erzeugen und gebären, schließen, indem sie zeugen, mit dem Menschen, der durch diese Handlungen auf die Welt kommt, gewissermaßen einen Kontrakt." (Brumlik 1992/2017, S. 100)

Auch bei Brumlik wird das Generationenverhältnis, das der Erziehungsprozess und der Erziehungsbegriff zur Bedingung hat, anthropologisch, geschichtsphilosophisch und rechtsphilosophisch (Kontrakt zum Erwerb der Mündigkeit) ausgelegt. Der geschichtsphilosophische Aspekt seiner Erziehungsphilosophie besteht darin, dass seine Ethik ausgehend von dem Spannungsverhältnis von Sittlichkeit und Moral gedacht wird. Das universalistische Moment dieser Ethik (die Erziehung zur Person, zur Mündigkeit) wird geschichtlich dekliniert, d.h. unter Berücksichtigung des Vermittlungszusammenhangs von Familie, Staat und Gesellschaft. Die Hauptfrage selbst der advokatorischen Ethik (Wie lassen sich pädagogische Eingriffe legitimieren?) ist sowohl in einer universalistischen Perspektive (Wie lässt sich die Begrenzung der menschlichen Freiheit begründen?) als auch unter Berücksichtigung eines besonderen historischen Kontextes zu erörtern. Historisch ist Brumliks advokatorische Ethik auf die Auseinandersetzung mit der antiautoritären Pädagogik zurückzuführen. Sie entsteht aus einer Konfrontation mit dem *Selbstregulationsargument* der „Antipädagogik", das schon eine zentrale Rolle in Arendts Kritik an der Reformpädagogik spielte: „Ich möchte [...] diese Selbstregulationshypothese einer prinzipiellen Kritik unterziehen und daraus das moralische Gebot pädagogischer Handlungen auch dann, wenn sie gegen den aktuellen Willen einer Noch-Nicht-Person verstoßen, rechtfertigen." (Brumlik 1992/2017, S. 130)

> Selbstregulationsargument

Das Selbstregulationsargument, demzufolge die menschliche Entwicklung *autopoietisch* aufgefasst wird, d.h. als Prozess der Selbsterschaffung und der Selbsterhaltung, negiert die Bedeutung generationeller Differenz bzw. versteht sie als eine rein gesellschaftliche Konstruktion. Im Gegensatz dazu geht Brumlik von einem normativen Ansatz aus, der vor allem in einer rechtsphilosophischen Begründung einer universalistischen Moral sein Fundament hat. Ziel der Erziehung sei es, moralisch wie rechtlich die

3.5 Zeugenschaft

Individuen zu jener mündigen Person werden zu lassen, die das Kind von Anfang an noch nicht ist: „Im vormundschaftlichen, advokatorischen Handeln handeln wir, die wir Personen sind, anstelle anderer Menschen, die den Zustand, eine Person zu sein, d.h. sich selbstbewußt und verantwortlich verhalten zu können, noch nicht oder nicht mehr besitzen. *Pädagogisch* ist solch advokatorisches Handeln dann, wenn es um die Herstellung von Personalität bzw. Mündigkeit geht; *caritativ*, wenn keinerlei Chancen mehr bestehen, daß die hilfsbedürftigen Menschen jemals den Zustand der Personalität erreichen werden. Im Unterschied zum caritativen Handeln [...] ist das advokatorisch pädagogische Handeln dann offensichtlich dadurch ausgezeichnet, daß es einer obersten Wertsetzung, nämlich der Personwerdung von Menschen verpflichtet ist." (Brumlik 1992/2017, S. 196) Als basale Bestandteile der Person nennt Brumlik *Einmaligkeit, mentale Einheit* und *individuelle Verantwortlichkeit*. Hiermit wird Erziehung, ausgehend von dem Recht des Kindes auf Persönlichkeit und von der Verpflichtung der Erwachsenen, systematisch so gedacht, dass Erziehung diese moralische Entwicklung ermöglichen soll.

Personwerdung

Mündigkeit bleibt bei Brumlik weiterhin der rechtsphilosophische und moralische Horizont der Begründung des Erziehungsbegriffs, der aber im Unterschied zur kantischen Tradition eine ausgeprägte ethische Komponente beinhaltet. Diese betrifft nicht nur den Vermittlungszusammenhang von Staat, Familie und Gesellschaft, sondern auch die Frage nach dem *Glück* des Kindes, die nicht auf die Hingabe der Mutter beschränkt wird. Da Glück nicht bezweckt werden kann und da Glück einen ausgesprochen subjektiven Charakter hat, wird es *via negativa* bestimmt. Ziel der Erziehung sei deshalb neben der Personwerdung des Kindes die Verhinderung des Unglücks.

Erziehung wird hier als *Vertretung* vor allem *des Kindes* gesehen, dessen Interessen allerdings Normen unterzuordnen seien, die allgemeine Gültigkeit besitzen: „Advokatorisch ist eine Ethik, wenn sie die Gültigkeit ihrer Normierungsvorschläge nicht an die Zustimmung oder Ablehnung der von diesen Normierungsvorschlägen betroffenen Individuen bindet. Demnach ist die Richtigkeit von Empfehlungen oder Imperativen bezüglich des Handelns bestimmter Personen nicht von deren faktischen Einsicht, sondern von der Wahrheit des entsprechenden ethischen Systems abhängig." (Brumlik 1992/2017, S. 139)

Pädagogik als advokatorische Ethik begreift Erziehung als Vertretung, d.h. als *Repräsentation* einer moralischen und sittlichen Ordnung. Was passiert, wenn sich ethische Vorstellungen weder

Repräsentation

durch Rekurs auf eine sittliche noch auf eine moralische Ordnung begründen lassen? Juristisch setzt Erziehung als private und institutionelle Praxis weiterhin den Begriff der Mündigkeit bzw. des Kindes oder Heranwachsenden als Noch-nicht-Mündigen voraus. Das Recht reguliert menschliche Verhältnisse. Für die Begründung ihrer Gestaltung reicht es nicht aus. Es verhält sich ähnlich wie bei der Betrachtung der Tatsache der Entwicklung: Die anthropologische Feststellung eines Unterschieds zwischen Jüngeren und Älteren führt nicht unmittelbar zur Gestaltung einer pädagogischen Beziehung. Im Sinne einer Komplementarität zwischen Moralität, Recht und Sittlichkeit ist deshalb die Aufklärung als ein philosophisches, pädagogisches und politisches Projekt charakterisiert worden.

Der Psychoanalytiker Massimo Recalcati hat sich mit diesem Problemzusammenhang in seinen Analysen der „Verdunstung" der Figur des Vaters beschäftigt. Im Bewusstsein einer sowohl gesellschaftlich als auch erkenntnistheoretisch veränderten Konstellation und in der Überzeugung, dass eine einfache Rückkehr zu traditionellen Verhältnissen in pädagogischer Hinsicht nicht erstrebenswert wäre, schlägt Recalcati (2011; 2013) ein Erziehungsverständnis vor, das sich nicht auf den Begriff der Vertretung, sondern auf den der *Zeugenschaft* stützt.

Zeugenschaft

Erziehung als Zeugenschaft vollendet die Prämisse einer advokatorischen Ethik, indem sie pädagogische Beziehungen gemäß den Besonderheiten eines Generationenverhältnisses – verstanden als Differenzverhältnis – konzipiert und zugleich die gegenwärtigen Bedingungen der Möglichkeit einer pädagogischen Vertretung reflektiert. Während die Figur des Pädagogen als Anwalt des Kindeswohls und der rechtlichen Ordnung einer bürgerlichen Gesellschaft ein äußerliches und ungebrochenes Verhältnis zu den Normen seiner Handlung impliziert, verweist die Figur des Zeugen auf ein innerliches und deshalb gebrochenes Verhältnis zu der Sache, die es zu vertreten gilt. Er ist nicht einfach *Vertreter* einer Sache, sondern *Zeuge* eines Verhältnisses zu einer Sache. Der Zeuge darf nicht mit einem *Vorbild* verwechselt werden. Seine pädagogische Beziehung erschließt sich nur in Bezug auf seine Beziehung zu etwas Bestimmtem. Was erzieht, ist die Wahrhaftigkeit des Zeugen.

Pädagoge als Anwalt

Vertreter
Zeuge

Verkörperung einer „dritten Sache"

Zeugenschaft ist die Verkörperung einer „*dritten Sache*". Das soll am Beispiel des Films *Vier Minuten* (2005/2006) von Chris Kraus erläutert werden. Im Film geht es um die Beziehung zwischen der Pianistin Traude Krüger, die seit mehr als 60 Jahren Klavierunterricht in einem Frauengefängnis gibt, und Jenny, einer jungen verurteilten Mörderin mit einem starken Hang zur Aggression und zur Selbstzerstörung, die sich im Film in Gewaltausbrüchen, Selbstverletzungen und im Kauen an den Fingernägeln äußern. Die Beziehung beginnt in dem Moment, in dem die Lehrerin das Talent und die Leidenschaft Jennys für die Musik entdeckt. Dieses Talent, das die Lehrerin als eine *Gabe* betrachtet, soll für Jenny zu einer *Aufgabe* werden. Darin besteht der Erziehungsprozess von Jenny.

Gabe
Aufgabe

Traudes pädagogische Beziehung zu Jenny entsteht für Traude Krüger mit der gleichzeitigen Wahrnehmung ihrer Selbstzerstörungskraft und ihrer Talente. Sie konzentriert sich dezidiert auf die Entwicklung ihrer Talente. Der erste Akt einer solchen Beziehung ist darauf gerichtet, ihr Verhältnis zu entpersonalisieren. Jenny ist psychologisch gesehen eine schwierige Schülerin mit einer traumatischen Biografie. Die Lehrerin weiß das und ignoriert es absichtlich. Sie verdrängt Jennys psychologisches Profil nicht, sie hält es nicht für wichtig, sich damit zu befassen. Zwei Elemente sind bei dieser Entscheidung der Lehrerin von Bedeutung: das erste betrifft die Schülerin, das zweite die Lehrerin. Erst die Identifikation der Schülerin mit der Musik ermöglicht ihr, auch wenn nur für begrenzte Zeiträume, aus ihrer ausweglosen Situation herauszutreten. Lediglich die Freude am Talent der Schülerin verwandelt die pädagogische Beziehung in einen Akt der Selbstentfaltung für die Lehrerin selbst. Indem die Lehrerin zu der Schülerin sagt, dass sie kein Interesse hat, sich mit ihr in psychologischer Hinsicht zu befassen, sondern dass sie an ihrem Talent, an der Kultivierung ihres Talents interessiert ist, bekennt sie sich zur Musik als das, was sie interessiert. In diesem *Bekenntnis* (*professio*) zur Musik besteht die Zeugenschaft: Die Lehrerin lebt für die Musik. Ihre Beziehung wird eine sehr innige Beziehung, sie erzieht zur Person, weil sie sachlich ist. Wenn Jenny mit Traude Klavier spielen will, soll sie lernen, ihren Körper, ihre Hände zu pflegen. Die Körperpflege wird zu einem Akt der Selbstachtung, der Körper wird zum Altar der Seele. Jenny soll ihre Hände pflegen, ein schönes Kleid anziehen, um Klavier spielen zu können, als Akt der Demut vor ihrer Gabe. Die Kultivierung dieses Talents beinhaltet ein konservatives Moment: Jenny soll klassische Stücke (Mozart, Schumann, Beethoven und Schubert) üben. Sie besteht auf der Aneignung der Tradition: Jenny soll das Repertoire kennen. In ihrem vierminütigen Auftritt im Finale eines Wettbewerbs, auf den sie sich unter dem zärtlichen und strengen Druck ihrer Lehrerin eingelassen hat, gelingt ihr der Sprung über die Tradition hinaus: Ausgehend von Schumanns Klavierkonzert

Bekenntnis

a-Moll op. 54, das sie für das Finale vorbereitet hat, bringt sie in die Musik ihren eigenen explosiven Rhythmus.

In der Musik ergibt sich für Jenny die Möglichkeit eines Selbstverhältnisses, das nicht selbstzerstörend ist. Dafür braucht sie angesichts ihres physischen und psychischen Zustands eine Andere (die Lehrerin), die sie aus ihren psychischen Verstrickungen im Namen einer gemeinsamen Leidenschaft (die Musik) herauszieht. Die Lehrerin wird Zeugin in diesem Prozess in einer doppelten Hinsicht: Sie vertritt die Musik, sie selbst definiert sich über die Musik, und sie bezeugt die Fortschritte der Schülerin, sie bestätigt sie. Jenny kann eine Beziehung zu ihrer Lehrerin haben, weil sie die Musik vertritt, weil sie die Musik verkörpert. In der Verkörperung der Musik wird sie Zeugin der dritten Sache. Die Lehrerin hat weder *Charisma*, noch ist sie cool. Sie ist eine alte Dame mit strengen Zügen, tiefen Falten und einer dicken Brille. Sie wirkt unbeholfen, wenn sie läuft. Aber der Musikunterricht (der Klavierunterricht) verleiht ihr eine *Präsenz*, eine Gegenwärtigkeit, in der der Bezug zu dem gemeinsamen Dritten sichtbar wird. Wenn sie unterrichtet, dominiert sie mit ihrer Präsenz die Szene. Ihre Präsenz ist zugleich absolut und relativ. Sie bezieht sich auf die Musik, die ihr erst Autorität verleiht.

Ein Einwand, der gegenüber dieser Form der Erziehung als Zeugenschaft erhoben werden könnte, ist, dass die Vertretung der dritten Sache nur in institutionalisierten oder formalisierten Erziehungspraktiken möglich sei. Das Gegenteil ist der Fall: Die Vertretung der dritten Sache in Form der Zeugenschaft (d.h. ausgehend von der Glaubwürdigkeit des Zeugen) könnte das Fundament eines Erziehungsbegriffs als Begegnung in Namen eines Dritten (die Welt im Sinne Arendts) sein, der in diesem Fall die Lehrerin vertritt. Die Vertretung ist keine Repräsentanz der Welt, sie steht nur für ein glaubwürdiges Bekenntnis zu ihr.

Fragen

1. Erläutern Sie die Grundzüge der historischen Konstellation, die zu einer Krise der Erziehung als aufklärerischem Grundbegriff führt.
2. Wofür steht die Verantwortungsverweigerung der Erwachsenen?
3. Wie entsteht der Verlust von Autorität?
4. Inwiefern könnte das Recht aller Kinder auf ein Zuhause jener Form der Privatheit entsprechen, die für deren moralische Entwicklung notwendig ist?
5. Inwiefern vollendet der Begriff der Zeugenschaft den aufklärerischen Erziehungsbegriff?

Weiterführende Literatur

Arendt, Hannah (1994): Was ist Autorität [1956]? In: Dies.: Zwischen Vergangenheit und Zukunft. Übungen im politischen Denken 1. Hrsg. von Ursula Ludz. München: Piper, S. 159-200. – Es handelt sich um einen Essay, der 1956 in der Zeitschrift *Der Monat* erschienen ist. Die Bedeutung dieses Beitrags besteht in der Bestimmung von vier Aspekten, die für eine pädagogische Theorie der Autorität von Relevanz sind: Die Unterscheidung von Macht und Autorität, die Entnaturalisierung des Autoritätsbegriffs, die Rückkopplung der Autorität an die Tätigkeit der Gründung, bzw. der Stiftung und die Verankerung der Autorität in der Vergangenheit, bzw. in einer Gründung, die in der Vergangenheit stattgefunden hat „und zwar in dem Sinne, daß das, was einmal gegründet ist, bindend bleibt für alle künftigen Generationen" (Arendt 1994, S. 187). Bleibt in der griechischen Antike die Vorstellung der Autorität der Funktion des Vaters verhaftet, führen für Arendt erst die Römer einen politischen Begriff der Autorität ein, die sie ausschließlich den machtlosen Senatoren zuschreiben.

Benhabib, Seyla (2006): Hannah Arendt. Die melancholische Denkerin der Moderne. Frankfurt/Main: Suhrkamp. – Mit ihrer Monographie über Hannah Arendt richtet sich Seyla Benhabib sowohl gegen die liberalkonservative Arendt-Rezeption der Nachkriegszeit als auch gegen ihre postmoderne Interpretation. In ihrer Auslegung des Werks und der Biographie Arendts entfaltet Benhabib eine Genealogie der Moderne, die ausgehend von der historischen Erfahrung weiblicher Öffentlichkeit (Salons), des Aufbaus eines politischen Gemeinwesens für ein „weltloses" Volks, des Verfalls der Öffentlichkeit und des Aufstiegs des Totalitarismus gedacht wird. Von besonderer erziehungsphilosophischer Relevanz ist die Aktualisierung von Arendts Verständnis der Privatheit.

Brumlik, Micha (1997): Gerechtigkeit zwischen den Generationen [1995]. Frankfurt/Main und Wien: Büchergilde Gutenberg. – Der politisch-pädagogische Essay entsteht im Kontext einer kritischen Auseinandersetzung sowohl mit der antiautoritären Erziehung als auch mit den wertkonservativen Positionen, die den Verlust pädagogischer Autorität beklagen. In der Tradition von Immanuel Kant, Hannah Arendt und Walter Benjamin stellt Brumlik die Frage, ob die Generationen imstande seien, einander Gerechtigkeit widerfahren zu lassen. Diese Frage wird in drei Schritten behandelt: Im Nachdenken über den historischen Wandel des Generationsverhältnisses; in der Erörterung der Diskussion von „Wertwandel", „Autorität" und „Tugenden" und in der Thematisierung der beharrlichen Präsenz des Holocaust.

Casale, Rita (2016): Krise der Repräsentation: Zur Sittlichkeit des Staates und Autorität des Vaters. In: Dies./Koller, Hans-Christoph/Ricken, Norbert (Hrsg.): Das Pädagogische und das Politische. Zu einem Topos der Erziehungs- und Bildungsphilosophie. Paderborn: Ferdinand Schöningh, S. 207-224. – Gegenstand des Aufsatzes ist die Krise der Repräsentation, der die Politik und die Pädagogik gegenwärtig unterliegen. Diese wird als Krise ihrer modernen Begründung interpretiert. Sie besteht für die Pädagogik in der autoritativen Übernahme der Verantwortung der Mündigen gegenüber den Unmündigen; für die Politik in der Vertretung der allgemeinen Interessen seitens delegierter Amtsinhaber von Institutionen.

Garcés, Marina (2019): Neue radikale Aufklärung. Wien: Turia + Kant. – Der Essay der Philosophin Marina Garcés ist ein Plädoyer für eine neue Aufklärung, die gegen die gegenwärtigen Formen von Leichtgläubigkeit (Autoritarismus, Populismus, Technokratisierung der Informationsgesellschaft, „saturierte Aufmerksamkeit", Segmentierung des Wissens, „Solutionismus") ausgerichtet werden soll. In Anlehnung an die Tradition der Kritischen Theorie plädiert sie für „die Wiederentdeckung des Kontinuums Natur-Kultur" (Garcés 2019, S.116), die sie als Bedingung für die Zukunft der Gattung betrachtet.

Kristeva, Julia (2002): Das weibliche Genie. Hannah Arendt [1999]. Berlin/Wien: Philo. – Es handelt sich um den ersten Band einer Trilogie, die Julia Kristeva dem weiblichen Genie widmet. Sie behandelt Hannah Arendt, Melanie Klein und Colette. Jede dieser drei Frauen steht für einen der drei Begriffe, in denen sich das weibliche Genie im 20. Jahrhundert ausgedrückt hat: Das Leben, der Wahn und die Wörter. Der erste Band der Trilogie kann auch als eine ausgezeichnete Einführung ins philosophische und politische Denken Hannah Arendts gelesen werden. Arendts Beitrag zu einer neuen Fassung des Genies, die sich von der frühneuzeitlichen Vorstellung der Schöpfung eines *homo faber* (dt. der schaffende Mensch) unterscheidet, besteht für Kristeva in ihrer Philosophie der Natalität. Das menschliche Leben erhalte für Arendt den eigenen Sinn von der Geburt, die als Moment der Unterbrechung der Kontinuität der Zeit, als ständiger Wiederbeginn und als Garantie der Singularität verstanden wird.

4. Bildung als Grundbegriff

> „Woran liegt es, daß wir noch immer Barbaren sind?"
> Friedrich Schiller

4.1 Historische Konstellation: Im Schatten der Französischen Revolution

Bei der begriffsgeschichtlichen Verortung der Erziehung spielte bereits das ambivalente Erbe der Aufklärung eine zentrale Rolle, das von Adorno und Horkheimer als Dialektik der Aufklärung bestimmt wurde. Die Autonomie, die sich das politische, philosophische und pädagogische Projekt der Aufklärung als Ziel gesetzt hatte, hatte zugleich eine spezifische Form von Herrschaft zur Bedingung, die sich als Beherrschung der äußeren und inneren Natur (Umwelt und Körper) entpuppt und in der eine instrumentell verstandene Vernunft dominiert. Der ambivalente Charakter eines solchen Prozesses besteht darin, dass die Autonomie nur auf Kosten einer bestimmten Form von Verzicht erreicht werden kann. Das Opfer dafür ist die Natur, die Sinnlichkeit. Gegen das Opfer und am Leitfaden von Leib und Liebe (vgl. Schlüpmann 1998) haben sich Vertreterinnen einer „Selbstaufklärung" der Aufklärung (Schlüpmann 1998, S.63) die Aufgabe gestellt, das Verhältnis von Vernunft (Gesetz, Sittlichkeit) und Natur (Sinnlichkeit) wenn nicht zu versöhnen, so doch zumindest von einer herrschaftlichen Logik zu emanzipieren. Auf einer begrifflichen Ebene stellt die Idee der Bildung genau einen solchen Versuch dar. Aus einer solchen Perspektive kann Bildung selbst als Aufklärung der Aufklärung bzw. als *aufgehobene Erziehung* betrachtet werden. Bildung setzt jedoch Erziehung in ihrer vom Zwang emanzipierten Form voraus.

<!-- Aufgehobene Erziehung -->

Bildung als philosophischer Begriff entsteht sowohl ideengeschichtlich als auch sozialgeschichtlich bzw. bildungspolitisch aus der Auseinandersetzung mit der Aufklärung. Ideengeschichtlich findet die Auseinandersetzung mit der Aufklärung als Kritik des Neuhumanismus (vgl. Evers 1807/2002; Niethammer 1808) an den Nützlichkeitsvorstellungen statt, die die utilitaristische *Erziehung zum Bürger* der Philanthropisten prägt. Bildet der Begriff der Gesellschaft in seinem aufklärerischen Verständnis den normativen Horizont der aufklärerischen Erziehung (vgl. Luhmann

<!-- Erziehung zum Bürger -->

1993), stellt der Mensch als solcher den Zweck selbst der Bildung dar. Die Aufhebung der Erziehung im Medium der Bildung kann insofern als der Übergang von der Erziehung zum Bürger zur *Bildung zum Menschen* aufgefasst werden. Die Kritik der Neuhumanisten an der Aufklärung betrifft vor allem zwei Aspekte: die Unterordnung der Bedeutung des Individuums unter die Gesellschaft und die Trennung von Vernunft und Natur. Beide Aspekte sind in Verbindung mit dem Primat zu bringen, das die Aufklärung der Nützlichkeit, der Brauchbarkeit und – allgemeiner gefasst – dem Fortschritt der Wissenschaften und der Technik verleiht. Mit diesen zwei Aspekten ist ein drittes Element verknüpft, das das kulturelle Profil des Jahrhunderts der Bildung (d.h. des 19. Jahrhunderts) prägt: die Rückkehr zur griechischen Antike, deren ästhetischer Kanon als klassisches Modell der Versöhnung von Natur und Vernunft und deren Verständnis der Polis als politischer Arena freier Individuen (Herren) als historisch gelungene Vermittlung des Einzelnen mit dem Ganzen betrachtet wird.

Sozialgeschichtlich bzw. bildungspolitisch erhält die Auseinandersetzung mit der Aufklärung ihre Form und ihren Inhalt in der besonderen Haltung, welche die ideengeschichtlich prägenden Bildungsphilosophen und Bildungstheoretiker gegenüber der Französischen Revolution (1789) einnehmen. Sie sind *Zuschauer*, die aus der Distanz auf dieses politische Ereignis zugleich mit Enthusiasmus, Erschrecken und Vorsicht blicken. Der Bildungsbegriff ist insofern nicht nur als eine Kritik am Erziehungsbegriff und an dessen gesellschaftlicher Bedeutung (also an einem zentralen Begriff der Aufklärung) zu verstehen, sondern er hat seinen Ausgangspunkt in dem Versuch, eine Alternative zur Französischen Revolution (d.h. zu *dem* zentralen Ereignis der Aufklärung) theoretisch und bildungspolitisch zu entwickeln. Einig sind sich Kant, Schiller, Hegel und Humboldt in ihrer Betrachtung der Französischen Revolution als „welthistorisches Ereignis" (Hegel), als „Geschichtszeichen" (Kant) des politischen Fortschritts und zugleich als ein noch unvollendetes Geschehen, das es in einem Rechtsstaat oder im Medium ästhetischer Erziehung bzw. der Bildung zu vervollkommnen gilt.

1798 schreibt Kant als *enthusiastischer Zuschauer*: „Die Revolution eines geistreichen Volks, die wir in unseren Tagen haben vor sich gehen sehen, mag gelingen oder scheitern; sie mag mit Elend und Greueltaten dermaßen angefüllt sein, daß ein wohldenkender Mensch sie, wenn er sie, zum zweitenmale unternehmend, glücklich auszuführen hoffen könnte, doch das Experiment auf solche Kosten zu machen nie beschließen würde – diese Revolution, sage ich, findet doch in den Gemütern aller Zuschauer (die nicht selbst in diesem Spiele mit verwickelt sind) eine *Teilnehmung* dem Wunsche nach, die nahe an Enthusiasm grenzt, und deren Äußerung selbst mit Gefahr verbunden war, die also keine andere, als eine moralische Anlage im Menschengeschlecht zur Ursache haben kann. [...] ein solches Phänomen in der Menschengeschichte *vergißt sich nicht mehr*, weil es eine Anlage und ein Vermögen in der menschlichen Natur zum Besseren aufgedeckt hat, dergleichen kein Politiker aus dem bisherigen Laufe der Dinge herausgeklügelt hätte [...]." (Kant 1798/1964, S. 358-361)

Für Kant ist die Französische Revolution das historische Ereignis, das die Fähigkeit der Menschen gezeigt hat, im Namen des Allgemeinen, d.h. der Menschheit, nicht nur zu denken, sondern auch zu handeln. Dieses Vermögen hat sich in der Französischen Revolution als das Recht eines Volkes – als Vertreter des menschlichen Geschlechts, d.h. im „Ganzen seiner Vereinigung (non singulorum sed universorum)" (Kant 1798/1964, S. 360) – geäußert, sich eine bürgerliche Verfassung zu geben (d.h. sich der Allgemeinheit des Rechtes zu unterwerfen).

Die Fragen, die aus einer solchen Betrachtung entstehen und die für die Bestimmung des Bildungsbegriffs und dessen bildungspolitische Bedeutung relevant sind, beziehen sich auf die Modalitäten und Möglichkeiten der Vereinigung der Einzelnen (der Individuen), d.h. eines gesellschaftlichen Zusammenhangs, und auf den Tribut, der für das Allgemeine, für den moralischen Fortschritt der Menschheit zu zahlen sei. Oder anders formuliert: Können die Gräueltaten der Revolution, die Kant trotz seiner Begeisterung nicht vermeiden kann zu erwähnen, angesichts der welthistorischen Bedeutung des Ereignisses gerechtfertigt werden? Mehr noch: Können solche Taten selbst als gründendes, vereinigendes Moment angesehen werden oder zerstören sie eher die Möglichkeit einer freien Vereinigung der Individuen? Kann die Grausamkeit der Gewalt nur im Hinblick auf das Recht bzw. die Unterwerfung unter eine spätere republikanische Verfassung toleriert und sodann überwunden werden? Kann die Moralität nur auf dem Weg zuerst der Pflicht und später des Gesetzes erreicht werden?

Die Aporien, die im Zusammenhang mit dem aufklärerischen Erziehungsbegriff aufgetaucht sind, finden sich auch hier wieder und bilden den Hintergrund nicht nur für die Auseinandersetzung Friedrich Schillers (1759-1805) mit Kant und der Französischen Revolution, sondern sie definieren auch die historische Konstellation des Bildungsbegriffs.

4. Bildung als Grundbegriff

Der erschrockene Zuschauer

Schiller lässt sich von der Gewalt der Französischen Revolution stärker als Kant erschrecken. Am 8. Februar 1793 schreibt der *erschrockene Zuschauer* an seinen Freund Gottfried Körner: „Ich kann seit 14 Tagen keine französischen Zeitungen mehr lesen, so ekeln diese elenden Schindersknechte mich an." (Schiller/Körner 1847/2019, S. 183) Aus der Lektüre des Organs der französischen Regierung (die Zeitung: *Gazette nationale ou le Moniteur universel*) hat Schiller von der Enthauptung des französischen Königs am 21. Januar 1793 erfahren. Die Hinrichtung Ludwigs XVI. betrachtet Schiller nicht als einen legitimen Tyrannenmord, sondern als barbarische Symbolpolitik. Für ihn ist das weltgeschichtliche Ereignis, das die Französische Revolution weiterhin darstellt, in Terror umgeschlagen. Im selben Jahr schreibt er am 14. Juli in einem Brief an den Herzog von Augustenburg: „Der Versuch des Französischen Volks, sich in seine heiligen Menschenrechte einzusetzen, und eine politische Freiheit zu erringen, hat bloß das Unvermögen und die Unwürdigkeit desselben an den Tag gebracht, und nicht nur dieses unglückliche Volk, sondern mit ihm auch einen beträchtlichen Theil Europens und ein ganzes Jahrhundert in Barbarey und Knechtschaft zurückgeschleudert." (Schiller 1992, S. 137)

Ästhetische Erziehung

Das Scheitern der Französischen Revolution zeigt für Schiller die Grenzen des Jahrhunderts der Aufklärung. Auf das Programm der französischen Aufklärung will er nicht verzichten. Es gilt, es weiterzudenken. Die Revolution soll durch ein Bildungsprogramm realisiert werden, das in der Version von Schiller als „ästhetische Erziehung" angekündigt wird. Dem „Bau einer wahren politischen Freiheit" (Schiller 1794–1795/2000, S. 9) soll die Humanisierung der Sinnlichkeit vorangestellt werden. Die Vernunft allein reicht nicht aus, um die Menschheit aus ihren Naturzwängen zu emanzipieren. Die Strenge der Pflicht diszipliniert vielleicht die Sinne, aber sie bildet keinen freien Charakter.

Schiller knüpft direkt am politischen Programm der Aufklärung bzw. der Französischen Revolution an: „Der Mensch ist aus seiner langen Indolenz und Selbsttäuschung aufgewacht, und mit nachdrücklicher Stimmenmehrheit fordert er die Wiederherstellung in seine unverlierbaren Rechte." (Schiller 1794-1795/2000, S. 18) Seine Analysen gehen von den philosophischen und pädagogischen Voraussetzungen der Aufklärung aus: Der Mensch ist nicht nur Natur, sondern er weiß, dass er Natur ist. Die Emanzipation aus der Natur ist nicht unmittelbar, sie ist das Ergebnis eines Verhältnisses zur Natur: „Die Natur fängt mit dem Menschen nicht besser an, als mit ihren übrigen Werken: sie handelt für ihn, wo er als freye Intelligenz noch nicht selbst handeln kann. Aber eben das macht ihn zum Menschen, daß er bey dem nicht stille steht, was die bloße Natur aus ihm machte, sondern die Fähigkeit besitzt, die Schritte, welche jene mit ihm anticipirte, durch Vernunft wieder rückwärts zu thun, das Werk der Noth in ein Werk seiner freyen Wahl umzuschaffen, und die physische Notwendigkeit zu einer moralischen zu erheben." (Schiller 1794-1795/2000, S. 11) Der Kern der Problematisierung der Aufklärung führt zu einer Reflexion über den Charakter der Aufhebung des Naturzustandes in einen moralischen. Der Naturzustand soll für Schiller nicht negiert werden, er soll in einer Form aufbewahrt werden, die ihn von seinem Zwangscharakter befreit. Das impliziert eine Formung der Mannigfaltigkeit (von Zerstreuung wird bei Humboldt die Rede sein) und eine Überwindung der Willkür. Der Mensch ist weder natürlich frei, noch kann er frei durch das Gesetz, durch die Intervention eines Staates werden, der im Medium des Rechts den Zustand der Willkür überwindet und die Allgemeinheit (d.h. den idealen vernünftigen Charakter des Menschen) repräsentiert. Es gilt für Schiller eher, Natur und Gesetz zu vermitteln: „Daher wird es jederzeit von einer noch mangelhaften Bildung zeugen, wenn der sittliche Charakter nur mit Aufopferung des natürlichen sich behaupten kann; und eine Staatsverfassung wird noch sehr unvollendet seyn, die nur durch Aufhebung der Mannichfaltigkeit Einheit zu bewirken im Stand ist. Der Staat soll nicht blos den objektiven und generischen, er soll auch den subjektiven und specifischen Charakter in den Individuen ehren." (Schiller 1794–1795/2000, S. 16)

Die Französische Revolution und damit die Aufklärung sind wegen der mangelnden Vermittlung von Vernunft und Sinnlichkeit gescheitert. Ihre Kinder sind entweder *Wilde* geblieben oder *Barbaren* geworden. Wilde sind für Schiller diejenigen, die von ihren Gefühlen beherrscht werden, Barbaren diejenigen, die ihre Gefühle beherrschen. Gegen die verbreitete Wildheit und Barbarei sollen die Menschen ästhetisch so erzogen werden, dass sie zu *Freunden der Natur* werden: „Der gebildete Mensch macht die Natur zu seinem Freund, und ehrt ihre Freyheit, indem er bloß ihre Willkür zügelt." (Schiller 1794–1795/2000, S. 17)

Wilde
Barbaren

Freunde der Natur

Der gebildete Mensch ist für Schiller derjenige, der in der Lage ist, Trieb und Gesetz zu vermitteln, und dadurch die „*Zerstückelung*" (Schiller 1794–1795/2000, S. 26) überwindet, die das aufklärerische Fortschrittsverständnis mit sich bringt. Dem Ergebnis sowohl einer neuen gesellschaftlichen Arbeitsteilung, woraufhin die Philanthropisten mit einer sehr differenzierten Ausbildung zum

Beruf reagiert hatten, als auch einer wachsenden Spezialisierung der Wissenschaften, die als Bedingung ihres Fortschritts gesehen wird, entspricht die Zerstückelung der Physiognomie eines Zeitalters, der Humboldt eine Idee der Bildung als „proportionierlichste Entfaltung der menschlichen Kräfte" (Humboldt 1792/2002a, S. 64) entgegensetzt.

In seinen Schriften und Fragmenten zur Bildung bezieht sich Humboldt nicht immer explizit auf Schiller. Aber nicht nur die Lektüre von Schillers Schriften, sondern vor allem die zahlreichen Gespräche (vgl. Humboldt 1830/2002h, S. 361f.) mit dem Freund, den er über seine Frau Caroline von Dacheröden kennengelernt hat und den er als Verkörperung des idealisch gebildeten Menschen betrachtet, haben eine entscheidende Bedeutung für sein Bildungsverständnis (siehe dazu auch Bollenbeck 1996, S. 136f.).

Der moderne Aristokrat Wilhelm von Humboldt (1767–1835), der nie eine öffentliche Schule besuchte und der von Joachim Heinrich Campe (1746-1818), einem der bedeutendsten Vertreter des Philanthropinismus, unterrichtet wurde, unternimmt nach Abschluss seines Jura-Studiums zusammen mit seinem Bruder und seinem früheren Lehrer Campe eine Reise nach Frankreich während der Revolution. Nur drei Jahre später, 1792, setzt er sich als *distanzierter Zuschauer* mit deren Bedeutung für Preußen auseinander. In seiner Schrift mit dem Titel *Ideen zu einem Versuch, die Gränzen der Wirksamkeit des Staates zu bestimmen*, die wahrscheinlich 1792 verfasst wurde und erstmals postum 1851 erschienen ist, schlägt er eine liberale Reform des revolutionären Projekts vor: „Wenn es nun schon ein schöner, seelenerhebender Anblik ist, ein Volk zu sehen, das im vollen Gefühl seiner Menschen und Bürgerrechte seine Fesseln zerbricht; so muss – weil, was Neigung oder Achtung für das Gesetz wirkt, schöner und erhebender ist, als was Noth und Bedürfniss erpresst – der Anblick eines Fürsten ungleich schöner und erhebender sein, welcher selbst die Fesseln löst und Freiheit gewährt, und diess Geschäft nicht als Frucht seiner wohlthätigen Güte, sondern als Erfüllung seiner ersten, unerlässlichen Pflicht betrachtet. Zumal da die Freiheit, nach welcher eine Nation durch Veränderung ihrer Verfassung strebt, sich zu der Freiheit, welche der einmal eingerichtete Staat geben kann, eben so verhält, als Hoffnung zum Genuss, Anlage zur Vollendung." (Humboldt 1792/2002a, S. 59) Nicht von einem aufgeklärten Fürsten ist aber in der *Staatsschrift* die Rede, sondern von der Notwendigkeit einer liberalen Verfassung und deren Relevanz für eine freie Entfaltung der Individuen.

Der distanzierte Zuschauer

Humboldts *Staatsschrift* ist ein zentraler Text für die Ideengeschichte des preußischen Liberalismus, für die neuzeitliche Bestimmung des Bildungsbegriffs und für das Verständnis der Bedeutung, die die Bildung in der europäischen Moderne verliehen wird. In der *Staatsschrift* wird von Humboldt der Liberalismus als politischer Horizont markiert, innerhalb dessen Bildung sowohl ihr kulturelles als auch ihr wissenschaftliches und politisches Profil erhält. Der Liberalismus stellt für Humboldt die Alternative zum Republikanismus der Französischen Revolution dar und wird nicht lediglich als eine rein politische Option betrachtet. Der Liberalismus steht eher für die gesamte Konstellation, deren zentrale Elemente ein bestimmtes Verständnis des Menschen als Individuum, eine spezifische Konzeption des Staatswesens als freiheitlicher Rechtsstaat und eine neue Gestaltung des Bildungswesens als Vermittlungsinstanz zwischen dem Einzelnen (dem Individuum) und dem Allgemeinen sind, dessen Garant wiederum die Wissenschaft und dessen Vertreter der Staat ist.

Liberalismus

Trotz der unterschiedlichen Bildungstheorien, die in den letzten 200 Jahren verfasst worden sind, gibt es einen spezifisch bildungstheoretischen Zugang zur Analyse von Bildungsinstitutionen, Erziehungs- und Sozialisationsphänomenen, dessen Elemente in einer idealistischen Subjekttheorie, in einer liberalen Staatstheorie und in einem neuhumanistischen Verständnis der Universität bestehen. In Humboldts Schriften wird der Zusammenhang dieser Elemente exemplarisch formuliert. Sowohl die schon erwähnte *Staatsschrift* als auch das sogenannte Fragment über die *Theorie der Bildung des Menschen* (1794-1795/2002b) können insofern als Urtexte eines modernen Bildungsbegriffs betrachtet werden.

4.2 Das Subjekt als Individuum

In der *Theorie der Bildung des Menschen* (Humboldt 1794–1795/2002b) gilt *Bildsamkeit* im Sinne Johann Gottlieb Fichtes (1762-1814) als die anthropologische Bedingung, die, wie beim Erziehungsbegriff, den Unterschied zwischen Menschen und Tieren markiert und damit die Möglichkeit der menschlichen Subjektbildung darstellt: „Jedes Thier ist, was es ist: der Mensch allein ist ursprünglich gar nichts [...]. Die Natur hat alle ihre Werke vollendet, nur von dem Menschen zog sie die Hand ab, und übergab ihn dadurch an sich selbst. Bildsamkeit, als solche, ist der Charakter der Menschheit." (Fichte 1796/1971, S. 79) Bildsamkeit

Bildsamkeit

bezeichnet für Humboldt die *Unbestimmtheit* der menschlichen Natur und zugleich deren sinnlichen Charakter. Als sinnliches Wesen ist der Mensch porös. Durch seine Sinne kann der Mensch die Eindrücke, die seine Interaktion mit der Welt hinterlässt, empfangen. Seine *Empfänglichkeit* macht ihn in einer gewissen Hinsicht passiv: Er ist den Empfindungen ausgeliefert, die er fühlen kann. Als sinnliches Wesen ist der Mensch aber auch aktiv. Seine Aktivität wird von Humboldt als „Kraft" bezeichnet. Sie gilt als Voraussetzung seiner *Selbsttätigkeit:* „Im Mittelpunkt aller besonderen Arten der Thätigkeit nemlich steht der Mensch, der ohne alle, auf irgend etwas Einzelnes gerichtete Absicht, nur die Kräfte seiner Natur stärken und erhöhen, seinem Wesen Werth und Dauer verschaffen will." (Humboldt 1794-1795/2002b, S. 235) Die Selbsttätigkeit, deren Grundlage die Empfänglichkeit ist, d.h. die menschliche Möglichkeit, affiziert zu werden, bedeutet noch keine bewusste Handlung. Sie ist keine Handlung, die von einem Menschen in der Position eines Subjekts vollzogen wird. Humboldt hebt zwar hervor, dass der Mensch im Mittelpunkt seiner Tätigkeit steht und er selbst damit der Zweck seiner Handlung ist. Zugleich aber verweist er darauf, dass diese erste Form der Tätigkeit von der Existenz von etwas anderem als sich selbst abhängig ist: „Was also der Mensch nothwendig braucht, ist bloss ein Gegenstand, der die Wechselwirkung seiner Empfänglichkeit mit seiner Selbstthätigkeit möglich mache." (Humboldt 1794-1795/2002b, S. 237)

Die *Welt* als Gegenstand ist für Humboldt die Voraussetzung der Bildung. Die gängige Auffassung von Bildung als Selbstverhältnis kann irreführend sein, wenn sie nicht so präzisiert wird, dass ein solches Selbstverhältnis stets vermittelt ist. Die *Vermittlung*, worin das Bildungsverhältnis wesentlich besteht, ist doppelt: Es handelt sich erstens um die Vermittlung als Wechselwirkung von Ich und Welt, zweitens um die Medialität dieser Wechselwirkung (Bildung durch die Sprache, durch die Wissenschaft, durch die Kunst). In der Analyse des Bildungsprozesses als Prozess der Subjektwerdung geht es zuerst um den Charakter der Wechselwirkung von Ich und Welt, die später (vgl. den Abschnitt zum Verhältnis von Bildung und Universität) in ihrer sprachlichen, wissenschaftlichen oder ästhetischen Medialität weiter erläutert werden soll. Hinsichtlich der Wechselwirkung von Ich und Welt unterstreicht Humboldt ihre Unhintergehbarkeit: Die Interaktion zwischen Ich und Welt ist die Bedingung, die erfüllt werden soll, damit ein Bildungsprozess entstehen kann. Zugleich hebt er hervor, dass die Welt als das Nicht-Ich (in der idealistischen

Terminologie), als das Andere, selbstständig ist, d.h. unabhängig vom Willen des Ich existiert. Adorno wird in der *Negativen Dialektik* (1966/1970, S. 184-193) diese Bestimmung der Welt im Bildungsprozess zuspitzen und vom „Vorrang des Objekts" im Erkenntnisprozess sprechen. Neben der Selbstständigkeit der Welt betont Humboldt auch ihre *Mannigfaltigkeit*. Die Welt erscheint dem Ich nicht als ein Ganzes, als Einheit, sondern als lose Vielheit: „So muss er der Gegenstand schlechthin, die Welt seyn, oder doch (denn diess ist eigentlich allein richtig) als solcher betrachtet werden. Nur um der zerstreuenden und verwirrenden Vielheit zu entfliehen, sucht man Allheit; um sich nicht auf eine leere und unfruchtbare Weise ins Unendliche hin zu verlieren, bildet man einen, in jedem Punkt leicht übersehbaren Kreis; um an jeden Schritt, den man vorrückt, auch die Vorstellung des letzten Zwecks anzuknüpfen, sucht man das zerstreute Wissen und Handeln in ein geschlossenes, die blosse Gelehrsamkeit in eine gelehrte Bildung, das bloss unruhige Streben in eine weise Thätigkeit zu verwandeln." (Humboldt 1794-1795/2002b, S. 237f.)

    Die Mannigfaltigkeit der Welt erweckt die Neugier, sie ist notwendig, damit sich der Mensch entfalten kann. Je mannigfaltiger die Interaktionen des Menschen mit der Welt sind, desto reicher an Erfahrungen ist dessen Leben. Aber die Mannigfaltigkeit der Welt versetzt den Menschen in einen Zustand unendlicher *Zerstreuung*, wenn die Neugier unersättlich bleibt und der Welt, die der Mensch mittels der sinnlichen Wahrnehmung empfängt, nicht eine Form verliehen wird. Dafür reicht, so Humboldt, die *Gelehrsamkeit* nicht aus. Sie überschreitet nicht den Status der Information, die eher der Neugier weiteren Stoff liefert, als dass sie das Ich zur Ruhe, zu einem Selbstverhältnis führt. Erst Bildung ermöglicht dem Menschen eine Interaktion mit der Welt, in der er von der Alterität der Welt und von ihrer Mannigfaltigkeit nicht überwältigt wird. Bildung ist insofern als ein Prozess einer zweifachen vermittelten *Formverleihung* zu begreifen: Formung der Welt zum Objekt und Selbstformung des Menschen zum Subjekt durch die Verobjektivierung/Versachlichung der Welt. Die eine ist nicht ohne die andere zu denken.

    In der Gestaltung der Mannigfaltigkeit wird der Zustand der Zerstreuung überwunden, indem die Welt zu einem Gegenstand (zu einem *Objekt*) der Wahrnehmung gemacht wird. Die Verobjektivierung der Welt ist insofern als Resultat einer Komposition der Mannigfaltigkeit zu verstehen, die die Zerstreuung hinter sich lässt und der Alterität der Welt Rechnung trägt. Die Wahrnehmung der Welt als Nicht-Ich ist nicht unmittelbar, sondern ergibt

Margin notes: Mannigfaltigkeit; Zerstreuung; Gelehrsamkeit; Formverleihung

4. Bildung als Grundbegriff

Entäußerung

sich durch einen Verfremdungseffekt, der den Menschen einem Zustand der *Entäußerung* ausliefert. Der Mensch wird von der Alterität der Welt, von ihrer Fremdheit im Modus der Affektion, der Überraschung, der Überwältigung betroffen (vgl. Casale 2019).

Diese Erfahrung der Alterität wird in der ganzen Tradition der neuhumanistischen und idealistischen Bildungsphilosophie von Humboldt über Hegel bis zu Adorno als *Erfahrung der Negativität* gekennzeichnet. Mit der Negativität wird einer solchen Erfahrung keine axiologische Bedeutung zugeschrieben, sondern ihr irreduzibler Alteritätscharakter herausgestellt.

Diese Erfahrung der Entäußerung wird von Humboldt im idealistischen Sinn als *Entfremdung* gedacht, d.h. als ein Prozess, in dem der Mensch in Folge seiner Interaktion mit der Welt sich selbst fremd wird. In der *Phänomenologie des Geistes* (1807/1999b) macht Hegel die menschliche Entfremdung selbst zur Möglichkeit der Erfahrung. Der Mensch erfährt erst die Welt, wenn er in Folge eines Prozesses der Entfremdung in der Lage ist, sich so zu verändern, dass er die Welt wieder verstehen kann. Erfahrung wird dann von ihm als eine Umkehrung des Bewusstseins bestimmt: Wir machen „Erfahrung von der Unwahrheit unseres ersten Begriffs an einem andern Gegenstande [...], den wir zufälliger Weise und äußerlich etwa finden, so daß überhaupt nur das reine Auffassen dessen, was an und für sich ist, in uns falle. In jener Ansicht aber zeigt sich der neue Gegenstand als geworden, durch eine Umkehrung des Bewußtseyns selbst." (Hegel 1807/1999b, S. 61)

In ihrem Verhältnis zur Erfahrung bezeichnet Bildung den Prozess ihrer Bewusstwerdung. In Folge einer Erfahrung findet eine Transformation statt: Der kategoriale Zugang eines Menschen zur Welt verändert sich. Im Bildungsprozess nimmt man die eigene Veränderung wahr. Die Entäußerung ist nicht nur überwunden, sondern sie kann veräußert, d.h. versachlicht werden. Diese Fähigkeit, das Erfahren zu verobjektivieren, wird in der neuhumanistischen, idealistischen Tradition mit dem menschlichen Vermögen in Verbindung gebracht, das Nicht-Ich (die Welt) transzendental und zugleich objektbezogen zu synthetisieren. Es wird nicht nur die Selbstständigkeit der Welt vorausgesetzt, sondern auch das menschliche Vermögen, die Welt zu erfahren und sich in der Erfahrung von ihr zu emanzipieren, sich unabhängig zu machen. Die Überwindung der Entfremdung

Aufhebung

wird als *Aufhebung* des Alteritätscharakters, d.h. der Negativität des Nicht-Ich, begriffen. Bildung als Prozess, der als aufgehobene Entfremdung bezeichnet werden kann, realisiert sich in der durch die Überwindung der Entfremdung gewonnenen Vertrautheit mit dem Anderen.

Humboldt unterscheidet diesbezüglich drei Formen der Verobjektivierung, die sich sowohl hinsichtlich der Gestalt der Form als auch des spezifischen Vermögens unterscheiden, das die Erfahrung synthetisiert: Der Verstand hebt die Mannigfaltigkeit der Welt im Medium des *Begriffs* auf, die Einbildungskraft dank deren Komposition in einem *Bild*, die Sinne in der Vorstellung einer *Anschauung* (Humboldt 1794-1795/2002b, S. 237).

Verobjektivierung

Diesen verschiedenen Formen der Synthese der Erfahrung entsprechen unterschiedliche Formen der Bildung: *wissenschaftliche Bildung*, ästhetische Bildung, *sinnliche Bildung*. In seinen Schriften und seinem bildungspolitischen Wirken hat sich Humboldt vor allem mit der Bildung im Medium der Wissenschaft und im Medium der Kunst befasst.

In der Interaktion des Menschen mit der Welt entfaltet er sich als *Person*, indem er *Subjekt* seiner Erfahrung wird. Der Wechselwirkung folgt eine Distanzierung von der Welt, die es erst dem Menschen ermöglicht, die Welt als das Andere nicht nur zu erfahren, sondern auch zu begreifen. Diese Distanzierung, die das Erfahrene zum *Objekt* verwandelt, beinhaltet eine *Individualisierung*, die sich in der Trennung, in der Gewinnung eines Abstands von der Welt, von den Anderen bildet. Diese Fähigkeit, sich der Welt zu öffnen, von ihr Erfahrung zu machen und verändert zu sich selbst zurückzukommen, wird von Humboldt als Bedingung menschlicher *Freiheit* betrachtet. Sie, als Ziel und Ergebnis von Bildung, wird in Relation mit einer Form von Subjektivität gesetzt, die den Menschen zu einem Wesen macht, das *für sich* sein kann: ein *Individuum*.

Subjekt

Objekt

Individuum

In diesem ersten Schritt des Bildungsprozesses vollzieht sich die Bestimmung des Menschen als solcher: „Der wahre Zweck des Menschen – nicht der, welchen die wechselnde Neigung, sondern welchen die ewig unveränderliche Natur ihm vorschreibt – ist die höchste und proportionirlichste Bildung seiner Kräfte zu einem Ganzen." (Humboldt 1792/2002a, S. 64)

Der zweite Schritt soll umgekehrt darin bestehen, den Menschen wieder in Verbindung mit der Welt zu bringen, von der er sich zuerst zum Zweck seiner Freiheit und Selbstbestimmung zu distanzieren hat. Die zweite Aufgabe der Bildung beinhaltet daher die *Verwirklichung des Menschen als Gattung*. Die Gattung (Menschheit) wird in der neuhumanistischen und idealistischen Bildungstheorie geschichtsphilosophisch gedacht. Sie realisiert sich in der Geschichte und als Geschichte der Menschheit. Dass

Verwirklichung des Menschen als Gattung

die Gattung selbst geschichtlich ist, bedeutet, dass selbst der Stoff, aus dem ein Mensch besteht, die Geschichte seiner Gattung ist. Daraus folgt, dass der Zugang des Menschen zu sich selbst als ein Einholen der Gattungsgeschichte zu verstehen ist (vgl. Humboldt 1794-1795/2002b, S. 235; Heydorn 1970, S. 8); und außerdem, dass die Verwirklichung des Menschen als Gattung sich in der Geschichte der Menschheit vollzieht, d.h., dass die Menschheitsgeschichte als *Fortschritt* gesehen wird. Bildung vollzieht sich deswegen sowohl im Einholen der Geschichte als auch im Wissen der Fortdauer der Gattung (Humboldt 1794-1795/2002b, S. 236).

4.3 Der Beamte als Individuum: Der liberale Staat

Im Prozess der Vermittlung zwischen Individuum und Welt wird in der neuhumanistischen und idealistischen Bildungstheorie dem Rechtsstaat eine besondere Rolle zugeschrieben. Im Vergleich zum Republikanismus eines Rousseau wird von Humboldt der Staat von der Gesellschaft getrennt. Wie in der idealistischen Tradition repräsentiert der Staat für Humboldt die Gesellschaft, aber der Staat ist nicht der Ausdruck eines allgemeinen Willens, zu dem die Individuen erzogen werden sollen.

In *Vom Gesellschaftsvertrag oder Grundsätze des Staatsrechts* (1762/1977, frz.: *Du Contrat social*) hebt Jean-Jacques Rousseau die politische Bedeutung einer Kontinuität von Staat und Gesellschaft hervor und fasst diese Kontinuität zugleich als politische Herausforderung auf. Die Frage, die sich Rousseau stellt, betrifft eine Gesellschaftsform (Staat), die nicht nur die Interessen ihrer Mitglieder *repräsentiert*, sondern ihnen Ausdruck verleiht: „Finde eine Form des Zusammenschlusses, die mit der ganzen gemeinsamen Kraft die Person und das Vermögen jedes einzelnen Mitglieds verteidigt und schützt und durch die doch jeder, indem er sich mit allen vereinigt, nur sich selbst gehorcht und genauso frei bleibt wie zuvor." (Rousseau 1762/1977, S. 17) Rousseau findet eine Antwort auf seine Frage im Entwurf eines Gesellschaftsvertrags. Der Staat soll aus einem Vertrag entstehen, den die Gesellschaftsmitglieder untereinander abschließen.

Gesellschaftsvertrag

In seiner *Staatsschrift* distanziert sich Humboldt von Rousseaus republikanischer Idee des Staates, die er als eine Wiederbelebung von Platons Konzeption eines Erziehungsstaates betrachtet. Damit die Individuen lernen, ihre besonderen Interessen dem Gemeinwohl zu unterwerfen, müssen sie erzogen werden. Der Staat legitimiert dadurch seine Einmischung in die Privatsphäre

4.3 Der liberale Staat

der Bürger. Seine Intervention betrifft auch das physische und moralische Wohl einer Nation. Dagegen positioniert sich Humboldt. Statt von der Einrichtung eines Staates spricht er von einer „Nationalanstalt" (Humboldt 1792/2002a, S. 92), die sich nicht auf einen Gesellschaftsvertrag, sondern auf einen „Grundvertrag" (Humboldt 1792/2002a, S. 93) stützt. Im Unterschied zum Gesellschaftsvertrag hat der *Grundvertrag* lediglich einen repräsentativen Charakter: „Eine Anstalt *im Staat* [...] hat nur Gewalt, insofern sie diesen Vertrag und sein Ansehen erhält. [...] Allein dann, wenn auch der Grundvertrag genau bewahrt würde, und die Staatsverbindung im engsten Verstande eine Nationalverbindung wäre; so könnte dennoch der Wille der einzelnen Individuen sich durch Repräsentation erklären, und ein Repräsentant Mehrerer kann unmöglich ein so treues Organ der Meinung der einzeln Repräsentierten sein." (Humboldt 1792/2002a, S. 93)

Gesellschaftsvertrag

Grundvertrag

Die Frage, die Humboldt beschäftigt, betrifft weder die Form einer Gesellschaft, die die Individuen als Fortsetzung ihres Willens betrachten, noch die Erziehung der Bürger zum Gemeinwohl. Gegenstand der Analyse seiner *Staatsschrift* sind eher die Bedingungen, die erfüllt werden sollen, damit sich der Staat, der die allgemeinen (nicht die besonderen) Interessen der Bürger zu vertreten hat, nicht in ihrer privaten Sphäre einmischt.

Das Allgemeine, welches vom Staat repräsentiert wird, entsteht weder aus der Summe noch aus der Mehrheit der Interessen der Einzelnen. Es besteht für Humboldt nur in der Freiheit aller und in der dafür notwendigen Sicherheit. Seine Form ist das Recht. Der Staat sei ausschließlich der Garant für diese Bedingungen. Da er Repräsentant der Bedingungen für die Freiheit aller ist, unterscheiden sich seine Interessen von denen der Einzelnen.

In Humboldts Bildungstheorie fällt das Verhältnis zwischen Individuum und Staat im Vergleich etwa zu Hegels Rechtsphilosophie deutlicher zugunsten des Individuums aus. Nicht der Staat und dessen Sicherung ist Humboldts Ziel, sondern die Freiheit des Individuums, die wiederum die Voraussetzung für jeden Bildungsprozess darstellt.

Das ist der Grund, weshalb Humboldt sich in seinen Analysen zum Verhältnis von Bildung und Staat von Positionen wie denen von Platon und Rousseau abgrenzt, die das Glück und die Freiheit der Individuen vermischen und das Gemeinwohl eines Staates von der Moral seiner Bürger abhängig machen. Stattdessen beabsichtigt er, die Grenze und Wirksamkeit des Staates zu bestimmen. Seine Staatstheorie ist daher entschieden liberal. Zu seinem theoretischen Bezugspunkt gehört der schottische Liberalismus von Adam Smith (1723-1790), dem Autor von *Der Wohlstand der Nationen* (1776/1974, engl.: *An Inquiry into the Nature and Causes of the Wealth of Nations*), der zwei Jahre vor der Niederschrift der humboldtschen Staatsschrift starb. Kern des Liberalismus von Smith ist die Kritik an der Regulierung des Verhältnisses von Staat und Markt im merkantilistischen Wirtschaftssystem, die in der Doktrin des Protektionismus ihren Ausdruck findet. Für den Protektionismus ist der Staat nicht nur *Nachtwächterstaat*. Das Handeln des Staates begrenzt sich nicht nur auf den Schutz von Eigentum und Sicherheit zum Zweck der Freiheit. Der Staat steuert auch das Wohl der Nation durch schützende Interventionen.

Nachtwächterstaat

Der Aspekt des Liberalismus von Smith, der für Humboldts Verständnis eines liberalen Staates von Bedeutung ist, bezieht sich vor allem auf den Modus der Vermittlung des Individuellen und des Allgemeinen. Die Vermittlung soll nicht ferngesteuert werden. Sie soll *spontan* geschehen. Die Spontaneität betrifft ihren freien Charakter. Sie ist aber bei Humboldt das Ergebnis eines spezifischen Bildungsprozesses.

Spontaneität

Die liberale Vermittlung des Individuellen und des Allgemeinen zielt hauptsächlich auf die Entfaltung des Individuums. Smith verweist auf deren ökomische Realisierung im Medium des Markts, der die *Eigenliebe* mit dem allgemeinen Wohlstand harmonisiert. Weder dem Geist, wie bei Hegel, noch der Bildung, wie bei Humboldt, sondern dem Markt wird von Smith ein synthetisierendes Vermögen zugeschrieben. Diesem unterstellt er eine spezifische Rationalitätsform. Ihr wohne ein Telos inne, das in der metaphorischen Handlung einer *unsichtbaren Hand* seine Konkretion erfährt: „Nun ist aber das Volkseinkommen eines Landes immer genau so groß wie der Tauschwert des gesamten Jahresertrags [...]. Wenn daher jeder einzelne soviel wie nur möglich danach trachtet, sein Kapital zur Unterstützung der einheimischen Erwerbstätigkeit einzusetzen und dadurch diese so lenkt, daß ihr Ertrag den höchsten Wertzuwachs erwarten läßt, dann bemüht sich auch jeder einzelne ganz zwangsläufig, daß das Volkseinkommen im Jahr so groß wie möglich werden wird. Tatsächlich fördert er in der Regel nicht bewußt das Allgemeinwohl, noch weiß er, wie hoch der eigene Beitrag ist. Wenn er [...] dadurch die Erwerbstätigkeit so fördert, daß ihr Ertrag den höchsten Wert erzielen kann, strebt er lediglich nach eigenem Gewinn. Und er wird in diesem wie auch in vielen anderen Fällen von einer unsichtbaren Hand geleitet, um einen Zweck zu fördern, den zu erfüllen er in keiner Weise beabsichtigt hat [...]. Ja, gerade dadurch, daß er das eigene Interesse verfolgt, fördert er häufig das der Gesellschaft nachhal-

Eigenliebe

Unsichtbare Hand

tiger, als wenn er wirklich beabsichtigt, es zu tun. Alle, die jemals vorgaben, ihre Geschäfte dienten dem Wohl der Allgemeinheit, haben meines Wissens niemals etwas Gutes getan [...]." (Smith 1776/1974, S. 370f.)

Bedingung einer solchen Harmonie sei der Frieden, wofür der Staat zuständig sei. Smith anerkennt nicht nur, dass der Mensch ein soziales Wesen ist, sondern dass er auf die Hilfe anderer angewiesen sei. Diese Hilfe sei aber nicht aus altruistischen Gründen zu erwarten. Die Hilfe käme eher unabsichtlich: denn der Mensch sei „fast immer auf Hilfe angewiesen, wobei er jedoch kaum erwarten kann, daß er sie allein durch das Wohlwollen der Mitmenschen erhalten wird. Er wird sein Ziel wahrscheinlich viel eher erreichen, wenn er deren Eigenliebe zu seinen Gunsten zu nutzen versteht, indem er ihnen zeigt, daß es in ihrem eigenen Interesse liegt, das für ihn zu tun, was er von ihnen wünscht. [...] Nicht vom Wohlwollen des Metzgers, Brauers und Bäckers erwarten wir das, was wir zum Essen brauchen, sondern davon, daß sie ihre eigenen Interessen wahrnehmen. Wir wenden uns nicht an ihre Menschen- sondern an ihre Eigenliebe, und wir erwähnen nicht die eigenen Bedürfnisse, sondern sprechen von ihrem Vorteil." (Smith 1776/1974, S. 16)

Humboldt teilt die liberale Überzeugung Smiths, der zufolge die Harmonisierung der individuellen mit den allgemeinen Interessen nicht das Ergebnis eines erziehenden Staates sein kann. Der Staat muss für Humboldt nicht nur der Garant der Rechtsstaatlichkeit sein, sondern auch die Voraussetzungen dafür schaffen, dass die Einhaltung des Rechts nicht der ständigen staatlichen Kontrolle bedarf. Anders formuliert: Der Staat muss die Bedingungen schaffen, die seine Existenz nahezu überflüssig machen. Die Voraussetzung dieser *minimalistischen* Konzeption des Staates ist aber nicht eine unsichtbare Hand, sondern Bildung und Sittlichkeit. Auch ein freier Markt, wenn er nicht auf staatliche Interventionen angewiesen sein will, bedarf der Bildung und der Sittlichkeit.

Die Bildung des liberalen Individuums mündet *idealiter* in die Figur des Staatsbeamten, aber eines Staatsbeamten *sui generis*. Humboldt subordiniert nicht das Individuum dem Staat, sondern den Staat dem Individuum. Der wahre Zweck des Menschen ist für Humboldt weder eine gerechte Gesellschaft noch ein Verstandsstaat, sondern die mannigfaltige und freie Entfaltung des Individuums (vgl. Humboldt 1792/2002a, S. 64). Der Staat ist also kein Zweck an sich, sondern ein notwendiges Mittel für die Freiheit der Individuen.

Die Bedingung einer Umkehrung *avant la lettre* des späteren idealistischen Verhältnisses von Staat und Individuum, wie es in Hegels (1821/1995) Rechtsphilosophie formuliert wird, ist ein Modell von Individualität, das die Eigenschaften des liberalen Staates selbst widerspiegelt. Dafür soll das liberale Individuum als *Beamter* gebildet werden, auch wenn es nicht einen Berufsweg als Beamter anstrebt. Die Freiheit des Individuums, worauf der Grundvertrag des Staates basiert, verlangt Bildung, die wiederum Freiheit erfordert: „Denn die wichtige Untersuchung der Grenzen der Wirksamkeit des Staates muss – wie sich leicht voraussehen lässt – auf höhere Freiheit der Kräfte, und grössere Mannigfaltigkeit der Situationen führen." (Humboldt 1792/2002a, S. 58)

[margin: Beamter]

Das Verhältnis zwischen Bildung und Freiheit kann deshalb als ein zirkuläres Verhältnis verstanden werden, das wiederum von der Existenz eines Rechtsstaates bedingt ist: „Nun aber erfordert die Möglichkeit eines höheren Grades der Freiheit immer einen gleich hohen Grad der Bildung, und das geringere Bedürfniss, gleichsam in einförmigen, verbundenen Massen zu handeln, eine grössere Stärke und einen mannigfaltigeren Reichthum der handelnden Individuen." (Humboldt 1792/2002a, S. 58)

Wird Bildung als notwendige Bedingung für einen liberalen Staat, d.h. für die Freiheit der Individuen betrachtet, wird Sittlichkeit als ihre ergänzende Seite gesehen. Damit der Staat sich nicht in die private Sphäre der Bürger einmischt, ist es erforderlich, dass sie häuslich, d.h. privat, vom sozialen Band Erfahrung machen. Wie schon die Vermittlung von Zwang und Freiheit (im Fall der Erziehung) ist die Vermittlung von Individuellem und Allgemeinem bzw. von Glück und Freiheit (im Fall der Bildung) mit einer spezifischen Geschlechterordnung verbunden. Auch die liberale Staatstopologie der Bildung ist definiert durch eine klare Trennung der privaten und der öffentlichen Sphäre, die jeweils als Sphäre der Erziehung und der Sittlichkeit (dazu gehört auch eine dezidierte Kultivierung der Geselligkeit) einerseits und Sphäre der Bildung und der Freiheit andererseits begriffen werden.

[margin: Sittlichkeit]

In verschiedenen Schriften und zu unterschiedlichen Anlässen unterstreicht Humboldt, inwiefern das Verhältnis zwischen den zwei Sphären nicht hierarchisch, sondern als komplementär anzusehen ist (vgl. Humboldt 1795/2002c; Humboldt 1795/2002d). Der Komplementarität der Sphären eines liberalen Staates entspricht eine Komplementarität der Geschlechter, deren sexuelle Differenz staatstragend (vgl. Pateman 1988) und deshalb entscheidend für das liberale Freiheitsverständnis ist. Die komplementäre Differenz der Geschlechter ist für Humboldt zugleich

[margin: Sexuelle Differenz]

eine der Natur und der Kultur. Die anthropologisch begründete Differenz (vgl. Honegger 1996) dient der Legitimierung des gesellschaftlichen Charakters der Geschlechter. Die Projektion des Mannes nach draußen – in die Öffentlichkeit – erfordert von ihm laut Humboldt einen agonalen Geist und ein Streben nach Freiheit, die zum Fortschritt der Gattung, aber nicht unbedingt zu deren Reproduktion und Zusammenhalt beitragen. Im Alltag der Frauen bedingen sich die Reproduktion des Lebens und die Kultivierung der Seele gegenseitig. Der daraus entstehende Rückzug aus der Öffentlichkeit ermögliche ihnen die Pflege einer Art von Beziehungen, die die Menschheit beglückt, auch dann, wenn sie sie in einem ökonomischen Sinn nicht bereichert oder technologisch weitertreibt. In dem Glück der Frauen ist zwar die Gattung menschlicher, aber doch nicht frei: „Von sehr vielen äusseren Beschäftigungen gänzlich frei; fast nur mit solchen umgeben, welche das innere Wesen beinah ungestört sich selbst überlassen; stärker durch das, was sie zu sein, als was sie zu thun vermögen; ausdruksvoller durch die stille, als die geäusserte Empfindung; [...] im Verhältnis gegen andre mehr bestimmt zu erwarten und aufzunehmen, als entgegenzukommen; schwächer für sich, und doch nicht darum, sondern aus Bewunderung der fremden Grösse und Stärke inniger anschliessend; in der Verbindung unaufhörlich strebend, mit dem vereinten Wesen zu empfangen; zugleich höher von dem Muthe beseelt, welchen Sorgfalt der Liebe, und Gefühl der Stärke einflösst, die nicht dem Widerstande, aber dem Erliegen im Dulden trozt – sind *die Weiber eigentlich dem Ideale der Menschheit näher, als der Mann*; und wenn es nicht unwahr ist, dass sie es seltner erreichen, als er [...]. Dennoch hängt von der Ausbildung des weiblichen Charakters in der Gesellschaft so unendlich viel ab. [...] so bewahrt der weibliche Charakter den ganzen Schaz der Sittlichkeit. *Nach Freiheit strebt der Mann, das Weib nach Sitte.*" (Humboldt 1792/2002a, S. 79f., Hervorhebungen RC)

Die *Komplementarität* besteht nicht nur darin, dass die Differenzen der Geschlechter als Polaritäten gedacht werden, sondern sie wird als Interdependenz aufgefasst. In einem liberalen Staat gäbe es keine Möglichkeit der Freiheit ohne das moralische Geschlecht. Die Sittlichkeit der Frauen erspart dem Staat Interventionen im Bereich des Privaten. Ihre Menschlichkeit vereinigt die Herren im Kampf um die Arbeit und die Wahrheit mit sich und mit der Gattung: „Der Mann hat daher sein wirkliches substanzielles Leben im Staate, der Wissenschaft u. dergl., und sonst im Kampfe und der Arbeit mit der Außenwelt und mit sich selbst, so daß er nur aus einer Entzweiung die selbständige Einigkeit mit

Sittlichkeit der Frauen

sich erkämpft, deren ruhige Anschauung und die empfindende subjektive Sittlichkeit er in der Familie hat, in welcher die Frau ihre substantielle Bestimmung und in dieser Pietät ihre sittliche Gesinnung hat." (Hegel 1821/1995, S. 154)

Vergessen oder verdrängen die einen in ihrem Streben nach Freiheit die Voraussetzung und die Not ihres Glücks, bleiben die anderen in dem zärtlichen Gehäuse ihrer Seele verfangen. Spüren die Letzteren oft ihren Mangel, ignorieren die Ersteren nicht selten ihre Angewiesenheit. Die Vorstellung der Freiheit der Bildung als Autonomie eines Herren bzw. als herrschaftliche Autonomie basiert daher oft auf einer Illusion (vgl. Meyer-Drawe 1990; Casale 2011, S. 361). Jenseits dieser Allmachtphantasie wäre eine Bildung zu denken, die Freiheit nicht vom Glück getrennt weiß.

4.4 Die Universität: Freiheit gegenüber dem Staat

Der Komplementarität zwischen öffentlicher und privater Sphäre, zwischen Bildung und Sittlichkeit bzw. zwischen den Geschlechtern folgt eine weitere Komplementarität in Humboldts Bildungstheorie, die die Öffentlichkeit in ihrer Gesamtheit betrifft. Diese zweite Komplementarität bezieht sich auf das Verhältnis zwischen Wissenschaft und Politik, zwischen Universität und Staat. Im Unterschied zum Geschlechterverhältnis, das das Verhältnis zwischen Privatheit und Öffentlichkeit widerspiegelt, ist für Humboldt die Beziehung zwischen Staat und Universität zwar komplementär, aber nicht symmetrisch. Nicht nur in Bezug auf die Geschlechterfrage, sondern auch hinsichtlich des Zusammenhangs von Wissenschaft und Politik bilden Humboldts Liberalismus und Liberalität eine bedeutende Ausnahme. Abstrahiert man von deren ideologischen Charakter, der zu einer Verschleierung ihrer Voraussetzungen führt bzw. führen kann, kann Humboldts Liberalismus und Liberalität eine ideale, normative Bedeutung zugesprochen werden. Nicht die Universität soll dem Staat dienen, sondern der Staat ist da, um die Freiheit der Universität zu ermöglichen, deren Autonomie wiederum die Garantie eines liberalen, d.h. minimalistischen Staates ist. D.h. die Subordination des Staates gegenüber dem Individuum setzt die Autonomie der Wissenschaft voraus. Im Lichte der Autonomie – verstanden als Freiheit – des Individuums radikalisiert Humboldt das Programm der Aufklärung. Humboldts Freiheit des Individuums beinhaltet dessen Autonomie von Kirche, Staat und Markt sowie jeden Aufstand des Besonderen gegen die Allmacht des Kollektiven, dem sich die posthegelianischen Philosophien seit Søren Kierkegaard, Friedrich Nietzsche, Theodor W. Adorno und die Philosophinnen der sexuellen Differenz widmen werden (Carla Lonzi, Luce Irigaray, Julia Kristeva). Im Vergleich zum schottischen Liberalismus betont Humboldt stärker die Autonomie der Wissenschaft gegenüber dem ökonomischen Diktat der Nützlichkeit, ohne die entscheidende Bedeutung der Wissenschaft für die Politik und die Ökonomie zu negieren. Mit Humboldt wird die Autotomie der Wissenschaft und der Bildung zur Hauptsäule eines liberalen Staates.

Schottischer Liberalismus

Autotomie der Wissenschaft

Zur Aufgabe des Staates wird die Bildung von Individuen, die im Interesse des Staates als Vertreter des Allgemeinen handeln, gerade weil sie durch die Universität – d.h. im Medium der Wissenschaft – in die Lage versetzt werden, die Interessen aller Bürger auch gegen die Interventionen und die Interessen des Staates zu verteidigen.

Die Autotomie der Wissenschaft wird von Humboldt erkenntnistheoretisch in ihrer transzendentalen Einheit begründet und institutionell in einem neuen Verständnis der Universität als *universitas litterarum* (dt. Volluniversität) verankert, das sich von der mittelalterlichen Universität (*facultas artistarum*, dt. Artistenfakultät) unterscheidet.

Universitas Litterarum

Mit Kants *Streit der Fakultäten* (1798/1964) wird von Humboldt die Einheit der Wissenschaft philosophisch gedacht, worauf sich die neue Idee der Universität im 19. Jahrhundert im deutschsprachigen Raum gründet. Das bedeutet zweierlei. *Erstens*: Die gesamte Wissenschaft, ihre Ausübung und ihre Vermittlung werden ausgehend von ihrer Artikulation in Fakultäten an der Universität aufgefasst. *Zweitens*: Die unterschiedlichen Fakultäten werden in ihrem transzendentalen, logischen (d.h. philosophischen) Zusammenhang gedacht. Die Universität als Einheit der Wissenschaften, der Fakultäten, wird zur konkreten Möglichkeit der Einheit der Wissenschaft, d.h. zur *conditio* selbst der Wissenschaft: „Der Universität ist vorbehalten, was nur der Mensch durch und in sich selbst finden kann, die Einsicht in die reine Wissenschaft." (Humboldt 1809/2002e, S. 191)

Ausgehend von der Einheit der Wissenschaft, d.h. ausgehend von der Universität und der Bedeutung universitärer Bildung, wird die Relevanz und die Einheit der schulischen Bildung konzipiert und gestaltet. In *Der Königsberger und der litauische Schulplan* (1809/2002e) stellt die Einheit der institutionalisierten Bildung nicht nur Humboldts Ablehnung einer sogenannten Mittelschule dar, die die Einheit der einzelnen Stufen wissenschaftlicher

Einheit der institutionalisierten Bildung

4. Bildung als Grundbegriff

Entwicklung zerfasern würde, sondern auch seine Betrachtung der gesamten wissenschaftlichen Ausbildung (oder der Bildung in den Bildungseinrichtungen). Diese Einheit wird – wie die Einheit der Fakultäten an der Universität – philosophisch gedacht: „Es giebt, philosophisch genommen, nur drei Stadien des Unterrichts: Elementarunterricht, Schulunterricht und Universitätsunterricht". Jedes von diesen drei Stadien „aber unzertrennt ein Ganzes macht." (Humboldt 1809/2002e, S. 171)

Schulunterricht

Auch der *Schulunterricht* wird von Humboldt differenziert und zugleich in seiner wissenschaftlichen Einheit gedacht: „Der Schulunterricht theilt sich in linguistischen, historischen und mathematischen; der Lehrer muss immer beobachten, bei welchem von diesen dreien der Schüler mit vorzüglicher Aufmerksamkeit verweilt, allein auch streng darauf sehen, dass der Kopf für alle drei zugleich gebildet werde. Denn die Schule soll eng verbinden, damit die Universität zu besserer Verfolgung des Einzelnen, ohne Schaden eilen könne. Der Schüler ist reif, wenn er so viel bei anderen gelernt hat, dass er nun für sich selbst zu lernen im Stande ist." (Humboldt 1809/2002e, S. 171)

Lernen des Lernens

Die Selbstständigkeit des Schülers setzt die pädagogische Beziehung voraus und zielt auf kategoriale Selbstbestimmung. Die zweite impliziert die erste, die erste ist in der zweiten begründet. In Unterschied zur Selbsttätigkeit ist die Selbständigkeit das Ergebnis einer pädagogischen Beziehung, die wiederum nichts anders als die Urteilsfähigkeit des Schülers bezweckt. Der Schüler wird von Anderen und mit Anderen befähigt, selbstständig wissenschaftlich zu denken. Das *Lernen des Lernens* wird damit zur Voraussetzung wissenschaftlichen Denkens, der Schulunterricht zum Grund der Universitätslehre. Die Vorbereitung im Schulunterricht zum Universitätsunterricht soll dem Schüler ermöglichen, die Welt *vermittelt* zu erschließen, d.h. im Medium der Wissenschaft und im Medium der Kunst. Im Zentrum des Schulunterrichts stehen: Sprache, Mathematik und Philosophie. Die Aneignung der Tradition geschieht zuerst in der Sprache, danach in der Mathematik und in der Philosophie als ihrem wissenschaftlichen Format. Humboldt verweist explizit auf verschiedene Zugänge des Ichs zur Welt, die im Schulunterricht zu erproben sind: der sprachliche, der mathematische, der ästhetische und der historisch-philosophische Zugang.

Der historisch-philosophische Zugang

„*Historisch-philosophisch*" ist für Humboldt nicht einer von mehreren wissenschaftlichen Zugängen des Ichs zur Welt, sondern „historisch-philosophisch" ist die übergeordnete Form wissenschaftlicher Bildung: ihre logische Voraussetzung und zugleich ihr Ziel. Steht „philosophisch" für die kategoriale Begründung, die jedem Fach zugrunde liegt, verweist „historisch" auf eine geschichtliche Auffassung von Kategorien. „Historisch-philosophisch" ist mehr als eine Assoziation. Das Kompositum bezeichnet ein Bildungsprogramm, das im Idealismus seine philosophische Begründung findet.

Mit „historisch-philosophisch" wird von Humboldt ein Bildungsprogramm bezeichnet, dessen Ziel nicht die Handlung, sondern die Befähigung zur Wissenschaft und die Bildung des historischen Bewusstseins ist. Bildet ein solches Programm sozialgeschichtlich seit dem 19. Jahrhundert in weiten Teilen des europäischen Raumes das Modell einer elitären Gymnasialbildung, stellt es für Humboldt das Curriculum für die Allgemeine Menschenbildung dar. Explizit wehrt er sich gegen eine Einteilung der Schüler in verschiedene Klassen, in diejenigen, denen eine „specielle Bildung", d.h. eine berufliche Bildung, reiche, und den anderen, die eine Allgemeinbildung genießen dürfen. Die „specielle Bildung", wodurch die Schüler „Fertigkeiten zur Anwendung" erhalten, folgt der Allgemeinbildung, die sich an dem einzigen Kriterium orientiert, das nicht unmittelbar wissenschaftlich ist: der Würde des Menschen. (Humboldt 1809/2002e, S. 188) Allgemeinbildung

Für Humboldt folgt die berufliche Bildung der Allgemeinbildung. Die Reihenfolge wird zugleich als Bedingung für die Realisierung der Würde des Menschen und für die Existenz eines liberalen Staates betrachtet: „Der Begriff der höheren wissenschaftlichen Anstalten, als des Gipfels, in dem alles, was unmittelbar für die moralische Cultur der Nation geschieht, zusammenkommt, beruht darauf, dass dieselben bestimmt sind, die Wissenschaft im tiefsten und weitesten Sinne des Wortes zu bearbeiten, und als einen nicht absichtlich, aber von selbst zweckmässig vorbereiteten Stoff der geistigen und sittlichen Bildung zu seiner Benutzung hinzugeben." (Humboldt 1810/2002f, S. 255) Berufliche Bildung

Ausgehend von dem formulierten Verhältnis von beruflicher Bildung und Allgemeinbildung im Schulunterricht ist das Verhältnis von fachlicher, d.h. wissenschaftlicher Bildung, und Bildung für einen Beruf an der Universität zu denken. Die Universität ist für Humboldt zuerst die Institution, die ihr Fundament und deshalb ihre Legitimation in der Wissenschaft hat, d.h. in der Forschung (Wissenschaftsproduktion) und in der Lehre (Exposition der Forschung). Als solche und nur als solche ist die Universität auch Ausbildungsstätte: Der Ausbildungsprozess geschieht hier auf der Basis einer fachlichen Bildung, die Bildung zum Beruf realisiert sich im Medium der Wissenschaft. Fachliche Bildung

4. Bildung als Grundbegriff

Dementsprechend ist die Einheit der Wissenschaft an der Universität auf zwei Ebenen zu begreifen. Auf einer ersten Ebene betrifft sie die Einheit von Lehre und Forschung, auf einer zweiten die Einheit der Wissenschaften, der Fakultäten (*uni-versitas*). Der einheitliche Zusammenhang der Fakultäten sei hier nicht im Modus einer allgemeinen Bildung zu verstehen, die historisch ihren Ausdruck auch in der Form einer dilettantischen Gelehrsamkeit gefunden hat. Ausgehend von Humboldts Bildungsverständnis kann die Frage nach der Einheit der Wissenschaft gegenstandsbezogen und zugleich logisch gedacht werden. Gegenstandsbezogen bezieht sie sich auf die gemeinsame Welt (*universum*), auf die sich die verschiedenen Fächer (Fakultäten) beziehen, logisch auf die gemeinsamen philosophischen bzw. erkenntnistheoretischen Voraussetzungen oder auf nachvollziehbare Forschungsverfahren.

Damit die Universität als Stätte der Bildung gestaltet werden kann, sind bestimmte Bedingungen erforderlich. Die erste Bedingung betrifft die Freiheit der Wissenschaftler. Diese bezieht sich auf ihre Forschungszugänge, auf die Ergebnisse ihrer Untersuchungen, aber auch auf eine spezifische Lebensführung, die für Humboldt von der Verbindung von zwei Prinzipien, *Freiheit und Einsamkeit*, geprägt ist: „Da diese Anstalten ihren Zweck indess nur erreichen können, wenn jede, so viel als immer möglich, der reinen Idee der Wissenschaft gegenüber ersteht, so sind Einsamkeit und Freiheit die in ihrem Kreise vorwaltenden Principien. Da aber auch das geistige Wirken in der Menschheit nur als Zusammenwirken gedeiht, und zwar nicht bloss, damit Einer ersetze, was dem Anderen mangelt, sondern damit die gelingende Thätigkeit des Einen den Anderen begeistere und Allen die allgemeine, ursprüngliche, in den Einzelnen nur einzeln oder abgeleitet hervorstrahlende Kraft sichtbar werde, so muss die innere Organisation dieser Anstalten ein ununterbrochenes, sich immer selbst wieder belebendes, aber ungezwungenes und absichtsloses Zusammenwirken hervorbringen und unterhalten." (Humboldt 1810/2002f, S. 255)

Die Kooperation und der Austausch innerhalb der Universität haben für Humboldt nur sachorientiert zu sein. Sie sollen frei und nur vom Fortschritt in der Erkenntnis geleitet werden. Das prägt auch aus das sogenannte *Lehrer-Schüler*-Verhältnis an der Universität, das sich für Humboldt von der schulischen Beziehung zwischen Lehrenden und Lernenden substantiell unterscheidet. In der Schule ist ein solches Verhältnis von einer spezifischen Wissensvermittlung geprägt, die auf die wissenschaftliche Selbstständigkeit der Schüler zielt. An der Universität ist die Beziehung zwischen Dozierenden und Studierenden frei und von einem für Humboldts Verständnis der Universität entscheidenden zweiten Prinzip der *Einheit von Forschung und Lehre* gekennzeichnet. Humboldt verzichtet nicht darauf, die einen „Lehrer" und die anderen „Schüler" zu nennen. Die Unterschiede in Bezug auf ihre wissenschaftliche Expertise und auf den daraus entstehenden verschiedenen Platz innerhalb der Universität werden nicht aufgehoben. Aber die wissenschaftliche Selbstständigkeit der Studierenden, ihre wissenschaftliche Mündigkeit, wird vorausgesetzt. Ihr Verhältnis ist nur von der Wissenschaft, als ihre gemeinsame dritte Sache, vermittelt: „Es ist ferner eine Eigenthümlichkeit der höheren wissenschaftlichen Anstalten, dass sie die Wissenschaft immer als ein noch nicht ganz aufgelöstes Problem behandeln und daher immer im Forschen bleiben, da die Schule es nur mit fertigen und abgemachten Kenntnissen zu thun hat und lernt. Das Verhältnis zwischen Lehrer und Schüler wird daher durchaus ein anderes als vorher. Der erstere ist nicht für die letzteren, Beide sind für die Wissenschaft da." (Humboldt 1810/2002f, S. 256)

Einheit von Forschung und Lehre

Da die ‚Lehrer' an der Universität ‚Forscher' sind, vermitteln sie in ihren Veranstaltungen nicht nur fertige Ergebnisse, sondern stellen Zwischenergebnisse zur Diskussion, erste oder überarbeitete Überlegungen, methodologische Versuche oder erkenntnistheoretische Gedankengänge, die die Studierenden berechtigt sind und befähigt sein sollen, in Frage stellen zu können. Dadurch tragen sie wesentlich zur Realisierung der Einheit von Forschung und Lehre bei, die die Universität ausmacht.

An der Universität, betrachtet als der Ort der Bildung im Medium der Wissenschaft, sind die Forscherinnen ‚Professorinnen', weil ihrer Berufung ein Bekenntnis vorangeht. In Anlehnung an Humboldts Auffassung der *Wissenschaft als unendlicher Aufgabe* versteht Jacques Derrida die Tätigkeit an der Universität als eine Berufung, die einer spezifischen Form von öffentlichem Bekenntnis, eine Erklärung (*professio*) beinhaltet (Derrida 1998/2001, S. 9f.).Wissenschaft als unendliche Aufgabe ist an ihren Forschungscharakter gebunden: „Dies vorausgeschickt, sieht man leicht, dass bei der inneren Organisation der höheren wissenschaftlichen Anstalten Alles darauf beruht, das Prinzip zu erhalten, die Wissenschaft als etwas noch nicht ganz Gefundenes und nie ganz Aufzufindendes zu betrachten, und unablässig sie als solche zu suchen." (Humboldt 1810/2002f, S. 256) In dieser Verpflichtung besteht das Gelübde, das die Mitglieder der Universität in Vertretung einer freien Zivilgesellschaft abzulegen haben: „Was diese Universität beansprucht, ja erfordert und prinzipiell genie-

Wissenschaft als unendliche Aufgabe

ßen sollte, ist über die sogenannte akademische Freiheit der Frage und Äußerung, mehr noch: das Recht, öffentlich auszusprechen, was immer es im Interesse eines auf Wahrheit gerichteten Forschens, Wissens und Fragens zu sagen gilt. [...] Die Universität macht die Wahrheit zum Beruf – und sie bekennt sich zur Wahrheit, sie legt ein Wahrheitsgelübde ab." (Derrida 1998/2001, S. 9f.)

Fragen

1. Inwiefern kann Bildung als aufgehobene Erziehung betrachtet werden?
2. Inwiefern ist die Auseinandersetzung mit der Französischen Revolution zentral für die historische Konstellation des Bildungsbegriffs?
3. Welches sind die zentralen Elemente des neuhumanistischen Bildungsbegriffs, deren Zusammenhang in Humboldts Schriften formuliert wird?
4. Erläutern Sie, inwiefern Bildung als Prozess der Subjektwerdung verstanden werden kann.
5. Erklären Sie, inwiefern Bildung die Voraussetzung für einen liberalen Staat darstellt.
6. Erörtern Sie, in welchem Sinn die Universität eine Garantie für die Freiheit der Bürger gegenüber dem Staat bildet.

Weiterführende Literatur

Bollenbeck, Georg (1996): Bildung und Kultur. Glanz und Elend eines deutschen Deutungsmusters. Frankfurt/Main: Suhrkamp. – Bollenbecks Werk ist jedem Studierenden zu empfehlen, der sich mit dem Bildungsbegriff beschäftigen möchte. Die breit angelegte begriffsgeschichtliche Studie untersucht auf der Basis der Rekonstruktion unterschiedlicher Quellengattungen (u.a. Klassiker, Lexika, Zeitungsartikel) die Entstehung des Bildungsbegriffs im späten 18. Jahrhundert, seine Durchsetzung im 19. Jahrhundert und die Krise seiner bürgerlichen Funktion während des Nationalsozialismus. Bei der Erörterung der Entstehung des Bildungsbegriffs und dessen Semantik wird besondere Aufmerksamkeit auf die Gegenüberstellung von *Kultur* und *Zivilisation* gelegt, mit der Preußen im ausgehenden 18. Jahrhundert seine nationale Bedeutung als Bildungsstaat im Kontrast zum höfisch zivilisierten Nachbarland (Frankreich) zu betonen beabsichtigte.

Casale, Rita (2011): Über die Aktualität der Bildungsphilosophie. In: *Vierteljahrsschrift für wissenschaftliche Pädagogik* 2/2011, S. 361-371. – Im Zentrum der programmatischen Antrittsvorlesung stehen vier Elemente: Die erkenntnistheoretische Erschließung des Bildungsbegriffs, eine feministische Revision des Subjektbegriffs, das Plädoyer für eine Renaissance von Intellektualität als spezifischer wissensgeschichtlicher Figur und die Bedeutung der Studierenden für die Universität als öffentlichen Raum. Als entscheidend für die erkenntnistheoretische Dimension von Bildung wird die Wissensform betrachtet, vermittels derer Bildung stattfindet. In der *Informatisierung des Wissens* wird die gegenwärtige Wissensform anvisiert, die der Gestaltung von Bildungsprozessen und der Konzeption von Bildungseinrichtungen zugrunde liegt.

Derrida, Jacques (2001): Die unbedingte Universität [1998]. Frankfurt/Main: Suhrkamp. – Es handelt sich um das Manuskript eines Vortrags, den Derrida 1998 an der Universität Stanford gehalten hat. Trotz Dekonstruktion der abendländischen Tradition hält Derrida an Humboldts Idee der Universität fest und fragt nach der Bedeutung der *Humanities* für die Verteidigung der Universität als öffentlicher Raum. Mit der Formulierung „unbedingte Universität" wird die Idee ihrer politischen Unabhängigkeit, wissenschaftlicher Autonomie und akademischer Freiheit unterstrichen, zu der sich jeder verpflichtet, der sich zu der Suche nach der Wahrheit bekennt.

Luhmann, Niklas (1993): Theoriesubstitution in der Erziehungswissenschaft. Von der Philanthropie zum Neuhumanismus. In: Ders.: Gesellschaftsstruktur und Semantik. Studien zur Wissenssoziologie der modernen Gesellschaft. Band 2. Frankfurt/Main: Suhrkamp, S. 105-194. – Luh-manns Text gilt als Referenz für die Analyse des Verhältnisses von Bildung und Aufklärung. Bildung wird als ein Produkt der Aufklärung und zugleich als ein Begriff gefasst, der über die Aufklärung hinausgeht. Im Bildungsbegriff findet für Luhmann eine Theoriesubstitution statt, bzw. ein Übergang von der Philanthropie zum Neuhumanismus, von einer empirisch-anthropologisch und praxisnah orientierten Konzeption des Erziehungsprozesses in Familien und Schulen zu einer Theorie der Menschenbildung. „Die alte These, Sittlichkeit beruhe auf Erziehung, wird ersetzt durch die These: Erziehung beruhe auf Sittlichkeit." (Luhmann 1993, S. 125) Diese Wende ermöglicht es, statt „Mensch in der Gesellschaft" „Gesellschaft im Menschen" zu denken (Luhmann 1993, S. 164). Diese Wende wird zur epistemologischen Voraussetzung des Bildungsbegriffs. Sie impliziert sowohl die transzendentale Auffassung vom Subjekt als auch eine Veränderung des politischen und gesellschaftlichen Erwartungshorizonts. Ziel der pädagogischen Aufklärung waren Glückseligkeit und Brauchbarkeit, Ziel von Bildung wird vor allem Freiheit.

Meyer-Drawe, Käte (1990): Illusionen von Autonomie. Diesseits von Ohnmacht und Allmacht des Ich. München: Kirchheim. – Meyer-Drawes Werk liefert einen entscheidenden Beitrag zu einer bildungsphilosophischen Revision des Subjektbegriffs. Theoretische Voraussetzung ihrer

Kritik am illusionären Charakter der neuzeitlichen Auffassung von Autonomie ist ein leibliches Verständnis von Subjektivität, das die Autorin ausgehend von einer phänomenologischen und einer poststrukturalistischen Perspektive entwickelt.

Vierhaus, Rudolf (1972): Bildung. In: Brunner, Otto/Conze, Werner/Koselleck, Reinhart (Hrsg.): Geschichtliche Grundbegriffe. Band 1. Stuttgart: Klett-Cotta, S. 508-551. – In Vierhaus' begriffsgeschichtlicher Rekonstruktion steht die politische und staatliche Dimension von Bildung im Mittelpunkt. Gegenstand der Analyse sind das Verhältnis von individueller, allgemeiner Bildung und Bildung der Nation. Der Fokus richtet sich auf die nachwirkende Rezeption des neuhumanistischen Bildungsbegriffs durch den Staat und auf die politischen Schriften von Johann Gottlieb Fichte und Lorenz von Stein.

5. Krise des Bildungsbegriffs?

> „Der Gesellschaft ein Bewußtsein ihrer selbst zu geben ..."
> Klaus Heinrich

5.1 Historische Konstellation: Informatisierung des Wissens

Die in diesem Band erläuterte Bedeutung der Begriffe *Erziehung* und *Bildung* ist innerhalb der europäischen, westlichen Moderne zu verorten. Eine solche Konstellation ist vom Verständnis der Aufklärung als politischem, philosophischem und pädagogischem Projekt geprägt. Die Krise oder Transformation einer solchen Konstellation entsteht aus den Verschiebungen und Veränderungen der Bedeutung seiner zentralen Elemente. Ob es sich um eine Krise oder um eine Transformation handelt, hängt von der Tragweite der Veränderungen ab. Sind sie kategorialer Natur, sind sie als Veränderungen zu betrachten, die einen strukturellen Charakter haben. In diesem Fall verändern sie die Ordnung des Diskurses und dadurch selbst die Bedeutung von Erziehung und Bildung. Ob wir es mit einer Transformation oder einer Krise einer solchen Konstellation zu tun haben, ist zwar nicht eine Frage des Geschmacks, aber doch eine der *begrifflichen Deutung*, die angesichts der Gegenwärtigkeit des Phänomens noch zu leisten ist. Hinsichtlich der Konstellation des Bildungsbegriffs betreffen ihre Veränderungen vor allem das Wissensverständnis. Sie tangieren den epistemischen Status der Wissenschaft sowie ihren öffentlichen Charakter im Verhältnis zur Politik und Ökonomie.

In *Das postmoderne Wissen* (1979/2009, frz.: *La condition postmoderne*) widmet sich Jean-François Lyotard der Analyse dieser Wissensveränderung in postindustriellen Gesellschaften ausgehend von einer Untersuchung, die er im Auftrag des Universitätsrats der Regierung von Québec durchgeführt hatte. Lyotard erörtert die Effekte der Entwicklung der Informatik auf die Wissensproduktion, auf die Wissensform und auf die Wissensfunktion. Bei den Analysen von Lyotard ist hervorzuheben, dass er nicht wissenssoziologisch bei der Ökonomisierung, sondern philosophisch immanent bei der Transformation des Wissenschaftsverständnisses ansetzt. Das bedeutet nicht, dass solche Veränderungen nicht gesellschaftlich oder ökonomisch erklärt

Transformation des Wissenschaftsverständnisses

5. Krise des Bildungsbegriffs?

Informatisierung des Wissens

Ökonomisierung

werden können. Bildungsphilosophisch ist allerdings relevant, die Verschiebung der Bildungskonstellation erkenntnistheoretisch zu erfassen. Eine solche Verschiebung kann als *Informatisierung des Wissens* bezeichnet werden.[2] Diese beinhaltet die Übernahme des technischen Rationalitätsmodells der Informatik in den wissenschaftlichen Bereich. Dieser Prozess bildet für Lyotard die Voraussetzung für eine Ökonomisierung der Wissensproduktion. Bedingung dafür ist die Reduktion des Wissens auf Information. Das auf Information reduzierte Wissen nimmt die Form einer ökonomischen Ware an. Ihr Wert besteht in ihrer Zirkulationsmöglichkeit, in ihrer Tauschbarkeit. Das erreicht die Information dank ihres atomistischen Charakters. Sie kann zirkulieren, Wissen in unterschiedliche Kontexte transportieren, weil sie eine atomistische Form hat. D.h. sie kann losgelöst von geistigen oder kulturellen Zusammenhängen weiter mit anderen, verschiedenen Informationen assoziiert werden.

Spekulation

Für Lyotard macht die Reduktion des Wissens auf Information die klassische Idee der Bildung und deren spekulativen sowie emanzipatorischen Elemente obsolet: „Das alte Prinzip, wonach der Wissenserwerb unauflösbar mit der *Bildung* des Geistes und selber der Person verbunden ist, verfällt mehr und mehr." (Lyotard 1979/2009, S. 31) Mit *Spekulation* bezeichnet Lyotard die philosophische Einheit der Wissenschaften, die Humboldts Verständnis der Universität zugrunde liegt: „Spekulation ist hier der Name, den der Diskurs über die Legitimierung des wissenschaftlichen Diskurses trägt. [...] Die Philosophie muss die Einheit der in Einzelwissenschaften, Laboratorien und voruniversitäre Ausbildungsstätten zersplitterten Erkenntnisse wiederherstellen."

Emanzipation

(Lyotard 1979/2009, S. 91) Mit *Emanzipation* verweist Lyotard auf das fortschrittliche Element der aufklärerischen Geschichtsphilosophie, das sowohl für den Erziehungsbegriff als auch für die – kritische – Bildungstheorie von zentraler Bedeutung gewesen ist. In der neuen Konstellation tritt an die Stelle der Speku-

Information
Planung

lation (philosophische Einheit der Wissenschaft) die *Information*, an die der Emanzipation bzw. des Fortschritts die *Planung*. „Der neue Forschungspositivismus, der Reflexion verdächtig macht, hat eine einzige Kontrollinstanz, die ihm in die Sphäre der vorweg geronnenen Zukunft folgen kann: die Planung. [...] Planung also als Fortschrittsderivat, das die zeitlichen Schicksale der an

---

2 Die folgenden Analysen zur Informatisierung des Wissens, zu Figuren des Experten und des Intellektuellen und zur Wissenschaft als Technik enthalten lange Passagen meiner Antrittsvorlesung (Casale 2011). Das betrifft die Kapitel 5.1, 5.2 und 5.3.

einer Universität auf Dauer oder auf Zeit Beschäftigten mit einem größeren Ganzen verbinden soll." (Heinrich 1987/1998b, S. 73)

In einem Vortrag von 1970 über Widerspruch und Verantwortung in der Hochschule bringt der Religionsphilosoph Klaus Heinrich begrifflich auf den Punkt, inwiefern das emanzipatorische und spekulative Moment der Bildung zum europäischen Wissenschaftsverständnis gehören: *„Der Prozess der Wissenschaft und der Prozess der Selbstbefreiung des Menschengeschlechts sind im europäischen Wissenschaftsbegriff tendenziell einer,* Universität, in ihrem Selbstverständnis, war der Ort, an dem nicht nur unterrichtet und geforscht und nebenbei ein klassenspezifischer Bildungskanon vermittelt wurde, sondern das Zentrum eines, für die ganze Gesellschaft verbindlichen, substantiellen Bildungsprozesses." (Heinrich 1970/1998a, S. 40)

Der Informatisierung des Wissens beinhaltet eine wesentliche Transformation dieser Konstellation und damit das Ende der Möglichkeit der Erfahrung eines Erkenntnisprozesses, der mit dem Begriff der Bildung bezeichnet werden kann. Aus der Sicht des postmodernen Zustandes des Wissens – d.h. ausgehend von dessen Reduktion auf Information, auf zirkulierende Ware – erweisen sich die modernen Zusammenhänge von *Wissen* und *Spekulation* und von *Wissen* und *Emanzipation* ausschließlich als zwei in die Jahre gekommene Legitimationsformen, als *Erzählungen* der Moderne.

In einem gewissen Sinn spitzt Lyotard die Diagnose zu, die Adorno in der *Theorie der Halbbildung* (1959/1979b) formuliert hatte. Nicht nur die Kultur ist zur Ware geworden, sondern die Form selbst des Wissens hat die Form einer Ware angenommen. In der breiten Rezeption der Analysen von Lyotard hat sich die Aufmerksamkeit eher auf die Delegitimierung der Moderne, und zwar auf die Entwertung moderner Legitimationsformen als auf die Ursachen eines solchen Prozesses konzentriert. Damit ist der von Lyotard thematisierte Zusammenhang zwischen Informatisierung und Ökonomisierung des Wissens und der Krise des modernen Verständnisses von Wissen verloren gegangen.

Die Informatisierung des Wissens tangiert das zentrale Element des modernen Konzepts von Wissenschaft: die *Autonomie der Wissenschaft*, die der Bildungsbegriff und die Universität als Bildungseinrichtung *par excellence* voraussetzten.

Der Krise der Autonomie der Wissenschaft folgt die Krise des liberalen Verständnisses von Wissenschaft. Die liberalen Bildungspolitiker negierten im ausgehenden 18. Jahrhundert nicht die ökonomische Bedeutung von Wissenschaft. Die ökonomische

Autonomie der Wissenschaft

und politische Bedeutung der Wissenschaft lag für sie gerade in deren Autonomie. Für den ökonomischen Wohlstand eines Staats wurde eine autonome Wissenschaft für notwendig gehalten, deren Unabhängigkeit aus der klaren Trennung von Staat und Markt, von Wirtschaft und Politik heraus gedacht wurde. Autonomie der Wissenschaft bedeutete ihre Unabhängigkeit von Kirche, Staat und Markt, aber vor allem ihre epistemologische Selbstfundierung, die in der Kritik der transzendentalen Möglichkeiten der Vernunft ihre Begründung hat. Nur die epistemologische Selbstfundierung der Wissenschaft ermöglichte, dass sie von jeder Fremdbestimmung unabhängig gedacht werden konnte. Die moderne Konstellation des Bildungsbegriffs entsprach der Architektonik dieses Wissens, das sich in der synthetischen Tätigkeit der Vernunft und im idealistischen Subjektverständnis begründet sah.

Das Verschwinden der systematischen Einheit des Wissens (*Spekulation*), das die Reduktion des Wissens auf Information impliziert, verändert die Art der Wissensvermittlung, das Verständnis der Bildungsinstitutionen, die auf Wissensvermittlung ausgerichtet sind, sowie deren Curricula. An die Stelle des Begriffs der Bildung tritt ein psychologisch geprägter Begriff des *Lernens*, der die gesamte Bildungskonstellation neu konfiguriert. Die Bearbeitung von Informationen, deren Strukturierung und Organisation hat einen anderen Charakter als den der Aneignung eines Wissens, dessen Architektonik systematisch gedacht wurde. Dem informatisierten Wissen entspricht eine kognitive Analyse des Wissenserwerbs, dessen atomisierte Einheit die Information ist. Der Zusammenhang von Informationen ist assoziativ. Dementsprechend wird ihre Objektivität nicht sachlich, d.h. als Verobjektivierungsprozess gedacht, sondern vor allem methodisch hergestellt. Im Unterschied dazu ist der Zusammenhang des spekulativen Wissens synthetisch. Er verweist auf eine geistige Vermittlung oder, aus einer wissenschaftsgeschichtlichen Perspektive, auf eine epistemische, diskursive Vermittlung. Der assoziative Zusammenhang ist einer der Intelligenz, der synthetische Zusammenhang hingegen einer der Vernunft oder in einem abgeleiteten Sinn einer der Wissenschaft.

Der Kontrast zwischen einem Wissen, das aus der Tätigkeit der Intelligenz und einem Wissen, das aus dem Modus der Vernunft gedacht wird, verweist auf zwei kategoriale Konstellationen, die ein differentes Wissensverständnis, unterschiedliche Wissensformen und Wissenseinrichtungen sowie Wissensvermittlungen voraussetzen.

Die Konstellation, die sich auf die Tätigkeit der Vernunft stützt, bildet die Welt von gestern, die andere, die der Intelligenz, die Gegenwart. In bildungsgeschichtlicher Hinsicht stellt die *Lernkonstellation*, die erkenntnistheoretisch die Vernunft durch die Intelligenz ersetzt hat, den Ausgangspunkt jeder neuen bildungstheoretischen Reflexion dar. Analytisch ist wichtig, die Verschiebungen oder Veränderungen von zwei unterschiedlichen begrifflichen Konstellationen, die der modernen Bildung und die der Lerngesellschaft, getrennt zu betrachten, um die konzeptionellen Unterschiede zwischen beiden Wissensformen und den damit verbundenen Vermittlungsinstanzen bestimmen zu können.

Lernkonstellation

5.2 Der Experte

In seiner *Theorie der Unbildung* (2006) verweist Konrad Paul Liessmann hinsichtlich des Charakters aktueller Bildungsreformen auf eine Unstimmigkeit zwischen konzeptionellen Voraussetzungen und curricularer Gestaltung der Wissensvermittlung. Im Unterschied zur *Theorie der Halbbildung* (1959/1979b) von Adorno ist der Ausgangspunkt Liessmanns *Theorie der Unbildung* (2006) nicht der Fetischcharakter der Kultur (ihr Warencharakter), sondern der Widerspruch zwischen einer postindustriellen Gesellschaft (*Wissensgesellschaft*) und dem industriellen Charakter der gegenwärtigen Wissensvermittlung. Die *Modularisierung* der Wissensvermittlung als Form der Gestaltung der Bologna-Reform (1999) impliziert für Liessmann nicht eine postindustrielle, sondern eine industrielle bzw. eine tayloristische (serielle, modularisierte) Organisation der Lehre, in der die Leistungspunkte auf der Basis einer einheitlichen Einschätzung des Zeitaufwands, und zwar auf der Basis der klassischen Wertlehre der Nationalökonomie des 19. Jahrhunderts, verteilt werden.

Modularisierung

Im Unterschied zu den Ergebnissen von Liessmann, der die angebliche Wissensgesellschaft am Wissensbegriff des 19. Jahrhunderts misst, ist die tayloristische, modularisierte Organisation der Lehre in der gegenwärtigen Universität in Verbindung mit einer *Lerngesellschaft* zu bringen, die das Wissen zur wichtigsten ökonomischen Ressource gemacht hat; die das Wissen industrialisiert hat.

Lerngesellschaft

Die Lerngesellschaft ist eine Gesellschaft, in der sich die Form der Industrie, aber auch das Gesicht der Wissenschaft verändert haben. Die Arbeit in der Industrie ist durch die Informatisierung abstrakter und räumlich diffuser geworden, die Arbeit im wissenschaftlichen Bereich industrieller, auch in der alltäglichen Gestaltung der wissenschaftlichen Arbeit.

Eine der Folgen der Industrialisierung des Wissens, welche die Kehrseite von dessen Informatisierung bildet, ist die Verunmöglichung intellektueller (bzw. spekulativer) Arbeit. An deren Stelle tritt eine technologisierte Form wissenschaftlicher Kompetenz, welche die Gestalt des *Experten* annimmt. Stellt die Formation eines Beamten *sui generis* das Ziel des Bildungssystems dar, das im 19. Jahrhundert seine konzeptionelle Prägung erhalten hat, ist die Generierung von Experten das Ziel einer europäischen Reform der Hochschule, die mit dem Bologna-Prozess gestartet wurde.

Diese Transformation des Wissens begünstigt stets die instrumentellen Elemente der wissenschaftlichen Produktion, deren Ziel eher *Innovation* als *Erkenntnis* ist. Im Unterschied zur Erkenntnis, die der Suche nach Wahrheit verpflichtet ist, bildet der normative Horizont der Innovation das Neue. Koste es, was es wolle. Ausgehend davon wird auch die Unterscheidung zwischen Wissenschaft und Technik sowie zwischen Grundlagenforschung und angewandter Forschung (oder Transfer) obsolet.

Mit dieser Veränderung geht die Krise einer wissenschaftlichen Form von Autorität einher, die sich von der Figur des Beamten unterscheidet und die dennoch mit ihr verwandt ist: die Figur des *Intellektuellen*. Die Verwandtschaft des Intellektuellen mit dem Beamten ist begründet im gemeinsamen spekulativen Charakter ihrer universitären Bildung. In seiner Analyse der Krise der Intellektuellen bzw. der *maîtres à penser* betrachtet Alberto Asor Rosa (2009), Bezug nehmend auf Adam Smith, die kapitalistische Arbeitsteilung als historische Bedingung für die Entstehung der Intellektuellen als Gruppe. In dieser soziologischen Lektüre des Phänomens stellt Asor Rosa die intellektuelle Tätigkeit, die von der notwendigen Arbeit befreit ist, der Handarbeit gegenüber. Diese Befreiung, die gesellschaftlich durch eine organisierte Arbeitsteilung möglich ist, wird als Voraussetzung einer intellektuellen Autonomie angesehen, die im 18. Jahrhundert mit den *hommes des lettres* (dt.: Literaten) entstanden ist und die im 21. Jahrhundert durch die Medialisierung der Öffentlichkeit zum Verschwinden verdammt ist. Der Zusammenhang zwischen der *Medialisierung der Öffentlichkeit* und der *Krise der Intellektualität* ist nur einleuchtend, wenn die epistemologische Ebene der Problematik in Betracht gezogen wird. Das heißt, die soziologische Bedingung für intellektuelle Arbeit, die Befreiung von notwendiger Arbeit, die heute in der alltäglichen Gestaltung von wissenschaftlicher Arbeit gänzlich fehlt, ist die materiale Voraussetzung für eine solche Tätigkeit, aber sie bildet noch keine Begründung für die wissenschaftliche Autonomie des Intellektuellen, die eher in der spezifischen Art der Urteilsbildung besteht. Die Medialisierung der Öffentlichkeit stellt das Ende der Intellektualität dar, indem sie die Inszenierung des informatisierten Wissens, die Bühne der Information, darstellt. Zur Inszenierung des Wissens erhalten zwei Aspekte eine neue Bedeutung: die Performance des Austritts und den Neuigkeitscharakter der Information, die die Neugier des Zuhörers zu entzünden haben. Die Information, die der Experte auf einer Bühne anzukündigen hat, soll ein Ereignis simulieren. Joseph Vogl spricht diesbezüglich von einer „signifikanten (Ent-) Differenzierung von Differenzen" (Vogl 2021, S. 55).

Die Bühne der Information ist nicht mehr die des *maître à penser* (dt.: Großdenker), sondern die des Experten, der mit Daten virtuos jonglieren kann. Die Wissensform des Intellektuellen ist für die Schnelligkeit des Informationsflusses zu schwerfällig geworden. Seine Inhalte können nur gebraucht werden, wenn sie entschlackt werden.

Der Unterschied zwischen dem Experten und dem Intellektuellen ist nicht der zwischen dem *Spezialisten* und dem *Universalisten* bzw. dem *Generalisten*. In Bezug auf die Wissensproduktion besteht der Unterschied zwischen dem Werk eines Intellektuellen und dem Produkt eines Experten darin, dass der spezifische wissenschaftliche Beitrag eines Intellektuellen eine allgemeine Bedeutung hat, während die Expertise auf die Lösung eines spezifischen Problems gerichtet ist.

Der Spezialist
Der Generalist

Die Technokratisierung der Autorität in der Rolle des Experten ist im Bildungsbereich von Relevanz auch hinsichtlich des kurzfristigen Charakters der gesteuerten Bildungsreformen. Ihnen liegt keine Idee (in normativer Hinsicht) der Universität, aber eine Planung ihrer Entwicklung zugrunde.

5.3 Wissenschaft als Technik

Die Technokratisierung der Autorität betrifft den Bildungsprozess auch in seiner relationalen Dimension. Sie verändert strukturell die wissenschaftliche Schüler-Lehrer-Beziehung sowie das Verhältnis zwischen den Universitätsmitgliedern. Das Lehrer-Schüler-Verhältnis wird von Humboldt als eine Gemeinschaft verstanden, die ihr Fundament in der Wissenschaft hat; die Beziehung zwischen den Universitätsmitgliedern als ein Verhältnis, das von Freiheit und Einsamkeit geprägt sein sollte. Einsamkeit ist hier nicht mit Isolation zu verwechseln, sondern sie steht sowohl für den für die wissenschaftliche Produktion notwendigen Rückzug der Forscherin als auch für den freien Charakter wissenschaftlicher Beziehungen.

Technokratisierung der Autorität

Die Technokratisierung der Autorität ist mit einem informatisierten Wissen verknüpft, dessen Objektivität vor allem methodisch fundiert ist. Die Objektivität ist in diesem Sinn technischer Art und die Autorität bzw. die Legitimität, die sich auf sie stützt, ist ihrerseits auch rein methodisch. Sie ist eine Autorität, die als methodische Kompetenz charakterisiert werden kann.

Die Frage, die daraus entsteht, ist, ob eine solche Kompetenz für die Realisierung einer pädagogischen Schüler-Lehrer-Beziehung bzw. ob sie für die Förderung von Bildungsprozessen ausreichen kann. Die Frage nach der Autorität ist eine, die bildungstheoretisch in einer zweifachen Hinsicht nicht umgangen werden sollte: sowohl bezüglich der kognitiven als auch der affektiven Entwicklung. Die Autorität, die im Zusammenhang mit dem Begriff der Erziehung als Zeugenschaft unter Berücksichtigung der neuen Konstellation neu dekliniert worden ist, ist mit dem Bildungsprozess als zugleich kognitiver und affektiver Erfahrung in doppelter Weise verknüpft. Ihre Quelle kann weder eine Person noch eine Methode sein, sondern ein Sachverhältnis, das sachliche Verhältnis einer Person zu einem Gegenstand. Die Humanisten sprachen im Hinblick auf den sachlichen Bezug zu den Antiken, zu denjenigen, die sie als ihre Lehrer betrachteten, von *aemulatio*.

Emulation

Die *Emulation* geht über die Nachahmung und die Anwendung hinaus. Sie setzt durch eine agonale Auseinandersetzung in der Sache die Möglichkeit voraus, den Lehrer zu übertreffen. Im neuhumanistischen Verständnis der Universität ist die Universität der Ort der Gemeinschaft von Lehrenden und Lernenden unter der Bedingung, dass dieses Verhältnis in der Wissenschaft, die als Quelle der Autorität gilt, ihr Fundament findet. Die Wissenschaft wird zum Urteilskriterium, zum Legitimationskriterium sowohl für die einen als auch für die anderen.

Entscheidende Konsequenzen der Technokratisierung der Autorität für den Bildungsprozess und damit für die Bildungsphilosophie sind die Trennung des Zusammenhangs von Sache und Person und der Verlust der zeitlichen Dimension des Erkenntnisprozesses.

Das Verhältnis von Sache und Person in einem Bildungsprozess ist als ein von der Sache vermitteltes Verhältnis zu verstehen. Je sachlicher das Verhältnis zu jemandem vermittelt ist, desto besser kann man von diesem Anderen etwas erfahren. Die Trennung des Zusammenhangs von Sache und Person hat ihre Ursache im methodischen Verständnis von Objektivität und in der daraus entstehenden Anonymisierung der Wissensvermittlung. Das Gegenteil einer anonymisierten Lehre ist nicht eine personalisierte Beziehung, sondern eine, die von einer wissenschaftlichen Vertretung eines Faches bestimmt ist.

Die Trennung von Sache und Person hat eine Spaltung zwischen affektiver und kognitiver Entwicklung zur Folge, die sich in der Reduzierung der sachlichen Rückmeldung auf die Mitteilung von Erfolg und Misserfolg, von „bestanden" oder „nicht bestanden" eines Testes, einer Prüfung äußert.

Der Verlust der zeitlichen Dimension von Bildungsprozessen als zweiter Aspekt der Technokratisierung der Wissenschaft tangiert die Kontinuität wissenschaftlicher Erfahrung und die historisch und systematisch strukturierte Auseinandersetzung mit dem Wissen. Die Objektivität der Methode ist eine der Problemlösung, die der Logik ihrer Rationalität entsprechend auf die Gegenwart bezogen ist. Im Unterschied dazu verlangt eine sich sachlich verstehende Objektivität den Verweis auf Zusammenhänge, die sich in der Zeit als Erfahrung strukturierend konsolidiert und sedimentiert haben. *(Objektivität der Methode)*

Der Veränderung des Wissenschaftsverständnisses und des Charakters pädagogischer, wissenschaftlicher Beziehungen innerhalb der Bildungseinrichtungen ist die Transformation der *Form* der Universität hinzufügen, die ein zentrales Element der modernen Konstellation des Bildungsbegriffs darstellte. Ihre Transformation betrifft nicht nur die Wissensarchitektur der Fakultäten, die inzwischen Fachbereiche oder Departments geworden sind, d.h. die Modalitäten der Konzertierung der *uni-versitas*, sondern auch das Verhältnis zwischen Staat und Universität. Von einer Nationalanstalt bzw. einer staatlichen Institution ist die Universität zu einer *Organisation* geworden. Die bildungsphilosophischen Fragen, die daraus entstehen, tangieren den Status eines liberalen Staats und dessen Bürger in dem Moment, in dem eine der zentralen Säulen bzw. Kontrollinstanzen des Rechtsstaates in ihrer Autonomie gefährdet wird. *(Transformation der Form der Universität)*

5.4 Universität als Organisation

Bildung ist bei Humboldt eine Staatsangelegenheit, weil sie eine wesentliche Bedingung eines liberalen Staates ist. Aus diesem Grund hat der Staat für die institutionelle Verankerung der Bildung in der Universität bzw. für ihre Realisierung im Medium der Wissenschaft durch die Forschung zu sorgen. Gegenüber der Bildung – dem höchsten Ausdruck der Freiheit der Individuen – soll sich die Wirksamkeit des Staates auf eine negative Sorgfalt begrenzen. Der Staat hat über Inhalte und Ziele wissenschaftlicher Forschung nicht zu bestimmen. Seine Aufgabe besteht darin, ihre Autonomie und Freiheit zu gewährleisten (vgl. Kopetz 2002). Die Universität als Staatsuniversität ist für Humboldt eine Institution des Staates, die nur dank ihrer Autonomie ihre staatliche Funktion ausüben kann (vgl. Renaut 1995, S. 128f.).

Die Universität als nationalstaatliche Institution

Bei Humboldt ist die Universität als Institution und nicht als Organisation gedacht, deshalb wird ihre Autonomie als Autonomie einer *nationalstaatlichen* Institution begriffen. Ein solcher Begriff der Autonomie, die Jürgen Habermas (1986, S. 707) als „staatlich organisierte Wissenschaftsautonomie" definiert, unterscheidet sich von der Autonomie der *einzelnen* Universitäten, die mit einer Konzeption der Universität als *Organisation* in Verbindung zu bringen ist. Die aktuelle Diskussion über die *Autonomie der Universitäten* ist als eine Antwort auf die Krise des humboldtschen Verständnisses von Autonomie, auf die Krise ihrer staatlichen sowie epistemologischen Voraussetzungen zu erörtern.

Die partikuläre Autonomie der Universitäten

Die Transformation des humboldtschen Bildungskonzeptes und des damit verbundenen Universitätsmodels steht für eine allgemeine Veränderung der bürgerlichen Moderne (vgl. Mittelstraß 1994). Sie ist nicht nur eine Folge der Europäisierung des Bildungssystems und der Globalisierung des Arbeitsmarkts.

Die ersten Analysen, die die Krise der Moderne und die daraus folgende Modernisierung der Universität und des ganzen Bildungssystems zum Gegenstand haben, sind schon Ende der 90er Jahre des letzten Jahrhunderts durchgeführt worden. Ihr Gegenstand war nicht die Internationalisierung wissenschaftlicher Curricula, sondern die Überlastung und die Unterfinanzierung der Universität infolge der Ausweitung des tertiären Bildungssystems in den 1970er Jahren (vgl. u.a. Künzel 1999). Solche Analysen setzten sich mit den Folgen der Reduzierung sozialstaatlicher Leistungen auseinander, die von europäischen Staaten in der Nachkriegszeit im Bildungsbereich gewährleistet wurden und die eine Demokratisierung des Bildungswesens zum Ziel hatten. Der Versuch der westlichen Staaten bestand darin, die Kluft zwischen dem Ideal einer Allgemeinbildung für alle im humboldtschen Sinn und einem die Mehrheit der Bürger ausschließenden Zugang zur Bildung durch Maßnahmen zu kompensieren, die

Bürgerrecht

Bildung als *Bürgerrecht* (vgl. Dahrendorf 1965) im liberalen Sinn ermöglichen sollten. Auf die angeblich ökonomische Schwierigkeit, solche kompensatorischen Maßnahmen weiterzuführen, haben die westlichen Staaten mit der Privatisierung verschiedener Bereiche und institutioneller Einrichtungen sowie mit der Einführung von neuen Steuerungsformen in die öffentliche Verwaltung reagiert. Schon in den 80er Jahren des 20. Jahrhunderts sind Reformen im Hochschulsystem überwiegend mit dem Ziel eingeführt worden, die Effizienz der Verwaltung zu erhöhen und die Verantwortung für die Probleme der überfüllten und unterfinanzierten Hochschulen vom Staat auf die Universitäten zu verlagern (vgl. Künzel 1999, S. 190f.). Diese Verlagerung hat den institutionellen Charakter der Universität in Richtung einer unternehmerischen kulturellen Organisation modifiziert.

Bildungstheoretisch ist relevant zu verstehen, *erstens* inwiefern die Privatisierung oder partielle Entstaatlichung von Bildungseinrichtungen deren gesellschaftliche Funktion verändert; *zweitens* inwiefern die Transformation der Universitäten von *staatlichen Institutionen* zu *kulturellen Organisationen* das wissenschaftliche Selbstverständnis der Universität modifiziert. Wenn die Universität nicht mehr eine staatlich organisierte Wissenschaftsautonomie voraussetzen kann, wird sie in ihrer Forschungstätigkeit gezwungen, einen unmittelbaren Bezug zur *Region* und zur *Praxis* herzustellen sowie die *Nutzbarkeit* ihrer Ergebnisse ständig unter Beweis zu stellen.

Kulturelle Organisationen

Burton Clark (1998) hat diesen Prozess der Entstaatlichung des tertiären Bildungswesens, der Umgestaltung der Universität von einer Institution in eine Organisation im Zeitraum von 1980 bis 1995 am Beispiel von fünf europäischen Universitäten (Chalmers in Schweden, Joensuu in Finnland, die Strathclyde University in Schottland, Warwick in England, Thwente in den Niederlanden) untersucht. Die vergleichende Analyse von Clark erörtert präzise den Kontext, innerhalb dessen die neue Bedeutung von Autonomie, die in der aufklärerischen Tradition des Erziehungs- und Bildungsbegriffs zugleich Mündigkeit, Selbstbestimmung, Urteilsfähigkeit und wissenschaftliche Selbstbegründung beschreibt, ihr neues begriffliches Profil erhält. Der neue Begriff von Autonomie steht für finanzielle Autonomie und autonome Organisation. Ihre epistemische Bedeutung (Autonomie im Urteil) ist zweitrangig geworden.

Finanzielle und organisatorische Autonomie

Clarks Analyse der fünf Universitäten zeigt die unterschiedlichen Bereiche, die von Entstaatlichungsprozessen direkt betroffen sind, und macht offensichtlich, inwiefern Wissen zu einer ökonomischen Ressource auch in traditionell ökonomiefernen Fächern geworden ist (siehe dazu Casale/Oswald 2019). Die Universität von Warwick, die 1990 für die Bertelsmann Stiftung als Vorbild für die Reform der deutschen Universitäten betrachtet wurde, steht als Beispiel für den Abbau staatlicher Verwaltung und die Einführung des New Public Management im universitären Bereich. Die Universität von Thwente, bekannt als die „unternehmerische Universität" *par exellence*, gilt hier als Vorbild für eine nichtstaatliche Finanzierung öffentlicher Einrichtungen. Die Universität von Strathclyde in Glasgow, die durch ihr Label als Universität des *useful learning* (nützlichen Lernens) berühmt geworden ist, ist ein Beispiel für das veränderte Verhältnis von Universität und Region hinsichtlich der Entstaatlichung von Bildungseinrichtungen. Die Universität von Joensuu, die ursprünglich eine Pädagogische Hochschule war, gilt im europäischen Bereich als neues Entwicklungsmodell der Akademisierung der Lehrerbildung.

In seiner Untersuchung hebt Clark vor allem Veränderungen im Universitätsbereich hervor, die die Gestaltung des Leitungsorganigramms und eine neue kulturelle und finanzielle regionale Verortung der Einrichtungen betreffen. Der größeren Entscheidungskompetenz der Universitätsleitung folgt ein stärkerer Profilierungs- und Differenzierungsdruck gegenüber anderen Universitäten. Die wissenschaftliche Profilierung einer Universität dient der Wettbewerbsfähigkeit eines Standorts, der sich in einer strukturellen (ökonomischen) Konkurrenz zu anderen Universitäten befindet. Die *Regionalisierung* – oft in den Peripherien der Städte – neu gegründeter Universitäten beinhaltet eine starke kulturelle Integration bzw. Anpassung der neuen Einrichtungen an die Umgebung und einen sehr engen Zusammenhang von Theorie und Praxis bzw. die Privilegierung von angewandter Forschung.

Zugespitzt formuliert kann man zusammenfassend feststellen: Nicht der neue Campus verleiht der Stadt ein kosmopolitisches Flair, sondern es ist die Region, die die alte Universität provinzialisiert. Die starke Berücksichtigung der Transferfähigkeit der Forschung verengt ihren Blick und ihr Verständnis in *funktionalistischer* und in *pragmatischer* Hinsicht. Die Beschäftigung mit dem Fremden, mit dem Möglichen, das das Bekannte negiert bzw. transzendiert und die zum Kern von Humboldts Bildungsbegriff gehört, bleibt gänzlich auf der Strecke. Sie wird zu einer Ausnahme, die die neue Normalität zu bestätigen bzw. zu legitimieren hat. Die fünf von Clark untersuchten Universitäten sind als einzelne Fälle zu betrachten, die allgemeine Tendenzen zeigen und die zugleich die epistemische, politische und ökomische Dimension der Transformation bzw. Krise des Bildungsbegriffs verdeutlichen.

Die Bildungsphilosophie hat sich heute mit der gegenwärtigen Bildungskonstellation auseinanderzusetzen. Sie hat ihre neuen Knotenpunkte sichtbar zu machen und die daraus entstandene Konfiguration zu begreifen. Darin besteht die Möglichkeit eines neuen Begriffs der Bildung.

Will man weiterhin eine Idee der Universität vertreten, die sie zu einem öffentlichen Raum macht, in der die Gesellschaft im Medium der Wissenschaft zum Bewusstsein ihrer selbst kommen kann, genügt eine melancholische Verteidigung der Vergangenheit nicht. Sie versperrt den Blick.

Zur Bestimmung eines neuen Bildungsbegriffs gehören ein neues relationales Subjektverständnis, das sich durch ein anderes Verhältnis zur Natur und zur menschlichen Angewiesenheit auszeichnet; eine neue Idee des Bildungswesens als eine Institution, deren Aufgabe in der wissenschaftlichen Vermittlung des Besonderen mit dem Allgemeinen besteht und die jenseits der Alternative von Staat und Markt gedacht werden sollte; eine neue Idee der Universität, die in der Fragmentierung des Wissens ihren negativen Ausgangspunkt hat und die sich die Kooperation der Wissenschaften zur Aufgabe stellt, und nicht zuletzt eine Bildungsphilosophie, die die Krise der traditionellen Formen der Theorie zum Gegenstand der eigenen Analyse macht.

Fragen

1. Inwiefern stellt die Informatisierung des Wissens die neue historische Konstellation des Bildungsbegriffs dar?
2. Erläutern Sie die Unterschiede zwischen der Bildungs- und der Lernkonstellation.
3. Inwiefern verkörpert der Experte den neuen Bildungstyp?
4. Worin besteht der Unterschied zwischen der Universität als Institution und der Universität als Organisation?

Weiterführende Literatur

Adorno, Theodor W. (1979): Theorie der Halbbildung [1959]. In: Ders.: Gesammelte Schriften. Band 8/1: Soziologische Schriften. Frankfurt/Main: Suhrkamp, S. 93-121. – Gegenstand des Textes ist einerseits die Erörterung einer Krise der Bildung, die ihrem Begriff selbst immanent ist, anderseits die kritische Auseinandersetzung mit der Kulturindustrie. Die Analyse der Krise des Bildungsbegriffs und der Reduktion der Kultur auf eine Ware wird zum Ausgangspunkt einer neuen Bildungstheorie, die sich von der geisteswissenschaftlichen Tradition distanziert und die an Schillers ästhetische Bildung, Freuds Psychoanalyse und an Marx' Gesellschaftstheorie anknüpft.

Casale, Rita/Oswald, Christian (2019): Bildung zum Humankapital. In: Walgenbach, Katharina (Hrsg.): Bildung und Gesellschaft im 21. Jahrhundert. Frankfurt/Main: Campus, S. 61-87. – In dem Aufsatz befassen sich die Autoren, mit der Formation des Humankapitals als Ziel der gegenwärtigen institutionalisierten Bildung. Sie analysieren die Form und die Funktion, die das Wissen annimmt, damit die Bildung des Humankapitals realisiert werden kann. Die Transformation des idealistischen Wissensbegriffs in *Kompetenz* wird vor dem Hintergrund der Entwicklung der produktiven Kräfte, d.h. der technologischen Möglichkeiten der gegenwärtigen Gesellschaft diskutiert.

Habermas, Jürgen (1986): Die Idee der Universität. Lernprozesse. In: Zeitschrift für Pädagogik 5/1986, S. 703-718. – Gegenstand des Aufsatzes ist die Frage nach der gesellschaftlichen Aktualität der klassischen Idee der Universität, die der preußischen Hochschulreform am Anfang des 19. Jahrhunderts zugrunde liegt. Nach einer Auseinandersetzung mit den Reformschriften der 1960er Jahre von Karl Jaspers, von Helmut Schelsky und mit der SDS-Denkschrift „Hochschule in der Demokratie" stellt Habermas die Frage, ob die funktionsbündelnde Institution der Hochschule noch auf „ein integrierendes Selbstverständnis angewiesen ist – oder ob die Universität als Teil eines ausdifferenzierten Wissenschaftssystems auch ganz gut ohne eine Idee von selber funktionieren kann" (Habermas 1986, S. 703).

Heinrich, Klaus (1998): Der Gesellschaft ein Bewußtsein ihrer selbst zu geben. Frankfurt/Main: Stroemfeld. – Es handelt sich um eine Sammlung von vier Reden, die der Religionsphilosoph Heinrich im Zeitraum von 1953 bis 1987 gehalten hat. Gegenstand der Vorträge ist die Erinnerung an die Idee einer freien Universität, die den Geist der Neugründung der Westberliner Universität 1948 geprägt hat, und die Kritik an der Geistlosigkeit der gegenwärtigen Universität. Das Spannungsverhältnis, das die Analysen der Beiträge ausmachen, fasst Heinrich unter der Formulierung „*Nachkrieg Berlin. Von der Utopie zur Geistlosigkeit*" (Heinrich 1998, S. 8) zusammen.

Liessmann, Konrad Paul (2006): Theorie der Unbildung. Die Irrtümer der Wissensgesellschaft. Wien: Paul Zsolnay. – Liessmann verortet seine Theorie der Unbildung, die als eine Kritik an der gegenwärtigen Bildungslage zu verstehen ist, innerhalb der sogenannten Wissensgesellschaft. Diese wird als Desinformationsgesellschaft charakterisiert und als Ausdruck einer Industrialisierung des Wissens betrachtet. Diese Phänomene analysiert er am Beispiel der PISA-Studien und des Bologna-Prozesses.

6. Schlussbemerkungen: Die gesponnenen Fäden

> „Die Fäden sich wieder selbst ausdrücken
> und ihre eigene Form finden zu lassen, mit keinem anderen Ziel
> als der eigenen Orchestrierung,
> damit man sie betrachtet,
> statt auf ihnen zu sitzen oder zu gehen,
> ist die raison d'être meiner Bildweberei."
> Anni Albers

An sich braucht man kein Fazit, wenn man stringent argumentiert hat, wenn man ein Buch durchdacht komponiert hat. Noch weniger braucht man einen Schluss, wenn man diese Einführung mit zwei großen Fragen beendet hat: Was versteht man heute philosophisch unter Erziehung? Lässt sich Bildung noch denken? Anders formuliert: Sind Erziehung und Bildung Leersignifikanten, denen man abhängig von bildungspolitischen, akademischen, familiären Kontexten beliebig eine andere Bedeutung verleihen kann? Oder lassen sie sich noch begrifflich – d.h. ausgehend von einer bestimmten theoretischen Konstellation und Tradition – bestimmen? Diese Fragen bleiben in dieser Einführung absichtlich offen. Die Einführung wollte diese Fragen und die Probleme, die damit für das pädagogische Denken und das pädagogische Handeln verbunden sind, stellen und sie philosophisch erörtern.

In diesen Schlussbemerkungen sollen lediglich die Ziele erneut systematisch klargestellt werden, die mit der Erörterung des Erziehungs- und Bildungsbegriffs in den vorherigen Kapiteln verfolgt wurden, und die gesponnenen Fäden der Argumentation gezogen werden.

Das erste Ziel dieser Einführung war, die Studierenden zu befähigen, Phänomene (hier: Erziehung und Bildung) begrifflich zu denken. Dafür sind zwei Schritte vollzogen worden. Im ersten Schritt ist erläutert worden, inwiefern ein Begriff ein Kompositum ist, dessen Konstellation geschichtlicher Natur ist. Im zweiten Schritt sind die unterschiedlichen Elemente der geschichtlichen und theoretischen Konstellation des Erziehungs- und Bildungsbegriffs analysiert worden. Dabei ist auf Autoren und Texte Bezug genommen worden, die zur begrifflichen Bestimmung von Erziehung und Bildung in ihrer modernen Bedeutung philosophisch maßgebend beigetragen haben. Der absichtliche Hinweis auf literarische Schriften und auf Filmwerke steht in diesem Buch in einer bildungstheoretischen und bildungsphilosophischen Tradition, die wissenschaftliche und ästhetische Bildung in enger Beziehung zueinander sieht. Diese Tradition der europäischen Moderne vertritt eine Erkenntnisform, die durch die Abstraktion der Begriffe gewonnen wird. Zugleich ist ihr bewusst, dass die durch den Begriff gewonnene Form der Erkenntnis mit einem ästhetischem Material zu brechen ist, das einerseits der sinnlichen Dimension des Phänomens, das begriffen wird, Ausdruck und Anschauung verleiht, und das anderseits Tendenzen sichtbar machen kann, die begrifflich noch nicht adäquat aufgefasst werden können.

Der Hinweis zum Beispiel auf literarische Texte wie die der Schriftstellerin Natalia Ginzburg im dritten Kapitel der Einführung (*Krise des Erziehungsbegriffs?*) sollte zeigen, inwiefern eine zentrale Verschiebung der aufklärerischen Konstellation des Erziehungsbegriffs, die die Bedeutung und die Konturen der privaten Sphäre betrifft, in einem Roman zu Wort kommen konnte, obwohl eine philosophische Bestimmung der Konsequenzen einer solchen Veränderung für den Erziehungsbegriff fehlt. Eine Analyse von gegenwärtigen Bildungsromanen, wie die Tetralogie *Storia di un'amica geniale*, 2011-2012 (dt.: *Neapolitanische Saga*, 2016-2018) von Elena Ferrante, *Les Années*, 2008 (dt.: *Die Jahre*) von Annie Ernaux aber auch Didier Eribons Soziobiographie *Retour à Reims*, 2009 (dt.: *Rückkehr nach Reims*) hätte im fünften Kapitel (*Krise des Bildungsbegriffs?*) Themen, Subjekte, Räume von Bildungsprozessen einer neuen Generation von Schriftstellern und Autorinnen zur Sprache bringen können, die noch nicht zum Gegenstand einer systematischen Bildungs- und Erziehungsphilosophie geworden sind. Das wäre in einer weiteren Studie zu verfolgen.

Das führt zum zweitem Ziel dieser Einführung: Die Erfindung neuer Begriffe, die in der Lage sind, veränderte gesellschaftliche und historische Konstellationen philosophisch neu zu bestimmen. Dafür war es notwendig, zu erläutern, wie sich die Konstellationen, die dem aufklärerischen Erziehungsbegriff und dem neuhumanistischen Bildungsbegriff zugrunde lagen, verändert haben.

Das dritte Ziel, das diese Einführung vor Augen hatte, ist die Vermittlung einer nicht-identitären Form des Denkens, die sich zuerst auch auf die eigene Form der Argumentation richtet. Diese wird als nicht selbstverständlich betrachtet, sondern als etwas, das der Erklärung bedarf. Aus diesem Grund beginnt das Buch mit einer Erörterung der Spielregeln, mit denen das Buch gedacht und konzipiert worden ist. Was behauptet wird, was ins Zentrum der Aufmerksamkeit gerückt wird, wie das geschieht, alles erfolgt aus einer bestimmten Perspektive, ausgehend von spezifischen erkenntnistheoretischen Voraussetzungen. Die Klarstellung des Ausgangspunkts stellt die eigenen Prämissen dem kritischen Leser zur Disposition.

Das erste Kapitel *Was ist Philosophie?* führt in die Philosophie als eine spezifische Form der Theorie ein. Das Kapitel beginnt mit einem Bekenntnis zur Philosophie als spezifischer Lebens- und Denkform. Als Lebensform wird die Philosophie ausgehend von der Erfahrung der Freundschaft erläutert, deren Voraussetzungen Gleichheit, Freiheit, Wahrhaftigkeit und Zuneigung bilden. Geprägt von diesen Voraussetzungen unterscheidet sich die Philosophie zum Beispiel von der *Weisheit*, – als einer Wissensform, die sich durch eine hierarchische Wissensvermittlung und nicht durch gleichberechtigte *Kritik* ausweist. Entscheidend für die Kritik – als paradigmatische philosophische Wissensform – ist nur die *Kraft des Arguments*. Diese ist mit der Machtposition desjenigen, der das Argument formuliert, nicht zu verwechseln. Das Argument erhält seine Kraft einerseits von der *Nachvollzierbarkeit* seiner Begründung, anderseits von seiner *Sachlichkeit*. Die Nachvollzierbarkeit bezieht sich auf die Form, die Sachlichkeit auf den Stoff des Arguments. In seinem nicht-identitären Verständnis wird der Begriff in dieser Einführung als Kern philosophischer Argumentation herausgeschält, indem er erst die Vermittlung von Form (Nachvollzierbarkeit) und Stoff (Sachlichkeit, Phänomen) ermöglicht.

Zentraler Gegenstand des ersten Kapitels ist die Erklärung der theoretischen „Grammatik", mit der im gesamten Buch hantiert wird: Begriff, Grundbegriff, Konstellation, Phänomen, Idee und Kategorie. Dazu gehört auch die Erörterung von *Begriffskategorien*, wie der Geschichtlichkeit, der Möglichkeit, der Zeitlichkeit (bzw. des Zusammenhangs der Zeitmodi Vergangenheit, Gegenwart und Zukunft), die dem philosophischen Zugang der im Buch durchgeführten Analysen von Erziehung und Bildung zugrunde liegen.

Nachdem die Begriffe und die Kategorien erläutert sind, die in den dem Erziehungs- und Bildungsbegriff gewidmeten Kapiteln benutzt werden, wird zum Schluss eine Unterscheidung eingeführt, die für die theoretische Architektur dieser Einführung von entscheidender Bedeutung ist: Reinhart Kosellecks Unterscheidung von *Begriff* und *Grundbegriff*. Dieser Unterscheidung entsprechend werden Erziehung und Bildung als Grundbegriffe behandelt, denen eine theoretische Konstellation, d.h. ein Zusammenhang von Begriffen, zugrunde liegt.

Die folgenden Kapitel, die sich jeweils mit der Konturierung von Erziehung und Bildung als Grundbegriffen und mit ihrer Krise bzw. mit der Krise ihrer begrifflichen Konstellation beschäftigen, sind auf der Basis der erkenntnistheoretischen Prämissen gegliedert worden, die vorher resümiert worden sind. Jedes Kapitel wurde mit einer begriffsgeschichtlichen Erörterung des Ausgangspunkts der Argumentation (*Historische Konstellation*) begonnen und mit einer Betrachtung der zentralen Aporien und Linienzüge der gesamten Konstellation beendet.

Für Erziehung bildet einen solchen Ausgangspunkt die Aufklärung, für Bildung die deutschsprachige Auseinandersetzung mit der Französischen Revolution. Die Krise des aufklärerischen Erziehungsverständnisses und des neuhumanistischen Bildungskonzepts werden mit der Infragestellung der Hauptpostulate der europäischen Moderne und deren liberalen Vorstellungen in Zusammenhang gesetzt. Mit Absicht wird darauf verzichtet, dafür die Bezeichnung „Postmoderne" zu benutzen, die eher als eine Chiffre als ein Begriff zur Beschreibung des gegenwärtigen Zustandes angesehen wird. Stattdessen werden die unterschiedlichen Aspekte ausführlich behandelt, die zu einer Veränderung der Prämisse der Aufklärung geführt haben. Die Frage, ob es sich um eine Verschiebung der Prämisse der Moderne oder um deren Krise handelt, ist offengelassen worden. Die Offenheit ist hier als eine Aufforderung zur weiteren Begriffsbildung zu interpretieren.

Dem Porträt der historischen Konstellation, das der Darstellung der Hauptzüge des geschichtlichen Horizonts von Erziehung und Bildung dienen sollte, ist die Zeichnung der Silhouette der Grundbegriffe dieser Einführung gefolgt. Diese besteht in der Reihe der Begriffe, die die Kontur jeweils der Konstellation von Erziehung und Bildung definieren. Die Begriffe, die Bezug auf spezifische Texte der erziehungs- und bildungsphilosophischen Tradition nehmen, werden nach einer bestimmten Ordnung erörtert. Sie sind aber nicht als Perlen einer Kette, die eine nach der anderen aufgereiht werden, zu verstehen, sondern als die Knoten eines Gewebes. Sie verleihen dem behandelten Stoff Form und Struktur. Wenn sie gelöst werden oder wenn sie aufgehen, verändert sich die Struktur des Gewebes (der Konstellation).

In der Komposition der beiden Konstellationen Erziehung und Bildung folgt die Ordnung der Begriffe einer kategorialen Logik.

6. Schlussbemerkungen: Die gesponnenen Fäden

Entsprechend dem quasi-transzendentalen oder historisch transzendentalen philosophischen Ansatz dieser Einführung wird die kategoriale Logik ausgehend von dem idealen Horizont einer spezifischen geschichtlichen Konstellation dekliniert.

Im zweiten Kapitel *Erziehung als Grundbegriff* führt die Darstellung der Grundzüge der Aufklärung zu ihrer Bezeichnung als *politisches, philosophisches und pädagogisches Projekt*, dessen Ideal in einem Verständnis der Autonomie in erkenntnistheoretischer, politischer und moralischer Hinsicht besteht. Dieses Ideal der Autonomie, das mit Immanuel Kant zum Hauptproblem der Pädagogik wird, wird kategorial nach den unterschiedlichen Formen dessen dekliniert, was in dem Buch *Gattungsdifferenz* genannt wird. Unter Gattungsdifferenz werden vier Bestimmungen subsumiert, die als Differenzverhältnis aufgefasst werden: Die anthropologische Differenz zwischen Mensch und Tier, die anthropologische, geschichts- und rechtsphilosophische Differenz zwischen den Generationen, die moralische und rechtsphilosophische Differenz zwischen den Geschlechtern, die moralische und rechtsphilosophische Differenz von Trieb und Gesetz. Die Begriffe, die aus diesem spezifischen kategorialen Zugriff auf das Erziehungsphänomen abgeleitet werden und die das Spannungsverhältnis markieren, das das aufklärerische Erziehungsverständnis ausmacht, sind: Mündigkeit, Freiheit, Disziplinierung und Hingabe.

Ausgangspunkt des dritten Kapitels *Krise der Erziehung?* ist der Knoten, der alle gezogenen Fäden in dem vorherigen Kapitel zusammenhält: Der Begriff der Mündigkeit. Im Begriff der Mündigkeit konkretisiert sich politisch, philosophisch und moralisch bzw. pädagogisch das Projekt der Aufklärung. Mündigkeit bezeichnet im 2. Kapitel jede Subjektposition, die durch den Begriff der Freiheit bestimmt und die aus der Emanzipation vom Naturzwang gedacht wird. Disziplinierung der Natur und Versöhnung mit ihr (Hingabe) bilden ihre Bedingungen, die im zweiten Kapitel ausgehend von zwei spezifischen Differenzverhältnissen analysiert werden: Das Generations- und das Geschlechterverhältnis. Beide Differenzen, die generationale und die sexuelle, strukturieren die begriffliche Konstellation von Erziehung in anthropologischer, geschichtsphilosophischer und rechtsphilosophischer Hinsicht. Diesbezüglich wird im dritten Kapitel die Frage formuliert, inwiefern davon ausgegangen werden kann, dass diese Konstellation noch den Horizont bildet, in dem der Erziehungsbegriff seine Konturen gewinnt? In der Analyse gesellschaftlicher Transformationen, die schon auf die erste Hälfte des 20. Jahrhunderts (Kriegserfahrungen, Nationalsozialismus, Steigerung der Zahl höherer Bildungsabschlüsse) zurückzudatieren sind und die sich in den 1970er Jahren (eines erhöhtes Zugangs der Frauen zum Arbeitsmarkt infolge der Frauen- und Studentenbewegungen) zugespitzt haben, wird eine *Umordnung* dieser Konstellation festgestellt, die vor allem im Zusammenhang mit einer veränderten Auffassung und Gestaltung des Generations- und Geschlechterverhältnisses zu sehen ist. Die Folgen, die daraus gezogen werden, betreffen sowohl die Eltern-Kind-Beziehung, als auch das Lehrer-Schüler-Verhältnis sowie die affektive Topologie der bürgerlichen Gesellschaft. Aufgrund eines konstruktivistischen Verständnisses des Generationsverhältnisses und der berechtigten Kritik an autoritären Erziehungsvorstellungen ist der asymmetrische Charakter der pädagogischen Beziehung in Frage gestellt worden. An die Stelle einer Verantwortungsübernahme der älteren gegenüber der jüngeren Generation sind *Verhandlungsprozesse* getreten, in denen die Älteren den Jüngeren eher als Kommunikationspartner denn als Menschen in einer pädagogischen Beziehung begegnen.

Die Zahl der erwerbstätigen Frauen und die feministische Infragestellung patriarchaler Familienstruktur haben zu einer Krise des sogenannten *Ernährermodells* geführt, das von einer geschlechterkodierten Arbeitsteilung geprägt war und das die Frauen in die häusliche Enge drängte. Die Frage, die sich zu diesem gesellschaftlichen Prozess stellt, lautet: Fällt einer Erhöhung der Erwerbszeit, die den Alltag beider Eltern maßgeblich bestimmt, die Möglichkeit von Sorge, Hingabe und Intimität, die mit der Kultivierung der privaten Sphäre einhergingen, zum Opfer? Mit Vorsicht wird versucht, darauf zu antworten, bzw. die Konsequenzen einer solchen gesellschaftlichen und kulturellen Transformation zu begreifen. Die Feststellung einer *Umordnung* der Geschlechterverhältnisse und einer Verschiebung der Grenze zwischen öffentlicher und privater Sphäre geschieht nicht aus der Sicht einer nostalgischen Verklärung bürgerlicher Familienverhältnisse. Die Analyse der veränderten Konstellation will sich auch nicht mit der Diagnose einer Krise der Erziehung zufriedengeben. Stattdessen will sie folgendes Problem stellen: *Wie lässt sich Erziehung zur Mündigkeit im 21. Jahrhundert weiterdenken?* In Anlehnung an Seyla Benhabibs Interpretation von Hannah Arendts Werk wird die Bedeutung der privaten Sphäre für den Erziehungsprozess als das *Recht auf ein Zuhause* für alle Kinder jenseits einer ausschließlich heterosexuellen Familienkonzeption gedacht. Eine Problematisierung der Konsequenzen einer Überwindung des heterosexuellen Familienmodells für das Verständnis von Elternschaft ist allerdings ausgeblieben. Die Erörterung der Erosion der ödipalen Konstellation bürgerlicher Familie hätte eine vertiefte Auseinandersetzung mit sozialpsychologischen Studien zu neuen familiären Arrangements erfordert. Mit dem Begriff der *Zeugenschaft* ist die Möglichkeit einer neuen Form der Verantwortung der älteren Generation gekennzeichnet worden, die weder ein ungebrochenes Verhältnis zur Tradition noch eine Vorbildfunktion in psychischer Hinsicht impliziert. In der Philosophie und in den Kulturwissenschaften genießt der Begriff der Zeugenschaft gegenwärtig eine gewisse Konjunktur. In diesem Zusammenhang sollten hier vor allem die Schriften von Sigrid Weigel (2000), Sybille Krämer (2008) und Sibylle Schmidt (2015) erwähnt werden, die Zeugenschaft als eine alternative Denkfigur zum Konzept der Evidenz erörtern. In dieser Einführung ist der Begriff von Zeugenschaft vor allem in Anlehnung an das Werk des Analytikers Massimo Recalcati benutzt worden. Recalcati spricht von Zeugenschaft vor allem in Bezug auf die Figur des Vaters. Der Vater als Zeuge stellt für ihn nicht mehr den Repräsentanten des Gesetzes (d.h. als Hauptsignifikant) dar, das die „Beherrschung" des Generationsverhältnisses reguliert, sondern die Möglichkeit, selbst als Subjekt pädagogisch zu handeln. Was erzieht, ist das Verhältnis, das der Vater als Subjekt gegenüber der Welt pflegt. Über Recalcati hinaus wird in dieser Einführung diese Subjektposition nicht nur dem Vater, sondern jedem zugesprochen, der in der Lage ist, eine Objektbeziehung zu einem Dritten zu entwickeln.

Das vierte Kapitel *Bildung als Grundbegriff* geht einen Schritt zurück: Von der Veränderung der Erziehungskonstellation im 20. und 21. Jahrhundert zu der Auseinandersetzung, die im 19. Jahrhundert mit dem sogenannten pädagogischen Jahrhundert (d.h. dem 18. Jahrhundert) geführt wird. Der Bildungsbegriff wird als ein Versuch interpretiert, die Aufklärung aufzuklären, sie zu vollenden. Die Kritik an der Aufklärung, die im Bildungsbegriff enthalten ist, betrifft sowohl ihren *Utilitarismus* als auch ihren *Intellektualismus*. Der Vorbehalt gegenüber dem Utilitarismus richtet sich auf einen Nützlichkeitsimperativ, der Erziehung zur einer Funktion der Gesellschaft macht. Im Gegensatz dazu sollte Bildung zum Zweck nicht die *Erziehung des Bürgers*, sondern den Menschen als solchen haben. Ins Zentrum der Analysen der Bildungsphilosophen und Bildungstheoretiker im 19. Jahrhundert rückt der Mensch – betrachtet als Individuum – und seine Freiheit. Zur Bildungsvoraussetzung wird die freie Entfaltung des Menschen und seiner unterschiedlichen Fähigkeiten, die im Begriff der menschlichen *Würde* den Einzelnen mit der Gattung versöhnt.

6. Schlussbemerkungen: Die gesponnenen Fäden

Diese Versöhnung des Individuums mit der menschlichen Gattung, des Besonderen mit dem Allgemeinen will über die Grenzen einer Vermittlung von Individuum und Gesellschaft hinausgehen, die sich der reinen Vernunft und der Kraft des Gesetzes (Kritik am Intellektualismus) bedient. In ihrer Auseinandersetzung mit dem politischen Ereignis der Französischen Revolution (1789) und deren politischen und gesellschaftlichen Konsequenzen denunzieren Autoren wie Friedrich Schiller und Wilhelm von Humboldt die Allmacht der Vernunft. Das Verdikt der Briefe *Über die ästhetischen Erziehung des Menschen* (1794-1795/2000) Schillers lautet: Die Vernunft allein reicht nicht aus, um die Menschheit von der Barbarei zu emanzipieren. Das Verdikt wird zum Programm des modernen Bildungsbegriffs. Das Programm hat bei Wilhelm von Humboldt ein Ziel und drei Säulen. Das Ziel besteht darin, das Besondere nicht dem Allgemeinen zu opfern, sondern umgekehrt das Allgemeine im Besonderen zur Vervollkommnung zu bringen. Die erste Säule ist eine ästhetisch revidierte idealistische Subjekttheorie, die die *Freiheit* und *Individualität* des Einzelnen hervorhebt. Die zweite Säule bildet die Theorie eines liberalen Staates, dessen Aufgaben ausschließlich darin bestehen, Freiheit und Individualität eines jeden durch den Schutz von *Sicherheit*, *Eigentum* und *Familie* zu ermöglichen. Seine Wirksamkeit wird von der privaten Sphäre der Individuen begrenzt, die frei von jedem staatlichen Einfluss zu lassen ist. Die Voraussetzung eines solchen minimalistischen Staats ist die *Allgemeinbildung* aller Bürger. Die dritte Säule beinhaltet daher eine Reform des gesamten Bildungswesens, die die Einheit von Elementarunterricht, Schulunterricht und Universitätsunterricht vorsieht und die in einer neuen Konzeption der Universität ihre Vollendung findet. Sie ist für Humboldt von der Einheit von Forschung und Lehre, von der Gemeinschaft von Lehrenden und Lernenden und vom unabgeschlossen Charakter der Wissenschaft bestimmt.

Die Frage nach einer möglichen *Krise des Bildungsbegriffs* wird im fünften Kapitel ausgehend von der Transformation der Wissensform und des Wissenschaftsverständnisses gestellt, die der Bildungskonstellation im 19. Jahrhundert zugrunde lag. Mit der Formulierung *Informatisierung des Wissens* wird auf eine Entwicklung hingewiesen, die die erkenntnistheoretischen Voraussetzungen, die Modalitäten und den institutionellen und pädagogischen Charakter der Einrichtungen betrifft, die sich mit Forschung und Lehre befassen. In Anlehnung an Jean-François Lyotard wird mit dem Begriff der *Information* eine Wissenseinheit bezeichnet, die ihrer Form nach der Ware ähnelt. Wie die Ware erhält die Information ihren Tauschwert im Prozess der *Zirkulation*. Ihre Bedeutung ist nicht so sehr an einen historischen (Epoche) oder an einem spezifischen fachlichen Kontext gebunden. Sie entsteht eher aus einem assoziativen kombinatorischen Verkettungsprozess. Ihre Erschließung verlangt keine spezifische Form von Fachlichkeit, sondern nur eine Expertise in einem bestimmten Bereich. Lyotard führt diese Transformation der Wissensproduktion und des Wissenserwerbs sowohl auf einen dem Wissenschaftsverständnis immanenten Prozess als auch auf den wachsenden Einfluss der neuen Informationstechnologien bzw. auf die Informatisierung der gesamten Produktion zurück. Die immanenten Veränderungen betreffen die geschichtsphilosophischen und erkenntnistheoretischen Voraussetzungen, die dieser Einführung zufolge dem Erziehungs- und Bildungsbegriff zugrunde liegen, und die Lyotard als *große Erzählungen* bezeichnet. Zwei davon sind für den Erziehungs- und Bildungsbegriff von zentraler Bedeutung: die Idee des *Fortschritts* und die der *Spekulation*. Die Idee des Fortschritts wird in Zusammenhang mit der Französischen Revolution (1789) gebracht, die der Spekulation mit der Gründung der Berliner Universität (1810). Der Fortschritt bezeichnet im Programm der französischen Aufklärung das Telos von Wissenschaft und Technik, Spekulation den vernünftigen Charakter der Wissenschaft, d.h. sowohl ihr transzendierendes Moment (*wozu* Wissenschaft?) als auch ihre logische Einheit (transzendentale Begründung, *wie* ist Wissenschaft möglich?). Schon in der zweiten Hälfte des 19. Jahrhunderts mit der wachsenden Bedeutung der Naturwissenschaften und ihrer Relevanz für den Industrialisierungsprozess emanzipiert sich die Idee des Fortschritts von dem Moment der Spekulation. Die Vernunft wird immer mehr zur instrumentalen Vernunft, das ökonomische Wachstum zum Ziel der Wissenschaft, die Modernisierung zum normativen Horizont der Politik. Mit seiner Idee einer Universität, die sich auf die Einheit von Forschung und Lehre stützt, stellt Humboldts Konzeption des Bildungswesens einen der letzten Versuche dar, spekulative und instrumentelle Vernunft, Wissenschaft und Technik zusammen zu denken. Die Informatisierung der Produktion, die gegenwärtige Allianz von Finanz- und Informationsökonomie in der Form eines „Plattformkapitalismus" (vgl. Vogl 2021), der durch die Covid-19-Pandemie beschleunigte Prozess der durchgängigen Digitalisierung der Bildungsinstitutionen spitzen noch weiter die Entwicklung zu, die Jean-François Lyotard mit der Formulierung „Informatisierung des Wissens" bezeichnet hat. Eine mögliche Antwort darauf wäre eine Theorie der digitalen Bildung, die nicht

Digitale Bildung

rein affirmativ ist, sondern die den digital vermittelten Zugang zur Welt und zur Wissenschaft zum Gegenstand ihrer Analyse macht. Diese Einführung hat sich darauf begrenzt, die Entstehungsbedingungen dieser neuen Konstellation und ihrer Bedeutung für die Transformation der Idee der Universität zu skizzieren.

Zum Schluss soll zur Sprache kommen, was diese Einführung nicht ist. Sie ist keine Geschichte der Erziehungs- und Bildungsphilosophie, insofern beansprucht sie nicht, einen Überblick über ihre zentralen Strömungen anbieten zu können. Der Fokus liegt ausschließlich auf der Begriffsbildung. Es werden nur Schriften von Autoren betrachtet, die als exemplarisch für zwei Stränge der Erziehungs-und Bildungsphilosophie gelten können.

Bezüglich des Erziehungsbegriffs wird in den Schriften Immanuel Kants, Friedrich Schleiermachers, Hannah Arendts und Micha Brumliks einer Spur gefolgt, die Walter Benjamin mit seiner Bestimmung der Erziehung als Beherrschung des Generationsverhältnisses hinterlassen hat. Dazu hätte auch die Auseinandersetzung mit der Pädagogik von Siegfried Bernfeld gehört.

Bezüglich des Bildungsbegriffs wird der Fokus auf die idealistische und neuhumanistische Tradition gerichtet. Der Ausgangspunkt der Analyse bildet aber *stricto sensu* die Systematik, die Wilhelm von Humboldts *Staatsschrift* zugrunde liegt und der zufolge der Bildungsbegriff sich aus dem Spannungsverhältnis von Individuum, Staat und Universität erschließen lässt. Dieser besondere Zugriff auf den Bildungsbegriff erklärt die selektive Behandlung bildungsphilosophischer Positionen. Theodor W. Adornos negativer Dialektik, Heinz-Joachim Heydorns Bildungstheorie und seiner Auseinandersetzung mit Humboldt und Hegel, der feministischen Erkenntnistheorie von Luce Irigaray, der ästhetischen Theorie von Heide Schlüpmann verdankt diese Einführung viel mehr als zum Ausdruck kommt.

Zitierte Literatur

Adorno, Theodor W. (1970): Negative Dialektik. Jargon der Eigentlichkeit [1966]. In: Ders.: Gesammelte Schriften. Band 6. Frankfurt/Main: Suhrkamp.
Adorno, Theodor W. (1973): Philosophische Terminologie [1962]. Band 1. Frankfurt/Main: Suhrkamp.
Adorno, Theodor W. (1979a): Soziologie und empirische Forschung [1957]. In: Ders.: Gesammelte Schriften. Band 8/1: Soziologische Schriften. Frankfurt/Main: Suhrkamp, S. 196-216.
Adorno, Theodor W. (1979b): Theorie der Halbbildung [1959]. In: Ders.: Gesammelte Schriften. Band 8/1: Soziologische Schriften. Frankfurt/Main: Suhrkamp, S. 93-121.
Arendt, Hannah (1994a): Die Krise der Erziehung [1958]. In: Dies.: Zwischen Vergangenheit und Zukunft. Übungen im politischen Denken I. Hrsg. von Ursula Ludz. München: Piper, S. 255-276.
Arendt, Hannah (1994b): Was ist Autorität [1956]? In: Dies.: Zwischen Vergangenheit und Zukunft. Übungen im politischen Denken I. Hrsg. von Ursula Ludz. München: Piper, S. 159-200.
Arendt, Hannah (2009): Vita activa oder Vom tätigen Leben [1958]. München: Piper.
Arendt, Hannah (2019): Macht und Gewalt [1970]. München: Piper.
Aristoteles (1995): Nikomachische Ethik [ca. 335-323 v. Chr.]. Philosophische Schriften. Band 3. Hamburg: Meiner.
Asor Rosa, Alberto (2009): Il grande silenzio. Intervista sugli intellettuali. Hrsg. von Simonetta Fiori. Bari: Laterza.
Basedow, Johann Bernhard (1979): Das Methodenbuch für Väter und Mütter der Familien und Völker [1770]. Altona/Bremen: Cramer.
Benhabib, Seyla (2006): Hannah Arendt. Die melancholische Denkerin der Moderne. Frankfurt/Main: Suhrkamp.
Benjamin, Walter (1991): Erkenntniskritische Vorrede [1925]. In: Ders.: Gesammelte Schriften. Band I/1: Ursprung des deutschen Trauerspiels. Frankfurt/Main: Suhrkamp, S. 207-237.
Benner, Dietrich/Brüggen, Friedhelm (2004): Mündigkeit. In: Ders./Oelkers, Jürgen (Hrsg.): Historisches Wörterbuch der Pädagogik. Weinheim/Basel: Beltz, S. 687-699.
Bernhard, Thomas (1975): Die Ursache. Eine Andeutung. Salzburg: Residenz Verlag.
Bodin, Jacques (1977): Les six Livres de La Républlique [1576]. Aalen: Scientia.
Bollenbeck, Georg (1996): Bildung und Kultur. Glanz und Elend eines deutschen Deutungsmusters. Frankfurt/Main: Suhrkamp.
Brumlik, Micha (1997): Gerechtigkeit zwischen den Generationen [1995]. Frankfurt/Main und Wien: Büchergilde Gutenberg.
Brumlik, Micha (2007): Durch Unterwerfung zur Freiheit. Bernhard Buebs reaktionäre Vergangenheitsbewältigung. In: Ders. (Hrsg.): Vom Missbrauch der Disziplin. Weinheim/Basel: Beltz, S. 52-75.
Brumlik, Micha (2017): Advokatorische Ethik. Zur Legitimation pädagogischer Eingriffe [1992]. Hamburg: CEP Europäische Verlagsanstalt.
Casale, Rita (2011): Über die Aktualität der Bildungsphilosophie. In: Vierteljahrsschrift für wissenschaftliche Pädagogik 2/2011, S. 361-371.
Casale, Rita (2019): Verkörperte Bildung: Leidenschaft, Krankheit und Geschlechtlichkeit. In: Dies./Rieger-Ladich, Markus/Thompson, Christiane (Hrsg.): Verkörperte Bildung. Körper und Leib in geschichtlichen und gesellschaftlichen Transformationen. Weinheim/Basel: Beltz Juventa, S. 10-21.
Casale, Rita (2020): Die Durchsetzung eines spezifischen Paradigmas von ‚Forschung' in der Erziehungswissenschaft aus der Perspektive einer historischen Epistemologie. In: Zeitschrift für Pädagogik 66/2020, H. 6, S. 807-822.
Casale, Rita/Oswald, Christian (2019): Bildung zum Humankapital. In: Walgenbach, Katharina (Hrsg.): Bildung und Gesellschaft im 21. Jahrhundert. Frankfurt/Main: Campus, S. 61-87.
Cavarero, Adriana (2013): Inclinazioni. Critica della rettitudine. Mailand: Raffaello Cortina.
Cicero (1999): Cato der Ältere über das Alter. Laelius über die Freundschaft [44 v. Chr.]. Lateinisch-

deutsch. 3. Aufl. Hrsg. von Max Faltner: Düsseldorf/Zürich: Artemis & Winkler.
Clark, Burton R. (1998): Creating Entrepreneurial Universities. Organizational Pathways of Transformation. Oxford/New York: Pergamon Press.
Dahrendorf, Ralf (1965): Bildung ist Bürgerrecht. Osnabrück: Nannen-Verlag.
Deleuze, Gilles/Guattari, Felix (2000): Was ist Philosophie [1991]? Frankfurt/Main: Suhrkamp.
Derrida, Jacques (1988): Geschlecht (Heidegger). Sexuelle Differenz, ontologische Differenz. Heideggers Hand [1987]. Wien: Passagen.
Derrida, Jacques (2001): Die unbedingte Universität [1998]. Frankfurt/Main: Suhrkamp.
Dogma 95 (1999): Das Fest [1998] (dänisch: Festen) [Film]. Dänemark, Schweden.
Durkheim, Emile (1984): Erziehung, Moral und Gesellschaft. Vorlesung an der Sorbonne 1902/1903. Frankfurt/Main: Suhrkamp.
Eisler, Rudolf (1994): Kant-Lexikon. Nachschlagewerk zu Kants sämtlichen Schriften, Briefen und handschriftlichem Nachlaß. Hildesheim/Zürich/New York: Olms.
Encyclopédie ou Dictionnaire raisonné des sciences, des arts et des métiers. Mis en ordre & publié par M. Diderot, de l'Académie Royale & des Belles-Lettres de prusse; & quant à la Partie Mathematique, par M. d'Alembert, de l'Academie Royale des Sciences de Paris, de celle de Prusse, & de la Societé Royale de Londres. Paris 1751–1780.
Eribon, Didier (2016): Rückkehr nach Reims [2009]. Berlin: Suhrkamp.
Ernaux, Annie (2017): Die Jahre [2008]. Berlin: Suhrkamp.
Evers, Ernst August (2002): Über die Schulbildung zur Bestialität. Eine Streitschrift zugunsten der humanistischen Bildung [1807]. Nachdruck der Edition Aarau. Heidelberg: Manutius.
Ferrante, Elena (2016-2018): Neapolitanische Saga [it. 2011-2014]. Berlin: Suhrkamp.
Fichte, Johann Gottlieb (1971): Grundlage des Naturrechts nach den Principien der Wissenschaftslehre [1796]. In: Ders.: Fichtes Werke. 11 Bände. Hrsg. von Immanuel Hermann Fichte. Band 3a. Berlin: de Gruyter.
Filmer, Robert (2019): Patriarcha [1680]. Hamburg: Meiner.
Foucault, Michel (1974): Die Ordnung der Dinge [1966]. Frankfurt/Main: Suhrkamp.
Foucault, Michel (1990): Was ist Aufklärung [1984]? In: Erdmann, Eva/Forst, Rainer/Honneth, Axel (Hrsg.): Ethos der Moderne. Foucaults Kritik der Aufklärung. Frankfurt/Main: Campus, S. 35-54.
Foucault, Michel (2008): Überwachen und Strafen [1975]. Die Geburt des Gefängnisses. Frankfurt/Main: Suhrkamp.
Freud, Sigmund (1997): Das Unbehagen in der Kultur [1930]. In: Ders.: Studienausgabe. Band 9: Fragen der Gesellschaft, Ursprünge der Religion. Frankfurt/Main: Fischer, S. 191-270.
Ginzburg, Natalia (1999): Die Stadt und das Haus [1984]. Berlin: Klaus Wagenbach.
Habermas, Jürgen (1962): Strukturwandel der Öffentlichkeit. Untersuchungen zu einer Kategorie der bürgerlichen Gesellschaft. Neuwied/Berlin: Luchterhand.
Habermas, Jürgen (1986): Die Idee der Universität. Lernprozesse. In: Zeitschrift für Pädagogik 5/1986, S. 703-718.
Haneke, Michael (2009): Das weiße Band – Eine deutsche Kindergeschichte [Film]. Deutschland, Österreich, Frankreich, Italien.
Hegel, Georg Wilhelm Friedrich (1970): Vorlesungen über die Ästhetik [1835-1838]. In: Ders.: Werke. Band 13/1. Frankfurt/Main: Suhrkamp.
Hegel, Georg Wilhelm Friedrich (1995): Grundlinien der Philosophie des Rechts [1821]. Hamburg: Meiner.
Hegel, Georg Wilhelm Friedrich (1999a): Wissenschaft der Logik. Erstes Buch, 1. Teil: Die objektive Logik [1812]. In: Ders.: Hauptwerke. Band 3. Hamburg: Meiner.
Hegel, Georg Wilhelm Friedrich (1999b): Phänomenologie des Geistes [1807]. In: Ders.: Hauptwerke. Band 2. Hamburg: Meiner.
Heidegger, Martin (1977): Sein und Zeit [1927]. Gesamtausgabe. Band 2. Hrsg. von Friedrich-Wilhelm von Herrmann. Frankfurt/Main: Klostermann.
Heinrich, Klaus (1998a): Widerspruch und Verantwortung in der Hochschule [1970]. In: Ders.: Der Gesellschaft ein Bewußtsein ihrer selbst zu geben. Frankfurt/Main: Stroemfeld, S. 31-54.

Heinrich, Klaus (1998b): Zur Geistlosigkeit der Universität heute [1987]. In: Ders.: Der Gesellschaft ein Bewußtsein ihrer selbst zu geben. Frankfurt/Main: Stroemfeld, S. 69-92.
Herder, Johann Gottfried (1968): Briefe zur Beförderung der Humanität [1794]. In: Ders.: Sämtliche Werke. Band 17. Hildesheim: Olms.
Heydorn, Heinz-Joachim (1970): Über den Widerspruch von Bildung und Herrschaft. Frankfurt/Main: Europäische Verlagsanstalt.
Honegger, Claudia (1996): Die Ordnung der Geschlechter. München: Deutscher Taschenbuch Verlag.
Horkheimer, Max/Adorno, Theodor W. (2011): Dialektik der Aufklärung. Philosophische Fragmente [1947]. In: Adorno, Theodor W.: Gesammelte Schriften. Band 3: Philosophische Fragmente. Frankfurt/Main: Suhrkamp.
Humboldt, Wilhelm von (2002a): Ideen zu einem Versuch, die Gränzen der Wirksamkeit des Staates zu bestimmen [1792]. In: Ders.: Werke. Band 1: Schriften zur Anthropologie und Geschichte. Hrsg. von Andreas Flitner/Klaus Giel. Darmstadt: Wissenschaftliche Buchgesellschaft, S. 56-149.
Humboldt, Wilhelm von (2002b): Theorie der Bildung des Menschen [1794-1795]. In: Ders.: Werke Band 1: Schriften zur Anthropologie und Geschichte. Hrsg. von Andreas Flitner/Klaus Giel. Darmstadt: Wissenschaftliche Buchgesellschaft, S. 234-240.
Humboldt, Wilhelm von (2002c): Über den Geschlechtsunterschied und dessen Einfluss auf die organische Natur [1795]. In: Ders.: Werke. Band 1: Schriften zur Anthropologie und Geschichte. Hrsg. von Andreas Flitner/Klaus Giel. Darmstadt: Wissenschaftliche Buchgesellschaft, S. 268-295.
Humboldt, Wilhelm von (2002d): Über die männliche und weibliche Form [1795]. In: Ders.: Werke. Band 1: Schriften zur Anthropologie und Geschichte. Hrsg. von Andreas Flitner/Klaus Giel. Darmstadt: Wissenschaftliche Buchgesellschaft, S. 296-336.
Humboldt, Wilhelm von (2002e): Der Königsberger und der Litauische Schulplan [1809]. In: Ders.: Werke. Band 4: Schriften zur Politik und Bildungswesen. Hrsg. von Andreas Flitner/Klaus Giel. Darmstadt: Wissenschaftliche Buchgesellschaft, S. 168-195.
Humboldt, Wilhelm von (2002f): Über die innere und äussere Organisation der höheren wissenschaftlichen Anstalten in Berlin [1810]. In: Ders.: Werke. Band 4: Schriften zur Politik und Bildungswesen. Hrsg. von Andreas Flitner/Klaus Giel. Darmstadt: Wissenschaftliche Buchgesellschaft, S. 255-266.
Humboldt, Wilhelm von (2002g): Über die Aufgabe des Geschichtsschreibers [1821]. In: Ders.: Werke. Band 1: Schriften zur Anthropologie und Geschichte. Hrsg. von Andreas Flitner/Klaus Giel. Darmstadt: Wissenschaftliche Buchgesellschaft, S. 585-606.
Humboldt, Wilhelm von (2002h): Über Schiller und den Gang seiner Geistesentwicklung [1830]. In: Ders.: Werke. Band 2: Schriften zur Altertumskunde und Ästhetik. Hrsg. von Andreas Flitner/Klaus Giel. Darmstadt: Wissenschaftliche Buchgesellschaft, S. 357-394.
Kafka, Franz (1995): Brief an den Vater (1919). Hrsg. u. kommentiert von Michael Müller. Stuttgart: Reclam.
Kant, Immanuel (1964): Streit der Fakultäten [1798]. In: Ders.: Werkausgabe. Band 11/1: Schriften zur Anthropologie, Geschichtsphilosophie, Politik und Pädagogik. Hrsg. von Wilhelm Weischedel. Frankfurt/Main: Suhrkamp, S. 265-393.
Kant, Immanuel (1968): Mutmaßlicher Anfang der Menschengeschichte [1786]. In: Ders.: Werkausgabe. Band 11/1: Schriften zur Anthropologie, Geschichtsphilosophie, Politik und Pädagogik. Hrsg. von Wilhelm Weischedel. Frankfurt/Main: Suhrkamp, S. 82-102.
Kant, Immanuel (1974): Kritik der reinen Vernunft [1781]. In: Ders.: Werkausgabe. Band 3 und 4. Hrsg. von Wilhelm Weischedel. Frankfurt/Main: Suhrkamp.
Kant, Immanuel (1977): Über Pädagogik [1803]. In: Ders.: Werkausgabe. Band 11/2: Schriften zur Anthropologie, Geschichtsphilosophie, Politik und Pädagogik. Hrsg. von Wilhelm Weischedel. Frankfurt/Main: Suhrkamp, S. 691-761.
Kopetz, Hedwig (2002): Forschung und Lehre. Die Idee der Universität bei Humboldt, Jaspers, Schelsky und Mittelstraß. Wien/Köln/Graz: Böhlau.
Koselleck, Reinhart (1972): Einleitung. In: Brunner, Otto/Conze, Werner/Ders. (Hrsg.): Geschichtliche Grundbegriffe. Band 1. Stuttgart: Klett-Cotta, S. XIII-XXVII.
Koselleck, Reinhart (1978): Historische Semantik und Begriffsgeschichte. Stuttgart: Klett-Cotta.

Koselleck, Reinhart (1990): Einleitung. Zur anthropologischen und semantischen Struktur der Bildung. In: Ders. (Hrsg.): Bildungsbürgertum im 19. Jahrhundert. Teil 2. Stuttgart: Klett-Cotta, S. 11-46.
Koselleck, Reinhart (2000): Vergangene Zukunft [1975]. Zur Semantik geschichtlicher Zeiten. Frankfurt/Main: Suhrkamp.
Krämer, Sybille (2008): Medium, Bote, Übertragung. Kleine Metaphysik der Medialität. Frankfurt/Main: Suhrkamp.
Kraus, Chris (2005/2006): Vier Minuten. [Film]. Deutschland.
Künzel, Rainer (1999): Politische Kontrolle und Finanzierung. Die Zukunft staatlicher Steuerung. In: Mitchell, G. Ash (Hrsg.): Mythos Humboldt. Wien: Böhlau, S. 181-194.
Laplanche, Jean/Pontalis, Jean-Bertrand (2019): Das Vokabular der Psychoanalyse [1967]. Frankfurt/Main: Suhrkamp.
Liessmann, Konrad Paul (2006): Theorie der Unbildung. Die Irrtümer der Wissensgesellschaft. Wien: Paul Zsolnay.
Locke, John (1977): Zwei Abhandlungen über die Regierung [1690]. Frankfurt/Main: Suhrkamp.
Luhmann, Niklas (1993): Theoriesubstitution in der Erziehungswissenschaft. Von der Philanthropie zum Neuhumanismus. In: Ders.: Gesellschaftsstruktur und Semantik. Studien zur Wissenssoziologie der modernen Gesellschaft. Band 2. Frankfurt/Main: Suhrkamp, S. 105-194.
Lyotard, Jean-François (2009): Das postmoderne Wissen [1979]. Ein Bericht. Wien: Passagen.
Meyer-Drawe, Käte (1990): Illusionen von Autonomie. Diesseits von Ohnmacht und Allmacht des Ich. München: Kirchheim.
Millet, Kate (2016): Sexual Politics [1969]. New York: Columbia University Press.
Mitscherlich, Alexander (2003): Auf dem Weg zur vaterlosen Gesellschaft [1963]. Weinheim/Basel: Beltz.
Mittelstraß, Jürgen (1994): Die unzeitgemäße Universität. Frankfurt/Main: Suhrkamp.
Moravia, Sergio (1973): Beobachtende Vernunft: Philosophie und Anthropologie in der Aufklärung. München: Hanser.
Muraro, Luisa (2005): Die symbolische Ordnung der Mutter [1991]. Rüsselsheim: Christel Goettert.
Neiman, Susan (2014): Warum erwachsen werden? Eine philosophische Ermutigung. München: Hanser.
Niethammer, Friedrich Immanuel (1808): Streit des Philanthropinismus und Humanismus. Jena: Frommann.
Pateman, Carole (1988): The Sexual Contract. Cambridge/Stanford: Polity Press.
Prange, Klaus (2005): Die Zeigestruktur der Erziehung. Grundriss der Operativen Pädagogik. Paderborn: Ferdinand Schöningh.
Quintilianus, Marcus Fabius (2015): Ausbildung des Redners [95 n. Chr.]. Zwölf Bücher. Lateinisch-deutsch. 6. Aufl. Hrsg. und übersetzt von Helmuth Rahn. Darmstadt: WBG.
Recalcati, Massimo (2011): Cosa resta del padre? La paternità nell'epoca ipermoderna. Mailand: Raffaello Cortina.
Recalcati, Massimo (2013): Il complesso di Telemaco. Genitori e figli dopo il tramonto del padre. Mailand: Feltrinelli.
Renaut Alain (1995): Les révolutions de l'université: essai sur la modernisation de la culture. Paris: Calmann-Lévy.
Rousseau, Jean-Jacques (1971): Emil oder über die Erziehung [1762]. Paderborn: Ferdinand Schöningh.
Rousseau, Jean-Jacques (1977): Vom Gesellschaftsvertrag oder Grundsätze des Staatsrechts [1762]. Stuttgart: Reclam.
Rousseau, Jean-Jacques (2008): Diskurs über die Ungleichheit [1755]. Mit sämtlichen Fragmenten und ergänzenden Materialien nach den Originalausgaben und den Handschriften. Neu editiert, übersetzt und kommentiert von Heinrich Meier. Paderborn: Ferdinand Schöningh.
Ruhloff, Jörg (2004): Emanzipation. In: Benner, Dietrich/Oelkers, Jürgen (Hrsg.): Historisches Wörterbuch der Pädagogik. Weinheim/Basel: Beltz, S. 279-287.
Rutschky, Katharina (2001): Schwarze Pädagogik. Quellen zur Naturgeschichte der bürgerlichen Erziehung [1977]. 8. Aufl. München: Ullstein.

Schiller, Friedrich (1992): Briefe an den Herzog Friedrich Christian von Augustenburg. In: Ders.: Werke und Briefe. Band 8: Theoretische Schriften. Hrsg. von Rolf-Peter Janz. Frankfurt/Main: Deutscher Klassiker Verlag, S. 491-555.

Schiller, Friedrich (2000): Über die ästhetische Erziehung des Menschen in einer Reihe von Briefen [1794-1795]. Stuttgart: Reclam.

Schiller, Friedrich/Körner, Christian Gottfried (2019): Schillers Briefwechsel mit Körner [1847]. Berlin: de Gruyter.

Schleiermacher, Friedrich Daniel Ernst (2000): Grundzüge der Erziehungskunst [1826]. In: Ders.: Texte zur Pädagogik. Band 2. Hrsg. von Michael Winkler und Jens Brachmann. Frankfurt/Main: Suhrkamp.

Schlink, Bernhard (1995): Der Vorleser. Zürich: Diogenes.

Schlüpmann, Heide (1998): Abendröthe der Subjektphilosophie. Eine Ästhetik des Kinos. Frankfurt/Main: Stroemfeld.

Schlüpmann, Heide (2020): Raumgeben – der Film dem Kino. Berlin: Vorwerk 8.

Schmidt, Sibylle (2015): Ethik und Episteme der Zeugenschaft. Konstanz: Konstanz University Press.

Smith Adam (1974): Wohlstand der Nationen. Eine Untersuchung seiner Natur und seiner Ursachen [1776]. München: C.H. Beck.

Stöcker, Helene (2008): Unsere Umwertung der Werte [1897]. In: Gerhard, Ute/Wischermann, Ulla/Pommerenke, Petra (Hrsg.): Klassikerinnen feministischer Theorie: Grundlagentexte. Band 1: 1789-1919. Königstein/Taunus: Helmer, S. 236-244.

Taviani Paolo/Taviani, Vittorio (1977): Padre Padrone – Mein Vater, Mein Herr. [Film]. Italien.

Tenorth, Heinz-Elmar (2004): Autonomie, pädagogische. In: Benner, Dietrich/Oelkers, Jürgen (Hrsg.): Historisches Wörterbuch der Pädagogik. Weinheim/Basel: Beltz, S. 106-125.

Truffaut, François (1970): Der Wolfsjunge (frz.: L'Enfant sauvage). [Film]. Frankreich.

Vierhaus, Rudolf (1982): Liberalismus. In: Brunner, Otto/Conze, Werner /Koselleck, Reinhart (Hrsg.): Geschichtliche Grundbegriffe. Band 3. Stuttgart: Klett-Cotta, S. 741-785.

Vogl, Joseph (2021): Kapital und Ressentiment. Eine kurze Theorie der Gegenwart. München: C.H. Beck.

Weigel, Sigrid (2000): Zeugnis und Zeugenschaft, Klage und Anklage. Die Geste des Bezeugens in der Differenz von identity politics, juristischem und historiographischem Diskurs. In: Zeugnis und Zeugenschaft. Jahrbuch des Einstein Forums 1999. Berlin: Akademie-Verlag, S. 111–135.

Zagrebelsky, Gustavo (2016): Senza adulti. Turin: Einaudi.

Antworten zu den Wiederholungsfragen

1. Was ist Philosophie?

1. Die philosophische Analyse von Phänomenen und die philosophische Theoriebildung setzen die Kenntnis der philosophischen Tradition und die Auseinandersetzung mit ihren Klassikern voraus. Die Haupttätigkeit der Philosophie geht aber über diese Kenntnisse und Auseinandersetzungen hinaus. Sie macht es sich zur Aufgabe, Begriffe zu bilden, d.h. theoretische, gesellschaftliche, kulturelle Phänomene in verdichteter Form zu erfassen und damit zu ihrer Erkenntnis und ihrer Erforschung beizutragen.
2. Die Philosophie, verstanden als Kunst der Begriffsbildung, geht von der Annahme aus, dass sie keinen direkten, d.h. keinen unvermittelten Zugang zu den Dingen, zu den Sachen selbst hat. Im Unterschied zu einem transzendentalen Verständnis der Phänomenologie (im Sinne Edmund Husserls) versteht sie sich als *historische Phänomenologie*, d.h. als begriffliche Auffassung der Phänomene in ihrer Historizität. Der erste Schritt für die Begriffsbildung besteht in der Hervorhebung eines Phänomens durch die Komposition einer Konstellation. Phänomen und Konstellation sind nicht identisch, aber ohne die Komposition einer Konstellation lässt sich ein Phänomen in seiner Besonderheit und Singularität nicht begreifen. Die Konstellation ist die Konfiguration eines Phänomens durch die Individuation seiner zentralen Elemente (Knoten) und durch die Bestimmung ihres Verhältnisses. Zentrale Merkmale einer Konstellation sind die Zeitspanne (*Dauer*), in der die Elemente einer Konstellation in einem bestimmten Zusammenhang stehen, und das Verhältnis selbst, in dem die Elemente zueinander stehen (*Intensität*).
3. Der Begriff bildet im metaphorischen Sinn den Knoten einer Konstellation, d.h. er ist eine Verdichtung, die es ermöglicht, den Zusammenhang der Elemente einer Konstellation zur Sprache zu bringen. Diese Verdichtung ist sprachlicher Natur, d.h. sie drückt nicht das Wesen eines Phänomens in einem naiven realistischen Sinn aus, sondern sie liefert eine Deutung des Zusammenhangs der Elemente, die ein Phänomen ausmachen. Die sprachliche Verdichtung ist dem Phänomen nicht äußerlich. Sie stellt eine mögliche Bedeutung sprachlich dar, die im Phänomen selbst liegt. In seiner synthetisierenden Funktion ist der Begriff ein *Indikator* des Phänomens, das er zu deuten sucht. Er wirkt aber nicht nur als Träger von Bedeutung, sondern auch in der Verwandlung eines Phänomens zu einer Konstellation performativ. In diesem Sinn wird der Begriff zum *Faktor* einer Konstellation.
4. Begriff, Idee und Kategorie unterscheiden sich bezüglich ihres Verhältnisses zur Erfahrung und hinsichtlich der Funktion, die ihnen im Prozess der Erkenntnis

und der theoretischen Bestimmung von Phänomenen unterschiedlicher Art zukommt. Kategorie und Idee sind *a priori*, d.h. sie entstehen nicht aus der Erfahrung. Die Kategorie strukturiert die Erfahrung und die Idee fungiert ihr gegenüber regulativ. Der Begriff ist *a posteriori*. Seine Funktion besteht in der Erkenntnis der Erfahrung durch Prozesse der Synthese und der Repräsentation. Der begriffliche Prozess der Synthese und der Repräsentation stützt sich seinerseits wiederum auf kategoriale und regulative Verfahren.
5. Die Konstellation, die einem Grundbegriff zugrunde liegt, ist theoretisch, d.h. ihre Komponenten sind Begriffe. Ein Grundbegriff drückt den Zusammenhang unterschiedlicher Begriffe aus, die in einer bestimmten historischen Phase gebraucht werden, um ein Phänomen, einen Prozess zu bezeichnen.

2. Erziehung als Grundbegriff

1. Aufklärung als historische Konstellation des Erziehungsbegriffs ist als ein *politisches, philosophisches* und *pädagogisches* Projekt zu verstehen. Ihre politischen Ziele, Mündigkeit des Einzelnen und Gleichheit aller vor dem Gesetz, werden auf der Basis philosophischer Prämissen (der Autonomie jedes Einzelnen und der Würde aller) formuliert, die wiederum erst pädagogisch realisiert werden können.
2. Mit Autonomie wird das Ziel der Erziehung und das Hauptproblem der Pädagogik bezeichnet. Erste Voraussetzung für eine Erziehung zur Autonomie ist die Autonomie der Erziehung, d.h. eine Erziehung, die aus dem Prozess des Aufwachsens und der Subjektwerdung des Individuums gedacht wird. In ihrer pädagogischen Bestimmung wird der Erziehung keine rein funktionale Bedeutung zugeschrieben. Die Autonomie der Erziehung impliziert die Autonomie der Prinzipien der Erziehung von religiösen, politischen, ökonomischen und kulturellen Vorstellungen. In einer disziplingeschichtlichen Perspektive steht die Autonomie des Erziehungsbegriffs in Zusammenhang mit der Autonomie der Pädagogik, d.h. mit ihrer fachlichen Begründung.
3. Mit Disziplinierung ist in einem engeren Sinn die Zähmung der Wildheit bzw. die Beherrschung der Triebe angesprochen, in einem allgemeineren Sinn die notwendige Form der Selbstkontrolle, die in allen Zivilisierungs- und Kultivierungspraktiken erforderlich sind. Die Disziplinierung bildet das größte Problem der Erziehung und zugleich die Bedingung ihrer Möglichkeit. Sie ist ein Problem, weil sie im Widerspruch zum Ziel der Erziehung steht, Individuen zur Mündigkeit und Freiheit zu befähigen. Sie stellt zugleich die Bedingung von Erziehung dar, insofern sie die Voraussetzungen jeder Form von Freiheit ermöglicht: die Emanzipation aus den Zwängen, in diesem Fall aus den Zwängen der eigenen Natur. Kants Pädagogik, der hier eine paradigmatische Bedeutung für den aufklärerischen Erziehungsbegriff zugesprochen wird, stellt den Versuch dar, dem aporetischen Charakter der Erziehung (Wie erzieht man zur Freiheit

durch Zwang?) durch die Vermittlung von Freiheit und Disziplinierung gerecht zu werden.
4. Die Prämisse von Kants anthropologischer Begründung basiert grundsätzlich auf dem Unterschied zwischen Mensch und Tier. Im Gegensatz zur bestimmten Natur des Tieres ist die Natur des Menschen von einer grundlegenden Unbestimmtheit gekennzeichnet. Diese Unbestimmtheit ist der Grund seiner *Bildsamkeit*, d.h. einerseits seiner Erziehungsfähigkeit, andererseits seiner Erziehungsbedürftigkeit. Weil Kant von einer natürlichen Kontinuität zwischen den Lebewesen ausgeht, erklärt er den grundsätzlichen Unterschied zwischen Mensch und Tier durch die Spezifizierung weiterer Differenzverhältnisse, die die menschliche Gattung ausmachen und dem Erziehungsbegriff zugrunde liegen. Es handelt sich um das asymmetrische Generationenverhältnis, das sowohl für die Angewiesenheit der Kinder als auch für die Verantwortung der aufeinanderfolgenden Generationen steht; um das Verhältnis der Geschlechter, die mit einer geschlechtsspezifischen Differenzierung von Erziehungszuständigkeiten verbunden ist; um das Verhältnis zwischen Natur und Kultur, das von Kant als Dialektik zwischen Trieb und Vernunft bzw. Zwang und Gesetz erläutert wird.
5. In seiner Vorlesung *Über Pädagogik* führt Kant drei Instanzen an, in denen das Verhältnis von Zwang und Freiheit in einem aufsteigenden Prozess vermittelt wird. Es handelt sich um *Pflicht, Gewissen* und *Gesetz*. Die *Pflicht* bereitet auf das Gesetz vor. Sie ist eine Vorstufe des Gesetzes. Sich pflichtgemäß zu verhalten, bedeutet noch nicht, die Geltung des Gesetzes anerkannt zu haben. Pflicht bezeichnet noch ein Zwangsverhältnis: Man fühlt sich verpflichtet, etwas zu tun. Man gewöhnt sich daran, die Neigungen zu beherrschen. Bei der Erfüllung der Pflicht ist man noch nicht frei. Frei wird man, wenn man nicht aus Pflicht, sondern aus Überzeugung nach dem Gesetz handelt. Das *Gewissen* bezeichnet ein Selbstverhältnis. Es ist die subjektive Seite des Verhältnisses des Individuums zuerst zur Pflicht, später zum Gesetz. Das schlechte Gewissen ist ein deutlich spürbares Indiz für die Anerkennung der Autorität des Gesetzes, der Autorität, der man sich verpflichtet fühlt. Das *Gesetz* ist eine Maxime mit allgemeiner Gültigkeit und als solches das Gegenteil von Zufall und Willkür, die für eine triebgesteuerte Handlung charakteristisch sind. Die Anerkennung des Gesetzes setzt insofern die Bildung des Charakters voraus, die erst die Emanzipation aus einem triebgesteuerten Verhaltens ermöglicht, das immer im Besonderen verhaftet bleibt. Bezüglich der Formierung des Charakters verweist Kant auf drei Stufen, die jeweils einer Handlung nach der Pflicht, nach dem Gewissen und nach dem Gesetz entsprechen: *Gehorsam, Wahrhaftigkeit* und *Geselligkeit*. Der Gehorsam bezeichnet ein äußerliches Verhältnis zur Autorität. *Wahrhaftigkeit* steht für ein gewissenhaftes Verhältnis zum Gesetz und bezeichnet z.B. die erworbene Fähigkeit des Kindes, nicht zu lügen, d.h. sachliche Verhältnisse der Realität und nicht der Phantasie entsprechend wahrzunehmen und wiederzugeben. Mit *Geselligkeit* wird die Befähigung genannt, ein menschenwürdiges Verhältnis zu sich selbst und zu anderen zu pflegen.

6. Das doppelte Erbe der Aufklärung besteht *einerseits* in dem noch nicht eingelösten Versprechen der Mündigkeit, *andererseits* in der Last einer Geschichte, die von der Beherrschung der Natur, vom technokratischen, d.h. instrumentellen Verhältnis zu sich und zu anderen geprägt ist. Deshalb kann die Aufklärung, verstanden als philosophisches, pädagogisches und politisches Projekt, nur in der Form einer *Aufklärung der Aufklärung* weiterentwickelt werden. Es geht darum, die Aufklärung selbst einem Prozess der Aufklärung zu unterwerfen.

3. Krise des Erziehungsbegriffs?

1. Die gegenwärtige historische Konstellation kann als die einer „Gesellschaft ohne Erwachsene" charakterisiert werden. Durch diese Charakterisierung wird der Versuch unternommen, die Diagnose einer „vaterlosen Gesellschaft", die der Psychoanalytiker Alexander Mitscherlich 1963 mit Blick auf die Nachkriegsgesellschaft formuliert hatte, weiterzudenken. Die von Mitscherlich analysierte Unfähigkeit der Väter, Verantwortung gegenüber den Söhnen zu übernehmen, wird auf die gesamte ältere Generation übertragen und auf Töchter und Söhne bezogen. Diese Erweiterung wird als Ergebnis der Veränderung von zwei zentralen Aspekten der aufklärerischen Konstellation betrachtet: die generationelle und die sexuelle Differenz. Das Zerfließen der generationellen Differenz, die zugleich Mütter und Väter betrifft, drückt sich in einer Krise der Mündigkeit als begrifflichem Kern der Aufklärung aus.
2. Sie ist symptomatisch für eine tiefe Krise der Erziehung, die als ein Teil einer politischen Krise der bürgerlichen Gesellschaft insgesamt betrachtet werden kann. Sie besteht vor allem in einer sowohl theoretisch als auch gesellschaftlich verankerten *Geschichtslosigkeit* bzw. einem Verhaftetsein in der Gegenwart, die sich in der Unfähigkeit äußert, die drei Zeitdimensionen Vergangenheit, Gegenwart und Zukunft zusammen zu denken und dementsprechend zu handeln.
3. Der Autoritätsverlust entsteht aus der Nivellierung der generationellen Differenz in anthropologischer, rechtsphilosophischer und geschichtsphilosophischer Hinsicht. Am Beispiel der amerikanischen Reformpädagogik zeigt Hannah Arendt, dass sich der Verlust pädagogischer Autorität in der Verabsolutierung der Kinderwelt, in der Emanzipation vom Lernstoff und im Vorrang des Tuns äußert. Die Nivellierung der generationellen Differenz impliziert neben einer verbreiteten Geschichtslosigkeit die Entwertung der Wissenschaft als einer Rationalitätsform, die eine Aneignung der Wissensbestände (Tradition) und eine Erprobung des Neuen (Experiment) verbindet. Bei der Kritik am Verlust der Autorität ist es wichtig, Autorität von Macht und Gewalt zu unterscheiden. In pädagogischer Hinsicht basiert Autorität auf dem Vertrauen der Jüngeren gegenüber den Älteren und in der Verantwortung der Älteren gegenüber den Jüngeren.

4. Hannah Arendt sieht in der Zurschaustellung der Verborgenheit als Sphäre der Intimität des Herzens einen der zentralen Gründe für die Krise der Erziehung. Diese Form der Privatheit ist auf eine bestimmte Topologie der bürgerlichen Gesellschaft zurückzuführen, die von einer anthropologisch begründeten sexuellen Differenz getragen war. Die Emanzipation der Frauen hat unter anderem den Verlust an Bedeutung der häuslichen Sphäre zur Konsequenz gehabt. Im Anschluss an Arendts Analysen entwickelt die zeitgenössische Philosophin Seyla Benhabib ein neues Verständnis von häuslicher Intimität, das einerseits nicht von einer traditionellen und hierarchischen geschlechterspezifischen Arbeitsteilung ausgeht und das andererseits die Möglichkeit einer geschützten und von Liebe und Hingabe getragenen Entwicklung zu einem Recht aller Kinder erhebt.

5. Der Begriff der Zeugenschaft ist Ausdruck sowohl der Krise des aufklärerischen Erziehungsbegriffs als auch der Möglichkeit, die Tradition der Aufklärung im Sinne einer Aufklärung der Aufklärung weiterzudenken. Wie in Arendts Verständnis der Erziehung als verantwortungsvoller Vertretung der Interessen des Kindes und der Welt und in Micha Brumliks advokatorischer Ethik geht auch der Begriff der Zeugenschaft von einem asymmetrischen Generationenverhältnis aus. Im Unterschied zum Begriff der *Vertretung*, der sowohl Arendts Pädagogik als auch Brumliks advokatorischer Ethik zugrunde liegt, impliziert Zeugenschaft nicht die Vertretung der Welt und des Kindes im Sinne einer Anwaltschaft (einer *Repräsentanz*), sondern ein gebrochenes Verhältnis zur Welt, das durch die *Vermittlung* einer *dritten Sache* (einer Sache, die dem Kind und dem Erwachsenen gemeinsam ist) charakterisiert ist. Der Unterschied an Erfahrung, die die Asymmetrie des Generationenverhältnisses ausmacht, wird auf die Auseinandersetzung mit einer bestimmten Sache bezogen. Es ist diese sachliche Auseinandersetzung, die von einem Erwachsenen vermittelt wird, was zur Mündigkeit erzieht und von psychischen Abhängigkeiten emanzipiert.

4. Bildung als Grundbegriff

1. Der Begriff der Bildung ist das Resultat einer kritischen Auseinandersetzung mit dem Begriff der Erziehung und mit dessen aufklärerischen Voraussetzungen. Der Begriff der Bildung stellt den Versuch dar, ein Verhältnis zur Natur und ein Selbstverhältnis auszudrücken, das sich vom Zwang emanzipiert hat. Die Emanzipation vom Zwang beinhaltet die Mündigkeit des Individuums, die wiederum Zweck der Erziehung ist. Ausgehend davon korrigiert der Bildungsbegriff den Erziehungsbegriff und zugleich impliziert er eine vorausgegangene Erziehung. Aufgehobene Erziehung ist die Bildung, insofern sie die problematischen Aspekte der Erziehung kritisiert und transzendiert, ohne die Notwendigkeit der Erziehung zu negieren.

2. In der Forschungsliteratur wird der Bildungsbegriff als eine ‚deutsche' Antwort auf die Französische Revolution betrachtet. Alle deutschen Bildungsphilosophen

des 19. Jahrhunderts waren Bewunderer der Französischen Revolution. Aber ihre Bewunderung drückt sich in Form einer wenn auch enthusiastischen, so doch zurückhaltenden Distanz aus. Sie bleiben gegenüber diesem Weltereignis Zuschauer. Die Bewunderung betrifft den Mut des französischen Volks, sich im Namen von Freiheit, Gleichheit und Brüderlichkeit von den politischen Zwängen des Absolutismus befreien zu wollen. Die Distanz richtet sich auf die Modalitäten und die gewaltigen Konsequenzen ihres Aufbegehrens. Die deutschen Bildungsphilosophen versprechen sich von der Bildung eine Emanzipation, die im Unterschied zu den Taten der Französischen Revolution zu einer Befreiung des Einzelnen führt, die eine Revolution der gesamten Gesellschaft überflüssig machen sollte.

3. Die drei zentralen Elemente, deren Zusammenhang in Humboldts Bildungsschriften formuliert worden ist, sind: eine idealistische Subjekttheorie, eine liberale Staatstheorie und eine neuhumanistische Idee der Universität. Das Verhältnis zwischen diesen drei Elementen ist für die Konfiguration des Bildungsbegriffs von entscheidender Bedeutung.

4. Unter Subjektwerdung ist der Prozess der Bewusstwerdung zu verstehen, worin der Bildungsprozess eigentlich besteht. Humboldts Bildungsbegriff nimmt seinen Ausgangspunkt von der anthropologischen Betrachtung des Menschen als sinnliches Wesen, die schon die Voraussetzung des Erziehungsbegriffs bildete. Als sinnliches Wesen ist der Mensch sowohl empfänglich als auch selbsttätig. Dank seiner Empfänglichkeit und Selbsttätigkeit interagiert er mit der Welt, die in ihrer Mannigfaltigkeit den Gegenstand der Bildung darstellt. Der Bildungsprozess bezeichnet den Prozess infolgedessen der Mensch in der Lage ist, den empfundenen Gegenstand als etwas von sich Getrenntes wahrzunehmen und ihn durch die Verleihung einer Form zu einem Objekt zu machen, demgegenüber er die Position eines Subjekts einnimmt.

5. Unter einem liberalen Staat versteht Humboldt einen Staat, dessen Wirksamkeit sich auf die Verteidigung der Freiheit, der Sicherheit und des Eigentums seiner Bürgerinnen und Bürger begrenzt. Humboldt unterscheidet einen liberalen Staat (bzw. Bildungsstaat) von einem Erziehungsstaat, dessen Interventionen sich auch auf das Wohl seiner Bürgerinnen und Bürger richten. Von zentraler Bedeutung für einen liberalen Staat ist die Trennung von privater und öffentlicher Sphäre. Die Voraussetzung eines so ‚schlanken' Staates ist die Fähigkeit der Individuen, im Name ihrer Würde als Gattungswesen Sorge um sich selbst zu tragen. Diese Form eines Selbstverhältnisses verspricht Bildung, deren Ermöglichung (nicht deren Beeinflussung) wiederum Aufgabe eines liberalen Staates ist.

6. Die individuelle Freiheit bildet die Voraussetzung eines liberalen Staates. Diese wird im Bildungsprozess erlangt, der wiederum nur unter der Bedingung einer großen Freiheit und Mannigfaltigkeit ermöglicht werden kann. Die Realisierung dieser Bedingung ist die Aufgabe eines liberalen Staates, deren Vertreter (die Beamte) so gebildet werden müssen, dass sie in der Lage sein sollten, die Interessen

des Staates (die Ermöglichung der Freiheit aller) und die Freiheit des Einzelnen zu vermitteln. Die Autonomie ihres Urteils ist die Voraussetzung dafür. Diese Urteilsfähigkeit ist Ziel universitärer Bildung, die im Medium der Wissenschaft die Individuen befähigen soll, sachlich zu handeln. Die Sachlichkeit ihres Urteils stützt sich auf dessen wissenschaftliche Begründung, d.h. auf eine Begründung, die in der logischen Verobjektivierung eines Gegenstandes sein Fundament hat.

5. Krise des Bildungsbegriffs?

1. Humboldt begreift Bildung als vermittelte Interaktion von Ich und Welt. Diese Interaktion geschieht in ihrer höchsten Form (im Sinne der Erkenntnis) im Medium der Wissenschaft. Daraus folgt, dass die begriffliche Bestimmung von Bildung im Verhältnis zu dem Medium (dem epistemischen Status der Wissenschaft) steht, wodurch sie sich realisiert. In Humboldts Bildungstheorie wird der epistemische Status der Wissenschaft mit einer Wissensarchitektur verknüpft, die in der philosophischen Einheit der Wissenschaften ihr Fundament hat. Lyotards Diagnose einer Informatisierung des Wissens bezieht sich auf die Krise dieser transzendentalen Form der Begründung der Wissenschaft und beschreibt den Prozess der Atomisierung der Erkenntnis, deren singuläre Einheit die Information wird.
2. In der Bildungskonstellation wird der Prozess der Erkenntnis mit dem synthetischen (spekulativen) Vermögen der Vernunft in Zusammenhang gebracht, die die Voraussetzung einer transzendentalen Begründung der Wissenschaft darstellt. In der Lernkonstellation tritt an die Stelle von Bildung das Lernen als ein psychologischer Prozess der Erkenntnis, der von der Fähigkeit der Intelligenz ausgeht, unterschiedliche Formen von Informationen miteinander zu verbinden.
3. Der Experte entspricht dem neuen Bildungstyp, der innerhalb der neuen Lernkonstellation zu verorten ist. Er unterscheidet sich von dem Gebildeten (von dem Beamten *sui generis*, dem Intellektuellen, dem Autor) im Humboldtschen Sinne sowohl hinsichtlich der Formen und der Inhalte seiner Ausbildung als auch bezüglich der Formen und der Inhalte seiner wissenschaftlichen Produktion. Seine Ausbildung findet innerhalb einer Universität, in der wissenschaftliche Zusammenhänge nicht durch die Einführung in die Systematik eines Faches vermittelt werden, sondern im Format von Modulen curricular hergestellt werden. Seine wissenschaftliche Produktion hat nicht die Form eines Œuvre (Werks), sondern ist eine Expertise über ein bestimmtes Problem.
4. Die Universität als Institution ist eine staatliche Einrichtung, deren wissenschaftliche Autonomie durch eine staatliche Finanzierung gewährleistet wird. Die Universität als Organisation versteht ihre Autonomie in unternehmerischer Hinsicht als finanzielle und kulturelle Autonomie. Ihr spezifisches Profil gewinnt sie im Wettbewerb zu anderen Universitäten.

Glossar

Aufhebung. Der Begriff bezeichnet einen negativen Prozess, in dem etwas, das negiert oder kritisiert wird, damit zwar überwunden, aber zugleich auch bewahrt wird. Denn das Kritisierte bestimmt auch die Kritik. Die philosophische Bestimmung des Begriffs der Aufhebung ist vor allem auf G. Wilhelm F. Hegels *Wissenschaft der Logik* (1812/1999a, siehe vor allem vom 1. Buch den ersten Teil, der *Die objektive Logik* behandelt, S. 94f.) zurückzuführen. Hegels Auffassung der Aufhebung ist dialektisch. Im Sinne einer bestimmten Negation verweist die Aufhebung auf einen Prozess der *Vermittlung,* in dem die verschiedenen Bedeutungen des Wortes, aufnehmen, negieren und aufbewahren zusammengedacht werden. Etwas wird als Voraussetzung aufgenommen, es wird dann in seiner besonderen Bestimmtheit negiert und diese Negation erweist sich schließlich als Weiterentwicklung der Bestimmtheit des Etwas. Aufhebung im Sinne einer bestimmten Negation erweist sich dergestalt als ein Prozess der *Vermittlung* eines zunächst unmittelbar Gegebenen.

Autorität. In pädagogischer Hinsicht ist der Autoritätsbegriff von dem der *Führung* zu unterscheiden. Beide setzen ein asymmetrisches Verhältnis voraus. Bei der Führung handelt sich um einen Lenkungsprozess, der sich aus einer Hierarchie ableitet. Bei der pädagogischen Autorität geht es um einen Vertrauenszuspruch und eine Verantwortungsübernahme, die aus einer Asymmetrie (bezüglich Erfahrung und Wissen) und aus einem Vertretungsverhältnis (im rechtlichen und im wissenschaftlichen Bereich) entsteht. In Anlehnung an Hannah Arendt wird in dieser Einführung pädagogische Autorität in ihrer zeitlichen Dimension gedacht und als Repräsentationsverhältnis bestimmt. In den grundlegenden frühneuzeitlichen Schriften zur Autorität bzw. zur politischen Souveränität wird Autorität ausgehend von einer hierarchischen Reihe begründet, die sich auf das Vaterschaftsverhältnis stützt und auf Gleichsetzungen beruht: Die Allmacht des göttlichen Vaters gilt als Voraussetzung für die Souveränität des Fürsten, die wiederum zum Modell der Souveränität des Hausvaters wird. Im ersten Buch der *Les six livres de la République* (1576/1977) bezeichnet Jean Bodin den Hausvater als Abbild des himmlischen Vaters, das wahre „Ebenbild des allmächtigen Gottes und Vaters aller Dinge" (Bodin 1576/1977, Buch I, 4, S. 29). Das gilt auch für den Royalisten Robert Filmer, der in seinem Werk *Patriarcha* (1680/2019) einzig die in der absolutistischen, väterlichen Autorität begründete Regierungsform für legitim hält. Im Einklang mit der liberalen Tradition eines Locke und der republikanischen eines Rousseau schließt Arendt sowohl die theologischen als die naturalistischen Implikationen des Autoritätsverständnisses aus. Die Quelle der pädagogischen (sowie der politischen Autorität) liegt für sie in der Vergangenheit. Sie besteht in der Fähigkeit, die Vergangenheit zu vermitteln, zu vertreten und dabei zu ermöglichen, dass sie sich erneuert.

Autonomie. Im Unterschied zur Mündigkeit, deren Bedeutung vor allem rechtlicher Natur ist, ist Autonomie ein moralischer Begriff, der die Freiheit des Willens vermittels Selbstgesetzgebung bezeichnet und die Voraussetzung selbstbestimmten Handelns und Denkens darstellt. Das Prinzip der Autonomie des Willens besteht bei Kant darin, dass der Mensch, „indem er durch seine Pflicht an ein ihn moralisch nötigendes Gesetz gebunden ist, dabei doch, nur seiner eigenen und dennoch allgemeinen Gesetzgebung' unterworfen ist und nur verbunden ist, seinem eigenen, aber ‚allgemein gesetzgebenden' Willen gemäß zu handeln." (Eisler 1994, S. 54)

Pädagogisch wird der Begriff der Autonomie sowohl auf das Individuum als auch auf die Pädagogik selbst bezogen. Im ersten Fall bezeichnet er die individuelle Selbständigkeit, die als Ziel der Erziehung gesetzt wird. Diese Vorstellung der Autonomie als Selbständigkeit ist Ende des 20. Jahrhunderts auf eine rein kognitive Betrachtung der Subjektwerdung zurückgeführt worden, die sowohl die leibliche als auch die soziale Dimension von Erziehungsprozessen unterschlägt (vgl. Meyer-Drawe 1990). Im zweiten Fall wird unter der Formulierung „Autonomie der Pädagogik" seit Ende des 18. Jahrhunderts sowohl der wissenschaftliche Status der Pädagogik als auch ihre Unabhängigkeit vom Staat, Markt und Kirche verhandelt (vgl. Tenorth 2004). Schließlich wird mit ‚Autonomie der Wissenschaft', als Voraussetzung der Unabhängigkeit der Universität, die Möglichkeit einer transzendentalen Begründung der erkenntnistheoretischen Voraussetzungen der Wissenschaft bezeichnet.

Begriff. Der Begriff ist nicht einfach ein Wort. Im Unterschied zum Wort ist der Begriff mehrdeutig, denn er basiert auf einem Zusammenhang verschiedener Komponenten. Der Begriff besteht aus diesen Komponenten und definiert sich durch sie. In Adornos Vorlesung *Philosophische Terminologie* wird unter Begriff folgendes gefasst: „die meist sprachliche Fixierung, die für die Einheit all der Gegenstände, die unter den Begriff fallen, steht, durch die deren einheitliche Merkmale ausgesprochen werden." (Adorno 1962/1973, S. 12)

Bildsamkeit. Beschreibt in anthropologischer Hinsicht die unbestimmte Natur des Menschen und bildet die theoretische Begründung sowohl für seine Erziehbarkeit als auch für seine Erziehungsbedürftigkeit. Im Verhältnis zum Bildungsbegriff stellt Bildsamkeit dessen kategoriale Voraussetzung dar. Der Gebrauch des Begriffs der Bildsamkeit in der deutschsprachigen Pädagogik seit dem 18. Jahrhundert ist in Verbindung mit der sogenannten anthropologischen Wende der Humanwissenschaften (Moravia 1973) und mit der Rezeption von Rousseaus Schriften zu sehen. Der von Rousseau benutzte Begriff für Bildsamkeit ist *perfectibilité* (dt. Perfektibilität). Im Unterschied zu dem neutralen Begriff der Bildsamkeit enthält der der Perfektibilität eine axiologische Dimension – die Möglichkeit des Menschen sich zu verbessern. Diese wird von Rousseau in ihrem ambivalenten Charakter diskutiert. Der Verbesserungsdrang ist nicht von der daraus entstehenden Steigerung der menschlichen Konkurrenz zu trennen (vgl. Rousseau 1755/2008). In *Briefe zur Beförderung der Humanität* (1794/1968) bezieht Herder den Begriff der Perfektibilität auch auf die Kulturgeschichte der menschlichen Gattung. Bei Fichte wird er benutzt, um die Unbestimmtheit und Offenheit der menschlichen Natur zu bezeichnen (Fichte 1796/1971).

Emanzipation. Aus lat: emancipare ist ein *terminus technicus* [dt.: Fachausdruck] des Römischen Rechts, bezeichnet den Übergang aus väterlicher Gewalt in zivilrechtliche Selbstständigkeit. Im 18. Jahrhundert drückt er als Emanzipation aus dem Naturzwang die Bedingung für die menschliche Kultur und zugleich die neue Dimension der aufklärerischen Geschichtsphilosophie aus, der zufolge Geschichte als Fortschritt, d.h. als Selbstbefreiung des Menschengeschlechts gefasst wird. Im 19. Jahrhundert findet eine ökonomische Bedeutungsausweitung des Begriffs bei Marx statt: Die Aufhebung des Privateigentums wird zur Voraussetzung einer vollständigen Emanzipation der menschlichen Fähigkeiten gemacht. In den späten sechziger Jahren des 20. Jahrhunderts erhält der Begriff einen „umfassenden pädagogischen Grundlegungsanspruch" (Ruhloff 2004, S. 283) als kritische Alternative zur geisteswissenschaftlichen und traditionellen Pädagogik. In der Postmoderne wird Emanzipation als eine der großen Erzählungen der Moderne betrachtet.

Emulation. [Lat: aemulatio] Wunsch und Streben, andere zu imitieren, ihnen gleich zu werden oder sie zu übertreffen hinsichtlich besonders ausgezeichneter Eigenschaften und verdienstvoller Erkenntnisse. In den *Institutio Oratoria* [dt. Ausbildung des Redners, 95 nach Chr. /2015, 1. und 2. Buch] schreibt Quintilianus dem Begriff eine explizite pädagogische Bedeutung zu. Das Nacheifern wird von ihm nicht auf das Schüler-Lehrer-Verhältnis oder auf einen Klassiker, der übertroffen werden soll, sondern auf das Wetteifern unter den Mitschülern bezogen. Im 19. Jahrhundert wird der Begriff in Bezug auf Bildung in der Bedeutung eines Wettstreits benutzt, d.h. in dem Sinne, den ihm die Humanisten in der Charakterisierung ihres Verhältnisses zu den Antiken verliehen hatten.

Entäußerung/Entfremdung. Die beiden Begriffe haben zuerst eine rechtliche Bedeutung. Sie stehen für die Entäußerung der individuellen Rechte an die Gemeinschaft. Sie werden erst in der Philosophie Hegels philosophisch benutzt: der Selbstentfremdung als der notwendigen Selbstentäußerung des Geistes in die objektive Welt (Hegel 1807/1999b, S. 264f.). Das wird sowohl auf den Menschen als Gattung als auch auf den Menschen als Einzelnen bezogen. Beide Bezüge sind für den Bildungsbegriff von zentraler Bedeutung. In der Selbstentäußerung des Geistes in der Aufklärung (d.h. die Aufklärung entfremdet sich, indem sie sich zum Gegenstand der Analyse macht) entsteht die Möglichkeit der Bildung als geschichtlicher Figur der Vernunft. In der Selbstentäußerung durch die Arbeit eignet sich der Mensch die äußerliche Natur an, d.h. er *bildet* sich.

Bei Humboldt bezeichnet die Entfremdung die Auseinandersetzung des Ich mit der Welt, die dem Ich zuerst als fremd erscheint. Mit Entäußerung beschreibt er den Prozess, wodurch das Ich über sich hinausgeht. Der junge Marx gibt dem Begriff der Entfremdung sowohl eine anthropologische als auch eine ökonomische Bedeutung. Entfremdung beruht für ihn auf den Ausbeutungsverhältnissen, die die kapitalistische Produktionsweise beinhaltet.

Experte. Vom lateinischen *peritus* [dt. kundig] bezeichnet der Experte im 19. Jahrhundert den Sachverständigen vor Gericht. Die Bedeutung des Experten als wissenschaftlicher Figur steht in Zusammenhang mit der wachsenden Relevanz der Arbeitsteilung und der damit verbundenen Spezialisierung der (Natur-)Wissenschaften. In diesem Kontext bildet der Experte den Gegensatz zu einer anderen wissenschaftlichen Figur, dem *Generalisten*. Mit der Informatisierung des Wissens, d.h. mit seiner Atomisierung wird der Experte zur Hauptfigur der Wissenschaft. Experte wird derjenige genannt, der im Besitz spezifischer Kenntnisse zur Lösung eines bestimmten Problems ist. Als sein Gegensatz wird in dem Buch die Figur des *Intellektuellen* behandelt.

Generation. Im Unterschied zum soziologischen Generationsbegriff, der im Sinn Karl Mannheims eine historische Kohorte charakterisiert, die sich durch das Erlebnis bestimmter kollektiver Erfahrungen definiert, kennzeichnet der pädagogische Generationsbegriff das asymmetrische Verhältnis der Generationen in anthropologischer, geschichts- und rechtsphilosophischer Hinsicht. Schleiermacher macht den Generationsbegriff zum zentralen Topos der Erziehungstheorie. Im gesamten 19. Jahrhundert drückt der Begriff u.a. das bürgerliche Selbstverständnis kultureller Tradierung und ökonomischen Erbes aus. In der Nachkriegszeit gerät die kulturelle Autorität der älteren Generation in Misskredit. Jüngst hat Greta Thunberg mit ihrem Appell an die Erwachsenen zur Verantwortungsübernahme zur einen Rehabilitierung des Begriffs *ex negativo* [dt. aus dem Verneinten] beigetragen.

Gesetz. Das Gesetz ist eine Maxime von allgemeiner Gültigkeit. Als solches ist es das Prinzip von Regeln, die nicht zufällig oder willkürlich angewendet werden können. Im Buch wird der Begriff des Gesetzes im Sinne Kants benutzt, der die Naturgesetze von den Freiheitsgesetzen unterscheidet. Gesetzgeber der Natur ist der Verstand. „Die transzendentalen Grundsätze des Verstandes sind die Bedingungen der Erfahrung überhaupt und der Möglichkeit, empirische Gesetze zu erkennen; insofern ist der Verstand der Gesetzgeber der Natur, d.h. er ist das Prinzip der Herstellung einheitlicher, gesetzmäßiger Erscheinungszusammenhänge." (Eisler 1994, S. 195) Im Unterschied zu den Naturgesetzen sagen die praktischen Gesetze oder Freiheitsgesetze, was geschehen soll, auch wenn es nie geschieht. Sie werden von der Vernunft gegeben. Zu den Freiheitsgesetzen gehören die moralischen Gesetze. Zur Gesetzgebung der Vernunft ist erforderlich, dass sie keine andere Voraussetzung als sich selbst hat.

Grundbegriff. Grundbegriff ist ein Begriff, dessen Elemente Begriffe sind und dessen Funktion darin besteht, diese Elemente in einen Zusammenhang zu bringen. Im Sinne Kosellecks werden nur jene Begriffe als Grundbegriffe bezeichnet, die Träger der spezifischen Semantik einer bestimmten Epoche sind. Es gibt einen expliziten Nexus zwischen der Etablierung neuer Grundbegriffe und sogenannten Krisenzeiten.

Kategorie. Die Kategorie wird von Kant als Verstandesbegriff bestimmt, insofern sie die Modalitäten der Abstraktion des Verstandes prägt. Ihrer Natur nach ist sie im Unterschied zu den empirischen Begriffen *a priori*. Die Kategorie ordnet die Erfahrung. Kants System der Kategorien enthält zwölf Kategorien, welche die Quantität (Einheit, Vielheit, Allheit), die Qualität (Realität, Negation, Limitation), die Relation (Inhärenz und Subsistenz), die Kausalität (Ursache und Wirkung) und die Modalität (Möglichkeit und Zufälligkeit) betreffen.

Konstellation. Unter Konstellation ist ein spezifischer Zusammenhang historischer Phänomene zu verstehen. Die Konstellation ist keine Struktur. Ihre Form entsteht aus dem Verhältnis, das ihre verschiedenen Elemente zueinander eingehen. Der Begriff der Konstellation als erkenntnistheoretischer Zugang ist auf Walter Benjamin und auf Theodor W. Adorno zurückzuführen. Bei Benjamin ist die Rede von einer *Konfiguration*, deren Einheit in einer bildlichen Idee (Symbol) zu finden ist (Benjamin 1925/1991). Adornos Begriff der Konstellation entsteht in kritischer Auseinandersetzung mit dem Begriff der Konfiguration (Adorno 1966/70). Der Zusammenhang der Elemente ist in der Konstellation nicht von einer Idee gegeben, sondern wird begrifflich erschlossen, d.h. die Einheit der Konstellation steht nicht am Anfang, sondern am Schluss der Untersuchung. Sie wird im Begriff komponiert (Adorno 1966/70, S. 167).

Hingabe. Hingabe kennzeichnet das Komplement zur Disziplinierung im aufklärerischen Erziehungsprozess. Sie ist mit einer spezifischen Geschlechterordnung verbunden, die dem Vater die Erziehung zum Gesetz und der Mutter die Versöhnung mit der Natur zuschreibt. Der Begriff der Hingabe wird in dem Buch in Anlehnung an den der *inclinazione* (dt. Inklination, Neigung, Zuneigung) von Adriana Cavarero (2013) verwendet. Cavarero stellt der geometrischen Figur der Inklination die *Gerade* gegenüber, die für ein Verständnis monadischer, selbstgenügsamer und selbstbezüglicher Form der Subjektivität steht. In der Figur der Inklination nimmt dagegen ein offenes Ich Gestalt an, das bereit ist, seine Achse zu verlassen, um sich auf den anderen zu stützen.

Idee. Die Idee bezeichnet die Form, das Urbild der Dinge, die in der platonischen Tradition objektiv gedacht ist und in einem Ideenhimmel geschaut wird. Mit Kant wird unter Idee ein Vernunftbegriff verstanden, dem für die Erkenntnis eine notwendige, aber nur regulative Funktion zugeschrieben wird. Solche Ideen sind Gott,

Freiheit und Unsterblichkeit. Im Unterschied zu einer ästhetischen Idee, die eine anschauliche Vorstellung der Einbildungskraft ist, ist der Vernunftidee keine Anschauung adäquat. „In ihrem die Erfahrung überschreitenden, transzendentalen Gebrauche erweisen sich die Ideen als widerspruchsvoll, illusorisch. Faßt man sie aber nicht als ‚konstitutive', sondern ‚regulative' Begriffe auf, d.h. als oberste Gesichtspunkte der Verarbeitung, Systematisierung des schon verstandesmäßig bestimmten Erfahrungsmaterials, als Regeln für den nach allen Seiten fortschreitenden Erkenntnisprozeß, dann haben die Ideen höchsten Wert, sind sie wissenschaftlich und philosophisch fruchtbar, und wären sie auch nur ‚heuristische Fiktionen', denen an Realität nichts entspräche." (Eisler 1994, S. 257f.)

Intellektueller. Der Intellektuelle ist derjenige, der sich der allgemeinen wissenschaftlichen und gesellschaftlichen Bedeutung seiner fachlichen Kenntnisse bewusst ist. Als wissensgeschichtliche Figur gehört der Intellektuelle zur Tradition der französischen Aufklärung, die sich seit Voltaire durch das kritische Eingreifen vor allem von Schriftstellern und Philosophen in öffentliche Angelegenheiten auszeichnet. Der Begriff des Intellektuellen wird im Kontext der Dreyfus-Affäre (1898) benutzt und mit dem öffentlichen Brief des Schriftstellers Émile Zola an den Präsidenten der Französischen Republik, Félix Faure, in Verbindung gebracht. In seinem *J'accuse...!* (dt: Ich klage an...!) interveniert Zola, um den unschuldig verurteilten Alfred Dreyfus zu verteidigen. Seither werden in Frankreich, aber auch über Frankreich hinaus, als Intellektuelle diejenigen bezeichnet, die zu wichtigen gesellschaftlichen Fragen Stellung beziehen. In diesem Buch wird die Figur des Intellektuellen der des Experten gegenübergestellt.

Liberalismus. Der Liberalismus ist eine moderne politische Theorie, die von der Autonomie und Freiheit des Individuums ausgeht und die die Intervention des Staates in seinen verschiedenen Bestimmungen auf der Grundlage der Unterscheidung zwischen öffentlicher und privater Sphäre begrenzt. Ökonomisch geht er auf Adam Smiths Vorstellung einer *invisible hand* [dt. unsichtbare Hand] zurück, der zufolge sich das allgemeine Beste ergibt, wenn jeder einzelne nach seinem Vorteil strebt. Der Liberalismus als politische Strömung setzt sich vor allem im 19. Jahrhundert durch. Er bildet den Horizont, innerhalb dessen der Bildungsbegriff seine Konturen annimmt. „In Deutschland beriefen sich die ‚Liberalen' [...] auf Klassik, Idealismus und Neuhumanismus, auf den Geist der preußischen Reform und auf der Erhebung gegen Napoleon. Im Grunde [...] waren alle Liberalen überzeugt, daß sie – weit über philosophische Lehrmeinungen und politische Forderungen hinaus – für Ziele eintraten, die an sich menschenwürdig sind und die Zustimmung eines jeden vernünftigen, gebildeten und gutwilligen Menschen finden müßten." (Vierhaus 1982, S. 741)

Mündigkeit. Der Begriff der Mündigkeit bezeichnet die Urteilsfähigkeit und die Zurechnungsfähigkeit des Einzelnen und stellt hiermit die Voraussetzung für die Betrachtung des Menschen als Rechtsperson dar. „Der Begriff ‚Mündigkeit' wird sowohl in einem rechtlichen als auch in einem bildungstheoretischen Sinn verwendet. In rechtlicher Hinsicht bezeichnet er die mit dem Beginn der gesetzlich fixierten Volljährigkeit erlangte Rechtsstellung des Einzelnen, welche die Zeitspanne der Unmündigkeit oder Minderjährigkeit beendet." (Benner/Brüggen 2004, S. 687) Im bildungstheoretischen Kontext wird mit dem Begriff der Mündigkeit eine Vorstellung des Erwachsenseins formuliert, das von Autonomie des Urteils, Verantwortung und selbstbestimmter Lebensführung charakterisiert ist. Mündigkeit als Begriff definiert die Konturen der gesamten aufklärerischen Konstellation des Erziehungsbegriffs und stellt das Ziel der Aufklärung – verstanden als philosophisches, politisches und pädagogisches Projekt – dar.

Phänomen. Phänomen bedeutet etymologisch das Erscheinende und meint den Gegenstand der Wahrnehmung. Als Phänomene werden aber gewöhnlich auch komplexe Zusammenhänge bezeichnet, deren Bedeutung festzulegen ist. Phänomen ist in diesem Fall etwas Neues, eine Emergenz, deren Hauptmerkmale Unvorhersagbarkeit und Diskontinuität sind. In Anlehnung an Kants Erkenntnistheorie, die eine empiristische Auffassung des Begriffs kritisiert, ist das Phänomen als etwas zu verstehen, das den Sinnen, dem Verstand oder dem Bewusstsein nicht unmittelbar gegeben ist. Es erschließt sich nicht im Modus der *Evidenz*. Phänomene können nur unter den subjektiven Bedingungen der Sinnlichkeit und des Verstandes wahrgenommen und begriffen werden.

Republikanismus. Der Republikanismus ist eine politische Theorie, die ihre Bedeutung aus dem Begriff *res publica* (öffentliche Sache) ableitet. Im Unterschied zum Liberalismus ist der Ausgangspunkt des Republikanismus nicht das Individuum, sondern das Gemeinwohl eines Volkes, verstanden als Versammlung von Bürgern. Ein Bürger ist für den Republikanismus frei, wenn seine Handlungen nur seinem eigenen Wollen entspringen. Das ‚freie' Gemeinwesen ist dasjenige, welches allein durch den Willen der Gesamtheit der Bürger und nicht durch Einzelwillen geleitet wird. Der relevanteste theoretische Bezugspunkt des Republikanismus ist das ciceronianische Konzept der *res publica*. Republik ist für Cicero das, was dem Volk gehört. Unter Volk wird nicht eine reine Ansammlung von Menschen betrachtet, sondern ein gesellschaftlicher Zusammenhang, der sein Fundament in der Einhaltung von Gerechtigkeit und in der Gemeinsamkeit von Interessen hat. An diese Tradition des Republikanismus schließt Rousseau am Ende des 18. Jahrhundert in seinem *Gesellschaftsvertrag* an: „Republik nenne ich deshalb jeden durch Gesetze regierten Staat, gleichgültig, unter welcher Regierungsform dies geschieht: weil nur hier das öffentliche Interesse herrscht und die öffentliche Angelegenheit etwas gilt." (Rousseau 1762/1977, S. 41) In seiner langen Geschichte wird der Republikanismus von den Idealen der Republik und der Freiheit, aber auch durch seine Überzeugung charakterisiert, dass beide die zivile Tugend der Bürger benötigen. Die Bürger sollen lernen zu erkennen, dass ihr individuelles Interesse Teil des Gemeinwohls ist. *Erziehung* wird im Republikanismus im Unterschied zur Tradition des Liberalismus zu einer öffentlichen Angelegenheit. Die Republik hat dafür zu sorgen, dass die Menschen zu tugendhaften Bürger werden. Die Auseinandersetzung des Liberalismus mit dem aufklärerischen Republikanismus bildet einen der zentralen Ausgangspunkte von Humboldts Bildungstheorie.

Spekulation. Mit Spekulation wird in dieser Einführung der Akt bezeichnet, wodurch die Einheit der Wissenschaft philosophisch, d.h. transzendental gedacht wird. Diese Bestimmung ist der Bedeutung des Begriffs entnommen, die ihm von der transzendentalen und idealistischen Philosophie verliehen wird. In der platonisch-augustinischen Tradition wird unter Spekulation eine Erkenntnisform verstanden, die aus der Spiegelung des Schöpfers in seiner Kreatur entsteht. In der aristotelischen Tradition wird Spekulation mit Theorie gleichgesetzt und dem Begriff der Praxis gegenübergestellt. Im frühneuzeitlichen Empirismus wird die Bedeutung der sinnlichen Wahrnehmung hervorgehoben und die Spekulation als eine Form der Reflexion, die nicht empirisch gestützt ist, kritisiert. In der neuzeitlichen transzendentalen Philosophie wird der Spekulation als einer Erkenntnisform, die den Bereich der möglichen Erfahrung transzendiert, ein regulativer Gebrauch zugestanden. Im Idealismus wird sie mit systematischem Denken gleichgesetzt und als der Vernunft vorbehaltene Denkform bestimmt. In der Postmoderne wird Spekulation als eine der großen Erzählungen der Moderne betrachtet.

Verobjektvierung/Versachlichung. Verobjektivierung ist der dialektische Prozess, wodurch ein Phänomen, ein Gegenstand zum Objekt gemacht wird. Das Objekt der Erfahrung ist weder eine Tatsache, d.h. etwas, das einfach da ist, noch das Ergebnis zufälliger Assoziationen. Das Objekt wird durch kategoriale Operationen im Begriff konstituiert. Verobjektivierung bezeichnet diesen Prozess der Konstitution eines Objekts, der für Adorno den Weg selbst der Philosophie von den Erfahrungen zur Theorie bildet. Der Anspruch des Objektvierungsprozesses besteht darin, durch die Anstrengung des Begriffs „das nichtbegriffliche Moment zu vertreten und es durch den Begriff selber zur Geltung kommen zu lassen" (Adorno 1962/1973, S. 87).

Zeugenschaft. Mit Zeugenschaft wird eine Form der Erziehung bezeichnet, die sich durch die vermittelte Auseinandersetzung mit einer dritten Sache auszeichnet. Der Zeuge ist derjenige, der in seiner Person die dritte Sache, die er vertritt, verkörpert. Der Begriff wird in Anlehnung an die Analysen des Psychoanalytikers Massimo Recalcati zur Vaterfigur verwendet. Diagnostisch stellt Recalcati eine Krise der traditionellen Funktion des Vaters fest, in klinischer und pädagogischer Hinsicht plädiert er für ihre Transformation: Vom Hauptsignifikanten zum Subjekt, vom Repräsentanten des Gesetzes zum Vertreter der dritten Sache (Recalcati 2011, 2013). Der verwendete Begriff der Zeugenschaft kann auch als *professer* (dt. zu etwas sich bekennen) im Sinne Jacques Derridas verstanden werden. Der Professor ist im Fall

Derridas der Zeuge, der ein Gelübde zur Suche nach der Wahrheit abgelegt hat und sich zu dieser Suche bekennt (Derrida 1998/2001).

Zuhause. Das Zuhause bezeichnet das Recht jedes Kindes auf einen geschützten Raum, in dem es sich affektiv und moralisch zur selbstständigen Person entwickeln kann. Im Buch wird es in Anlehnung an Seyla Benhabibs neue Bestimmung des Privaten bei Hannah Arendt zum Begriff der gegenwärtigen Erziehungskonstellation weiterentwickelt (Benhabib 2006, S. 316f.). Arendts Verständnis der privaten Sphäre als *Verborgenheit* bildet eine weitere Differenzierung der räumlichen Dimension der menschlichen Existenz, die Martin Heidegger in *Sein und Zeit* (1927/1977, §12-13) als „In-der-Welt-sein" benannt hat. In der privaten Sphäre stellt das Haus den Raum dar, der dem Menschen erlaubt, die Welt zu bewohnen und zugleich sich vor ihr zu schützen. In politischer und pädagogischer Hinsicht ist die Verteidigung des Privaten bei Arendt als Möglichkeit des Rückzugs gegenüber dem Konformismus der Gruppenzugehörigkeit, die sie als eine große Gefahr für die Pluralität der Öffentlichkeit sieht, und als Bedingung einer Erziehung zur Individualität zu betrachten. In ihrer Bestimmung des Zuhauses als des Rechts jedes Kindes, in der Welt zu Hause zu sein, verleiht Benhabib dem Begriff eine menschenrechtliche Bedeutung.

Zwang. Mit Zwang wird auf den Prozess der Disziplinierung, auch der Selbstdisziplinierung verwiesen, der auf eine Beherrschung der Triebe abzielt und die Charakterbildung zum Zweck hat. Der Begriff des Zwangs wird im Buch im Sinne Immanuel Kants benutzt und ausgehend von anthropologischen und rechtsphilosophischen Voraussetzungen bestimmt. Das Kind soll dem Zwang unterzogen werden, weil es noch nicht in der Lage ist, die Freiheit vernünftig zu gebrauchen. Daraus entsteht für Kant ein Problem, das die Form eines Paradoxes hat und das für ihn, den Kern der Pädagogik ausmacht: Ziel der Pädagogik ist die Erziehung zur Freiheit – verstanden als Mündigkeit (autonome Urteilsfähigkeit), das Medium dafür ist der Zwang, der das Kind zur Selbstbeherrschung zu führen soll. Die Gefahr, die Kant darin sieht, ist die Möglichkeit, dass das Kind durch den Zwang zum *indoles serviles* (dt. Untertan, Kant 1803/1977, S. 741) erzogen wird. Zugleich hält er an der Notwendigkeit des Zwanges fest. Das Unbehagen der Kultur für Sigmund Freud (1930/1997), die Dialektik der Aufklärung für Theodor W. Adorno und Max Horkheimer (1947/2011) bestehen gerade in diesem ambivalenten Verhältnis zur Natur, das durch den Zwang vermittelt wird. In *Überwachen und Strafen* (1975/2008) macht Michel Foucault den Zwang als Disziplin und Selbstdisziplin und dann als Kontrolle und Selbstkontrolle zur Voraussetzung moderner Subjektvierungsprozesse.

Mit der Bezeichnung „schwarze Pädagogik" hat Katharina Rutschky (1977/2001) die dunkle Seite der pädagogischen Aufklärung charakterisiert, die die Emanzipation aus den natürlichen Zwangsverhältnissen selbst zwanghaft, d.h. durch Verdrängung der Natur, konzipiert.

Die richtigen Fragen stellen

Winfried Böhm, Ernesto Schiefelbein, Sabine Seichter
Projekt Erziehung
Eine Einführung in pädagogische Grundprobleme
ISBN 978-3-8252-5243-4
Schöningh. 6. A. 2019
232 S.
€ 19,99 | € (A) 19,60

Für Pädagogik und Lehramt

Sollen Schule und Erziehung Kinder zu ökonomisch verwertbaren Arbeitskräften ausbilden? Hat Pädagogik nicht andere Zwecke? In der Tradition von Antike, Christentum, Aufklärung und Humanismus blickt die Einführung auf aktuelle pädagogische Herausforderungen. Sie erörtert die 10 wichtigsten Grundprobleme der Erziehung und regt zum Selbstdenken an – für das Studium von Pädagogik und Lehramt.

Mehr unter www.utb.de

Orientierung von Anfang an

Jörg Zirfas
Einführung in die Erziehungswissenschaft
ISBN 978-3-8252-4874-1
Schöningh. 1. A. 2018
198 S.
€ 18,99 | € (A) 19,60

Basiswissen

Jörg Zirfas erläutert Studienanfängern die Grundlagen erziehungswissenschaftlicher Studiengänge. Er bietet einen Überblick zu Theorien und Modellen, die Geschichte der Pädagogik, pädagogische Institutionen und die Pädagogische Anthropologie. Damit ist das Buch eine Unterstützung für den gelungenen Studienbeginn und eine fundierte Orientierungshilfe für das gesamte BA-Studium.

Mehr unter www.utb.de

Eine Einladung zum Denken

Roland Reichenbach
Ethik der Bildung und Erziehung
ISBN 978-3-8252-4859-8
Schöningh. 1. A. 2018
269 S.
€ 18,99 | € (A) 19,60

Für eine reflektierte und verantwortliche Erziehung

Roland Reichenbach fragt in 13 Kapiteln nach den Bezügen zwischen pädagogischem und ethischem Denken, pädagogischer Identität und moralischer Orientierung bzw. moralischem und pädagogischem Wissen. Die Leser sind eingeladen, ihn auf diesem Weg zu begleiten, eigene Überlegungen anzustellen und mit jedem Denkanstoß ein Stück weiter zu kommen.

Mehr unter www.utb.de